EL EXPRESO DEL SOL

Basado en una historia verdadera

EL EXPRESO DEL SOL

Basado en una historia verdadera

PILAR VÉLEZ

EL EXPRESO DEL SOL

Primera edición: Julio de 2015

© Pilar Vélez: 2015
© Snow Fountain Press: 2015
www.pilarvelez.com

Snow Fountain Press
25 SE 2nd. Avenue, Suite 316
Miami, FL 33131
www.snowfountainpress.com

ISBN-10:0988534347
ISBN-13:978-0-9885343-4-6

Portada:
Fotografía: Mauricio Ocampo
Modelo: Danna Alejandra Medina Castrillón
Fotografía de Pilar Vélez por Edwin Palacios
Asesoría editorial: Jaime Alexándrovich
Diseño de artes: Sebastián Payán

Impreso en los Estados Unidos de América

A Víctor

*A cada ser humano que ha sido víctima
de la violencia y la injusticia.*

… A los desplazados…

A los fantasmas que habitan en los recuerdos.

Cuando era más joven podía recordar todo, hubiera sucedido o no.

MARK TWAIN

Agradecimientos

A Dios, por la virtud de este viaje.

A mis verdaderas heroínas:

Mi madre, mi abuela y mi tía.

*A mi esposo y a los amigos que me acompañan en este peregrinar
lleno de sueños. Su presencia en mi vida es un gozo de campanas.*

*Mi agradecimiento especial a las personas que colaboraron en la
producción de este libro: Jaime Alexándrovich, Edwin Palacios y su
equipo de trabajo de Top of Mind Colombia, Ernesto Fernández,
Mariet Vergara, Juan David Ramírez, Consuelo Franco, Jimmy F.
Machado, Rolling Casting y Oscar Montoto Mayor.*

ESTACIONES

oy, lunes 24 de octubre, Miami es una ciudad sin sol y sin encanto. Una vasta capa de nubarrones ha teñido de gris el cielo y engullido los blancos, rojos y naranjas de las nubes, de las cuales se desprenden filosas ráfagas de lluvia azuzadas por el impetuoso viento que las lanza a tierra como saetas. Hasta el más sereno y ecuánime sigue las noticias con nerviosismo. Lo que se viene es, a todas luces, el terrible e impetuoso huracán que ya se ha cebado con furia en cada isla del Caribe que se ha interpuesto en su camino.

Como sucede en cada verano, los noticieros anuncian con insistencia la temporada de huracanes que se avecina con su secuela de inundaciones y desastres, y reiteran las previsiones que se deben tomar para escudarse de sus embates y evitar en lo posible daños mayores. Y, por supuesto, para ilustrar vívidamente sus augurios no puede faltar la dosis de videos y fotografías de las huellas del huracán Andrew que en 1993 dejó en su tránsito por la Florida un rastro de desolación y muerte cuyos habitantes aún recuerdan.

Anoche dijeron que ya vamos por la tormenta número veintidós en esta temporada del 2005, y a esta última la bautizaron *Wilma*, nombre grácil para una tempestad ya con visos de huracán y que podría escalar a categorías cuatro o cinco. Su tránsito voraz ha dejado estragos y miles de damnificados en Jamaica, Haití, Islas Caimán, Cuba, Honduras, Nicaragua, Belice y ahora se ensaña con la península de Yucatán.

Wilma ha sido tan impredecible en su trayectoria, dicen los expertos, que ninguno se atreve a pronosticar con mediana certeza cuál será su próximo destino. Me pregunto si no es esta acaso una estrategia para mantenernos pegados al televisor hasta el último minuto. Porque lo único cierto es que en esta ciudad reina el pánico: las escuelas están cerradas, por la emergencia no se cobra peaje, y el agua embotellada y la comida en lata escasean pues la turbamulta arrasó con todo lo que halló en los estantes de los pequeños y grandes expendios de víveres.

Se dice que *Wilma* arribará a la Florida la noche del sábado y no cejará en su arremetida hasta parte del lunes. Y si por acaso no estuviésemos en su ojo, su cola sí nos impactará con ímpetu.

Mi madre ha interrumpido su trabajo en dos ocasiones para llamarme telefónicamente e insistirme en que refuerce con planchones de madera puertas y ventanas, si no queremos que la casa se nos venga abajo. Le digo que no se preocupe, que más tarde me encargo de eso. Pero lo estoy pensando todavía... No estoy segura de que los benditos planchones logren contener a *Wilma*.

—Mamá, ¿será que podemos hablar después? —le digo, implorando su paciencia.

—¿Cómo que después? ¿Después de qué? ¿De que ya no se pueda hacer nada?

—No, mami. Despuesito...

Es extraño. La mañana de hoy es una noche de veinticuatro horas. Observo el mal tiempo tras la ventana e imagino el tumulto y las interminables filas en Home Depot.

—¡Aló... Aló! ¿Mamá? ¿Sigues allí?

El timbre metálico que retumba en mis oídos me recuerda que el pánico no da espera.

Cómo decirle que en Key Biscayne el mar ruge furioso, y que he visto cómo en cuestión de horas las tranquilas aguas han enloquecido y arremeten con sevicia contra las rocas, sobre las que imagino a inocentes doncellas ofrecidas en ofrenda en un vano intento de aplacar su ira. Cómo decirle que las gaviotas se han marchado porque en el cielo también rondan presagios de muerte. *Wilma* está muy cerca. Casi puedo sentirla. Me llega el vaho de su respiración ciclónica y el brillo de sus mil ojos. Sus primeros zarpazos impactan las ventanas de la casa como señal de advertencia de su poderío. Tengo miedo y lo admito. Pero, aun así, no puedo concentrarme en otra cosa que no sea escribir y rescatar del olvido mis memorias. Desde mi silla observo inmóvil al monstruo que quiere traspasar el cristal y arrebatarme de las manos el lápiz despuntado que sujeto con fuerza. La razón me dice que no debo permanecer impávida ante la inminente tragedia y que he de levantarme ahora mismo de la mesa. Sin embargo, un inexplicable embeleso me domina.

Mientras mis vecinos y la ciudad entera se preparan para enfrentar a *Wilma* decido apagar el televisor, encender una bombilla y ausentarme del caos, esperar a que caiga la noche y dejar que mi propio huracán haga rebosar de palabras y recuerdos estas páginas. Tal como el vendaval hace desbordar los ríos, que arrastran hojas, palos, arena, piedra y lodo hasta reinventar la misma tierra, así mismo mi alma huracanada recorrerá cada rincón de mi existencia. De seguro algo quedará de ella cuando termine la tempestad, y quizá entonces será tan clara y liviana como las olas que lamen eternamente las arenas de la playa. Al fin de cuentas, ¿quién soy yo para enfrentarme a la furia de los elementos?

Podría abandonar la faena en este mismo instante, declarar que he perdido la batalla y darme por vencida. Hundir la tecla de borrado y desaparecer del computador los archivos con mis escritos. Practicarme un lavado cerebral y suprimir mi niñez y mis ensueños para que ahora, cuando se supone que he llegado a la madurez, pueda aceptar mi suerte sin protestar y hacer lo que tantos hacen con aquello que les duele o incomoda: guardarse lo que piensan y lo que sienten sin importunar a nadie. Podría, entonces, visitar a las tías segundas que me quedan y a las primas terceras; obviando, por supuesto, los temas espinosos, las preguntas y los asuntos que me inquietan, de los cuales se nos tenía prohibido hablar o preguntar. Porque, según la abuela, cada familia debe lavar la ropa sucia en casa y es de mala educación ventilar en familia temas que se presten a polémica o enfrenten a sus miembros, así sea que nos afecten o nos creamos con derecho a ponerlos sobre el tapete.

Podría, en fin, admitir que, en definitiva, mi madre tiene razón y que el pasado hay que sepultarlo, hacer de cuenta que no existió, como si una enfermedad mental nos hubiese extirpado la memoria. Pero no puedo. Dudo que aquellos que eligen enterrar su pasado como si de la vida de otros se tratase logren luego construir vidas más felices. ¿Cómo deshacernos de una parte de nosotros mismos, si el pasado se resiste a abandonar su espacio entre los vivos y nos habita como un duende malicioso que se escapa a través del iris de los ojos, de la expresión de los rostros, del ademán de las manos, de las actitudes inexplicables, del distanciamiento o de las horas infernales de silencio?

Me parece estar viendo a mi madre y a mi abuela Rosario en su plática serena y amable, no exenta de secretos. Trozos del pasado de los que nunca se habló, aunque se grabaron en la carne y en el alma. Mi abuela, que con dificultad se acerca a los noventa, y mi madre, de ojos ya apagados a sus apenas sesenta años. Sus temas son tan inocuos que se confunden con la brisa cálida que entra por la ventana de la sala. La abuela se duerme a la mitad de una respuesta o finge dormir…, a conveniencia. A veces se cansa de batallar con su caja de dientes y la deja resbalar por la boca hasta que cae apacible sobre su vestido florido. Adormilada, pero sabedora de dónde está su dentadura, la recoge al primer intento con mano temblorosa, la coloca de nuevo en la boca y prosigue su idílico romance con el sueño. Su rol de matriarca, su cabello encanecido y el cansancio de años que la obliga a dormitar la mayor parte de los días que le quedan, la exoneran de cualquier recriminación por sus pequeñas faltas. Ella misma lo declara con contundencia: «Lo que tenía por vivir, ya lo viví». Por tanto, se dedica hoy a leer y a releer la Biblia y a bendecir a todo el mundo, procurando no incomodar a nadie. Sabe que nada puede hacer para cambiar su historia ni la de quienes la rodean. Toda su existencia ha sido un culto a la mordaza y al silencio como un bálsamo para suavizar su vida. Solo ahora, cuando sabe que no le será fácil librarse de mí, ha accedido a tirarme unas migajas de recuerdos para apaciguar mis apetencias. Consciente está de que es su última oportunidad de evitar llevarse a la tumba parte de mi pasado, y pese a que hubiese preferido quedar muda antes que decirnos en la cara las verdades, sabe que los hijos y los nietos heredaremos su historia y la de quienes la antecedieron. ¿Para qué verdades a destiempo? Me pregunto si acaso tienen importancia las explicaciones, los actos de contrición y el perdón cuando ya nos hemos acostumbrado a llevar la carga toda una vida. Por lo demás, quizá no valen la pena. Pero aunque obviemos las causas y nos resignemos a vivir con las consecuencias, me doy cuenta de que ese sentimiento de tragedia nos persigue donde quiera que vayamos como una sombra a la que, a falta de nombre, apodamos mala suerte. Llevamos ese demonio adentro e, ilusos, creemos que repudiándolo o ignorándolo podremos deshacernos de él. Luego surgen miedos y debilidades que no comprendemos pero nos impiden maniobrar con equilibrio el timón de nuestra existencia. A veces, ante determinadas circunstancias de la vida, siento que no soy yo sino el fantasma de mi pasado el que reacciona con cobardía y prejuicios.

Sé que podría silenciar mi voz y todas las voces que encontrarán un espacio en estas páginas, y decirme que lo único que importa es el presente y que el pasado, por salud mental, hay que dejarlo ir. Enfocarme en el ahora y enterrar vivencias y reflexiones, cosas de viejos ya sin ningún valor. Empero, pienso que eso sería una blasfemia; reconocer que el segundo que acaba de expirar no está impregnado de vida; ignorar que la vida es un ciclo y que las manecillas del reloj giran en círculo una y otra vez, y que su tic tac pasa por las mismas horas, noches y días. Podría cerrar la página y permitirme el olvido… Pero no quiero.

ESTACIÓN

CHIRIGUANÁ

El año pasado, en mis vacaciones de verano, visité por última vez la casa de mi abuela Rosario. Pensé desistir de la idea y cambiar los planes; pero no. Un pensamiento obsesivo interrumpió mi sueño. Después de dar mil vueltas en la cama decidí levantarme. Si había algún vestigio de adormilamiento se esfumó bajo el chorro de agua fría. Caminé hacia la terraza, medio envuelta en una toalla, tomé la camisa de lino blanco que aún colgaba del alambre de ropa; el blue jean desteñido que había usado el día anterior esperaba por mí en el espaldar de una silla. En la oscuridad me vestí. Pasé los dedos por mi cabello mojado para desenredarlo, y procurando no hacer ruido me calcé las botas marrones que estaban debajo de la cama de mi prima. Al salir del cuarto miré el reloj y vi que apenas eran las cinco de la mañana. Fui a la cocina a preparar café, y ya en la sala me quedé observando desde la ventana cómo la luz se iba apoderando de la noche y dejaba al descubierto los colores y las formas de los alrededores. Cuando la tía Amalia se levantó, llevaba yo por lo menos un par de horas esperándola y el café ya se había terminado.

Sabía que no había prisa, que nadie me esperaba en casa de la abuela. Si hubiese decidido cancelar la visita a última hora podría haberlo hecho sin escuchar reproches. Es más, tenía la convicción de que mi visita no era importante para nadie. No hacía diferencia el regreso. Si no hubiera sido por esa fuerza interna que me halaba al reencuentro, jamás me habría atrevido a poner un pie en ese vecindario. ¿Quién quiere abrir la tapa de un ataúd para ver a un muerto descompuesto?

La tía Amalia decidió que no valía la pena abordar el autobús para un trayecto tan corto que como mucho nos tomaría media hora recorrer a pie bajo el tibio sol matutino. Hablaba con efusividad y sin parar, haciendo hincapié en los avances del barrio y en las nuevas rutas de autobuses; y aunque me complacía escucharla, no atinaba a aventurar ningún comentario pues en esos momentos mi mente transitaba por los difusos senderos de la imaginación y del recuerdo. Mientras la tía veía el progreso aquí y allá, yo observaba con detenimiento las aceras desgastadas de las calles: aquellas que cuando niña se me hacían interminables parecían ahora haberse encogido y angostado, y los pequeños antejardines que tanto me gustaban ya no estaban.

De un momento a otro, sentí como si alguien desde algún lugar me vigilara. Era casi palpable esa presencia, esa curiosidad malsana. Algo o alguien quería verme desistir y dar la vuelta. Amainé el paso, por temor a que el movimiento ligero de mis piernas hiciese esfumar ese momento de convergencia entre mi presente y mi pasado. Me sentí osada y decidí no perder ningún detalle del recorrido. En mi mente los recuerdos acudían en tropel: los nombres de los amigos con los que jugaba por las calles, la vieja escuela despintada, las tiendas de víveres con sus bultos de papas y racimos de plátanos adornando las entradas, el sonido de las bolas de billar al chocar contra las bandas de las mesas en el misterioso bar de la esquina, las paradas del autobús, el anciano gordinflón de la zapatería y su apacible sonrisa… Un desfile de rostros conocidos, unos envejecidos y otros nuevos, cruzaban ante mí. Sentí sus miradas punzantes como floretes, y un fuerte tirón en el cuello me hizo doblar la cabeza en repetidas ocasiones para aliviar la tensión. De repente, como si acabara de despertar, me vi allí, tocando a la misma puerta a la que toqué en compañía de mi madre hacía más de treinta años.

Fue insólito. Como si se tratara de otra persona, noté que mis piernas temblaban y sentí las cuantiosas gotas de sudor que se deslizaban por mi espalda. Mi larga cabellera era un río de miel aferrado a la tela blanca, húmeda... En ese instante, pasado y presente se fundieron y supe entonces que, pese a que era ya una mujer adulta, seguía siendo yo la misma chiquilla de escasos seis años, inocente e ilusionada con un viaje en tren y la promesa de una vida feliz en esta casa. ¡Quién hubiese pensado que esculpido en ese portón se hallaban las iniciales del mismísimo infierno!

La idea de viajar en tren menguó cualquier posible resistencia de mi parte. «El tren más grande de Colombia; usted nunca ha visto cosa igual», repetía orgullosa mi mamá. Con esa ilusión logró desvanecer todas mis prevenciones y en mi mente se instauró la fantasía de la gran aventura.

Al llegar a la estación ferroviaria nos percatamos de que iba a ser difícil encontrar una silla disponible para descansar mientras abrían la ventanilla de venta de tiquetes. El estrecho pasillo era intransitable y estaba atiborrado de bultos de maíz y algodón. En las dos hileras de sillas se apretujaban multitud de personas tendidas sobre cobijas y harapos tomando una siesta, al tiempo que otras platicaban joviales. Contraviniendo lo que rezaba el enorme letrero pegado en el cristal de la ventanilla —"Prohibido entrar animales a la estación"—, numerosos animales yacían amarrados con cabuya a las patas de las sillas, mientras otros, inquietos y desesperados, se revolvían en sus cajas y costales. La babel de chivos, gallinas, pájaros, humanos, iguanas era casi soportable, mas no el calor infernal que se intensificaba segundo a segundo.

Un funcionario de la estación sacó la cabeza por la ventanilla y recabó la colaboración voluntaria de la gente para que retirara los animales de los pasillos, advirtiendo que eran reglas estrictas de los Ferrocarriles Nacionales y que no habría venta de tiquetes hasta que la sala de espera estuviese en orden. Pero ni aunque fueran reglas impuestas por el mismo Presidente serían atendidas. Varios de quienes se encontraban recostados en el piso alegaron tener un derecho irrefutable a hacer lo que les viniera en gana; a fin de cuentas ellos o sus padres se habían jugado la vida sorteando las inclemencias de un territorio pantanoso y de clima malsano para sembrar los rieles, orgullo de la nación, que significó pasar del burro o la mula al tren. La estación del Expreso del Sol simulaba un arca al costado del majestuoso río Magdalena, en espera de que se desencadenara el diluvio para iniciar la travesía.

Esperamos durante horas en las aceras de la estación, sin podernos recostar a las paredes que hervían bajo el sol incendiado. En un descuido de mi madre decidí sentarme sobre la maleta que llevábamos y que contenía todas nuestras pertenencias. Era una posición cómoda para contemplar a la gente que entraba a la estación inquiriendo por el itinerario del tren y la hora en que abrirían la ventanilla para comprar los tiquetes. Preguntas a las que nadie tenía respuesta exacta. La mayoría llevaban hasta dos días esperando, y al igual que nosotras venían de haciendas y poblados remotos donde el itinerario del tren corría de boca en boca.

Ramalazos de viento seco surgían de la nada. Desvié mi atención de la puerta de la estación para concentrarme en el vaivén de un rimero de hojas desteñidas y caprichosas que paseaban con el viento. Busqué entonces la sombra de un árbol generoso que nos cobijara con su fronda durante las horas de espera, pero no había ninguno cercano. De repente, el viento se encolerizó y las hojas dejaron de danzar para perderse en un remolino de polvo que venía raudo hacia nosotros y la multitud que empezaba a aglomerarse en las aceras.

—¡Mamá, entremos! —le rogué.

—¡Corintia, no se siente en la maleta que la va a echar a perder! —replicó mi madre, malhumorada, mientras forcejeaba con el viento juguetón que elevaba como cometa una a una las flores colorinas de su falda y levantaba con malicia el ondulado perfecto de sus largos cabellos cobrizos. En el mismo tono me reprendió—: ¡Mire cómo tiene ya el vestido! ¿A qué horas lo ensució?

Obedecí sin protestar y me bajé de la maleta. No quería arruinar mi anhelado viaje y tampoco estrujar mi traje nuevo. Tan pronto me puse en pie, mi madre acomodó la maleta a su lado y me tomó de la mano. Allí esperamos de cara al sol y a su amigo el viento. Mi madre se resistía a entrar a la estación, aunque nos estábamos derritiendo. Apenas podía cubrirme los ojos con el brazo para evitar los pringones del polvo en el rostro. Sentí que no podía respirar más ese vapor de aire caliente y seco que me sofocaba como gas venenoso y embotaba mis sentidos. Desesperada, quise zafarme de mi madre quien me sujetaba con firmeza, cuando escuchamos un fuerte campanazo. Forcejeé con ella al son del molesto repique. Intempestivamente apareció de entre las nubes de humo y polvo el súper héroe que todos esperábamos. Su ruido estridente nos sacó del purgatorio y despertó el sentido colectivo de estar vivos. El gigante caparazón metálico en colores con su imponente estructura nos liberaría de morir asados. La gente gritaba y aplaudía: "¡Llegó, llegó el tren!", mientras la banda musical entonaba: Santa Marta tiene tren, Santa Marta tiene tren, pero no tiene tranvía. Si no fuera por los rieles, ¡caramba!, Santa Marta moriría. Ahora sé que no exageraba.

Los rieles vibraron con el chirriar poderoso de la máquina, que se detuvo casi a nuestros pies. El tren colmó de vida todos los espacios y de momento florecieron las aceras, las casas se vistieron de colores, brotaron las sonrisas y nacieron árboles frondosos dando sombra por doquier. Era como si el pueblo diera a luz el tren después de una larga y acongojada espera. Aún no salía de mi embebecimiento, cuando mi madre agarró la maleta y a mí y de un empujón nos subió al tren. El empleado perforó una estrella en nuestros tiquetes y le indicó a mi madre que camináramos hacia atrás, donde se encontraban los vagones de tercera clase. El tren estaba repleto de cachacos que regresaban a la capital luego de veranear en Santa Marta. Tan pronto todos se acomodaron, nuestro héroe de acero dio un jadeo y emprendió la marcha dejando el caserío sumido en una agonizante nube de humo, tal como lo había encontrado. En pocos minutos nos alejamos del poblado atravesando rancherías sin nombres. Unos músicos deleitaban a los viajeros con el acordeón y sus cánticos vallenatos. El Expreso del Sol era una fiesta. El regocijo reinaba en los vagones, la gente conversaba y se reía y mi corazón, hechizado, palpitaba al ritmo de la solemne voz humeante: chu—chu—chuuu. Quise compartir con mi madre ese momento mágico de celebración y alborozo.

—¡Vamos, vamos a cantar! —le dije entusiasmada, pero no me prestó atención. Sus profundos ojos marrones estaban perdidos en los paisajes que solemos imaginar más allá de los cristales.

Los dorados rostros de los pasajeros resplandecían de júbilo, pero no el de mi madre, sumida en el silencio.

Me echó un vistazo, me soltó la mano, que tenía entumecida y pegajosa de sudor, y sin decir palabra continuó mirando por la ventanilla. El alboroto de los pasajeros, que charlaban y cantaban como si todos fueran familia o viejos amigos, no la perturbaba y a mí me atraía.

—Disculpe, señorita, pero su cara se me hace conocida —le expresó con amabilidad un cachaco que estaba sentado frente a nosotras y llevaba rato observando a mi madre sin ocultar su interés.

—No. No lo creo, señor —contestó tajante.

—¿Está segura? —insistió el hombre, inclinando su cuerpo hacia nosotras, y trató de ser galante—: Porque un rostro tan bonito como el suyo a mí nunca se me olvidaría.

Mi madre palideció, y desvió la mirada.

—¿Y qué hace una muchacha tan bonita viajando sola? —porfió el sujeto.

—No, señor; yo no viajo sola —respondió mi madre, fastidiada.

El sujeto hizo caso omiso de la displicencia de mi madre, y continuó como si tal cosa:

—Hum… y esa niña debe ser su hermanita menor, ¿verdad? ¿Y en qué parte de Bogotá vives?

—Joven, por favor, no se ofenda por lo que le voy a decir, pero a mí no me gusta hablar con extraños. ¿Será mucho pedirle que, por favor, no me moleste?

Ante la réplica rotunda de mi madre el hombre, desconcertado, frunció el entrecejo, agarró su sombrero y el periódico, se levantó del asiento y miró hacia los lados en busca de un espacio disponible. Al no encontrarlo se sentó de nuevo, recostó la cabeza contra la ventanilla y se cubrió la cara con el sombrero.

Agotada por la sed y el calor me acurruqué entre las piernas de mi madre y me quedé dormida. No sé cuántas horas pasaron hasta que la plácida brisa de la noche me despertó. Halé con cuidado uno de los extremos de su falda y me arropé las piernas. La miré en busca de su desaprobación, pero no me amonestó. Por el contrario, extendió su delicada mano hacia mí con el portaviandas metálico que nos había preparado la esposa del tío Eustaquio, quien se aseguró de proveernos de una abundante cantidad de butifarra, bollo de yuca, queso blanco y dulce de corozo, porque según la tía "hay que estar fuerte para echarse semejante viaje tan largo".

Nuestra travesía había iniciado muy temprano. Ante la decisión de mi madre de abandonar la hacienda, el tío Eustaquio le dijo que no había de otra sino pedirle a Bolívar que nos hiciera el favor de sacarnos del monte en su camión lechero. "¡Pero usted sabe que ese hombre está quemado de la cabeza!", protestó mi madre.

Bolívar era un personaje singular. Su nombre de pila era Tobías, pero lo apodaban Bolívar por las historias con las que fanfarroneaba. Mi tío, que lo conocía de años, sabía que era un buen hombre y que no estaba tan loco como se presumía. "No he conocido a alguien que sepa tanto como Bolívar", decía el tío Eustaquio, y para mí que era cierto. Todos los días al amanecer de Dios llegaba Tobías a la hacienda con un cuento diferente, aunque siempre terminaba hablando de lo mismo: que su tatarabuelo había sido uno de los mil hombres que engrosaron las filas del Libertador en la batalla contra los españoles en Chiriguaná..., cosa que nadie le creía.

A las cuatro de la mañana salimos de la hacienda El Recreo, ubicada cerca de la ciudad de Codazzi, a no sé cuántas horas de camino intransitable. Mi madre viajó en el asiento del pasajero y yo lo hice entre los quesos y las tinas de leche recién ordeñada. "No se preocupe, muchacha, que por más malo que esté el camino a mí nunca se me ha caído una tina", se ufanó Tobías.

Después de llegar a Codazzi y acompañarlo en parte de su recorrido, nos dejó en la estación de autobuses para que nos encamináramos, según Tobías, hacia una de las poblaciones más antiguas e importantes de Colombia, tierra de libertad y de héroes: Chiriguaná, su pueblo natal. Verdad o mentira, el solo hecho de poner mis pies sobre la misma tierra que un día pisó el Libertador era para mí un privilegio, porque antes de saber del Señor Jesús, Simón Bolívar era mi héroe, el único capaz de lograr lo imposible.

Años más tarde, en las clases de historia corroboraría que el hombre no estaba del todo loco. Tal como lo contaba él henchido de orgullo, el Libertador había estado en Chiriguaná durante las operaciones del bajo Magdalena, lo cual hacía muy probable que Tobías tuviese el legado de lancero arrojado y libertario que decía llevar en la sangre como herencia de su tatarabuelo chiriguanero. ¡Simón Bolívar en Chiriguaná!, en ese pueblecito casi imaginario que se había levantado como un milagro en el año mil quinientos treinta. Estar allí era como si una historia remota y personal cobrara vida de repente. Cuando comenté en la escuela que yo había estado en Chiriguaná, la clase toda se echó a reír y nadie me creyó. Cuando busqué un mapa para indicarles dónde quedaba el pueblo, me di cuenta de que ni siquiera allí aparecía. Pero no me importó en absoluto; sabía que Simón Bolívar y yo teníamos algo en común: ambos teníamos que pasar por Chiriguaná en nuestro arduo camino hacia la libertad. Bolívar, en su hermoso caballo blanco y yo, en mi flamante tren de hierro y acero.

Mi madre había decidido regresar a su casa y yo la seguía sin protestar. A la velocidad del tren nos separábamos de todo lo que éramos hasta entonces. Atrás dejábamos a Chiriguaná y a

Ciénaga, pero no el sofocante calor y las nubes de mosquitos, pasajeros honorarios del tren. El Expreso del Sol atravesaba el noroeste del país desde Bogotá hasta Fundación, Magdalena, haciendo escalas en multitud de pueblos, muchos de ellos con vida gracias al ferrocarril.

—¿Cuándo volvemos a la casa de mi tío? —pregunté a mi madre con recelo al ver que el tren se alejaba y no daba señales de volver atrás. Porque lo cierto es que yo esperaba que hiciera una curva para encontrarme de nuevo con las rancherías y los paisajes que habíamos pasado. Empero, a medida que pasaban las horas presentí que no habría un regreso.

El sol emprendía su viaje para esconderse detrás de las montañas, y el ruido del día se fue mitigando poco a poco a la par que se desdibujaban los rostros cansados de nuestros compañeros de viaje. En la oscuridad me sentí desprotegida. Comencé a añorar lo que dejaba: la hacienda de la que mi tío Eustaquio era capataz y donde yo había sido tan feliz. De seguro a esa misma hora ya me hubiese acostado en mi hamaca, como acostumbraba al caer la tarde. Alguna de las primas se encargaría de ir al gallinero y recogería los huevos por mí. Cada uno tenía un trabajo a la medida de su edad o de su estatura. Mis tareas variaban con cada cosecha. Unas veces apilaba en los bultos las mazorcas de maíz; en otras, ayudaba a mi mamá a limpiar su cuota de motas de algodón. Me volví una experta fabricando mecheros de petróleo con frascos y trozos de tela; y aunque me estaba estrictamente prohibido, todas las noches los distribuía en cada cuarto y me gustaba ayudar a encenderlos. Mi madre me dijo que ya no volvería a ocuparme de esas tareas y que ella tendría un descanso al no tener que corretearme para evitar que en una de esas me quemara.

Cosa especial eran los paseos diarios con mis primas. Recorríamos descalzas los atajos que llevaban al río y luego nos dábamos unas zambullidas en sus aguas cristalinas. Regresábamos a casa sin prisa, cargadas de flores, frutos, manojos de matarratón y totumos que recogíamos en el camino. La tía Juana, al igual que muchos habitantes de la zona, era fiel a muchas de las tradiciones de los indígenas mocanas. A excepción de las ollas y sartenes de hierro, ella prefería los utensilios de cocina elaborados con la corteza seca del totumo a los "tiestos metálicos", como los llamaba. Era fácil encontrar los totumos, pues se daban silvestres. Sus hermosos frutos se dejaban secar y luego se tallaban de forma artesanal, labor en la cual la tía Juana era una artista consumada. Aunque no nos lo pidiera, sabíamos qué yerbas y frutos debíamos recoger. La manteníamos aperada de matarratón fresco, con el que preparaba sus brebajes y combatía los problemas intestinales, fiebres, gripas y cuanto trastorno tuviéramos en el cuerpo. Ella, en su sabiduría indígena, tenía un remedio para cada mal.

Mi niñez transcurría feliz: jugaba con tortugas e iguanas, saltaba por los potreros arreando las vacas, machucaba corozos e inventaba juguetes a mi antojo. Satisfacía con ello más la curiosidad que la necesidad. Hoy estoy convencida de que en ese entonces la necesidad no existía.

La casa era un refugio en medio de la naturaleza indómita, con sus coloridas hamacas guajiras y grandes espacios abiertos por donde podía correr sin cortapisas ni precauciones. Los pocos objetos que la poblaban cumplían una función específica, al igual que cada uno de nosotros. Que recuerde, nada se rompía o estorbaba. Todo lo que había allí podía durar mil años o reemplazarse con facilidad usando madera, piedras, totumos, paja o hilo de cáñamo.

En la parte trasera de la casa había tres tanques hechos en bloques de ladrillo y cemento gris, donde se recogía agua de lluvia. Cuando mis tíos consideraban prudente, porque era época de lluvias, nos permitían disfrutar de las tibias aguas de uno de esos plácidos estanques, donde pasábamos días enteros burlándonos del calor. De vez en cuando una traviesa rana saltaba entre nosotros y nos hacía dar gritos escandalosos, pero eso también era parte de la diversión. Éramos chiquillos montaraces corriendo de un lado al otro, sin mayores temores o peligros. Nuestro único deber era estar en casa a la hora de comer y de dormir; todo lo demás era poco más que un juego.

Uno a uno íbamos llegando a la hora del almuerzo o de la cena. Los más pequeños, sin ser invitados, nos escabullíamos a la cocina y nos resistíamos a abandonarla a pesar de los escobazos o amenazas de la tía para que no le estorbáramos el paso mientras ella se las ingeniaba para servir a más de una veintena de comensales diarios, entre trabajadores de la hacienda y la familia, que era numerosa. La cocina transpiraba los celestiales aromas de los suculentos sancochos de carne de res o de chivo que desde tempranas horas impregnaban las habitaciones de la casa y acuciaban nuestro apetito. Las exquisitas viandas con ñame, maíz, guineo y leche de coco ardían de placer en los enormes sartenes de hierro martillado con sus corazas anquilosadas de tizne. "¡Bien lavaditos, como un espejito!", nos advertía la tía Juana cuando terminábamos de comer, sin importar la pátina de años que cubría los trastos. "Ah…, y acuérdense de recoger más leña pa'l fogón".

En la cocina hervían no solo los manjares sino también los cuentos, una que otra noticia a destiempo y los chismes de la región. Como la vez que el dueño de la hacienda, al que apodaban "el Tigre", le permitió al tío Eustaquio subirse a su avioneta. Ese sí que fue un evento inusual. Relatos con lujo de detalles sobre los partos difíciles de yeguas y vacas, las terribles oleadas de calor a las que nadie terminaba por acostumbrarse, o anécdotas que contaban los indios, en especial Camilo, que en su burro tan viejo como él bajaba con frecuencia desde la sierra. "¿Y usted es un indio de verdad?", le pregunté a Camilo la primera vez y todas las veces que lo vi, para que me contara de nuevo toda su historia y aprenderla de memoria. "Camilo, ¿y después me da una vuelta en burro?"… Meditaba en todo lo que no había podido traer conmigo y que quizás jamás volvería a ver.

—Mamá, ¿será que un día volveremos?

—Ya es tarde. ¡A dormir! —me ordenó tajante, y en tono más afable añadió—: ¿Quieres ir al baño?

De repente, los murmullos y carcajadas de los pasajeros que viajaban en la parte trasera del vagón rompieron el silencio. Un hombre angustiado gritaba con desespero: "¡Agarren a

Lorenzo; agárrenlo que se me vuela!", en tanto otros vociferaban que subiéramos de prisa las ventanas. Mi madre, sin saber lo que sucedía, procedió a subir la nuestra con agilidad. Me dio curiosidad y me paré de inmediato sobre el asiento, cuando sentí un fuerte coletazo en la cabeza. Era Lorenzo, una hermosa guacamaya de casi un metro de altura que revoloteaba en el vagón buscando una ventana para emprender libre su vuelo. Su amo, un campesino octogenario, había rehusado separarse de su pájaro asegurándole al empleado del tren que Lorenzo no era peligroso y que de ninguna manera permitiría que lo juntaran con los otros animales que viajaban en el último vagón. Al estrellarse contra mi cabeza, Lorenzo cayó al piso, lo que aprovechó su dueño para agarrarle una pata y anudarla con fuerza de un lazo que le pendía de la cintura. El ave cotorreó sus quejas con enfado, pero el anciano algo le murmuró con ternura y el animal poco a poco pareció resignarse.

—¡Tantos colores para un solo animal! —exclamé emocionada.

Su hermoso plumaje escarlata era fastuoso. Lorenzo tenía una larga cola azul turquesa que resplandecía con el amarillo incandescente de la parte baja de sus alas. Al ver lo afilado de su enorme pico negro y el tamaño de sus garras arqueadas y punzantes sentí miedo y con brusquedad me aparté y me refugié en el hombro de mi madre.

—¿Puedo tocarlo? —le pregunté al anciano.

—Claro. Pásele la mano sin miedo y suavecito —contestó el hombre.

—¿Y no es peligroso, señor? —le pregunté con desconfianza, al tiempo que levantaba mi mano pero sin decidirme a aproximarme al ave, temerosa de su descomunal tamaño.

—Si mi Lorenzo es un purito ángel, juguetón y parlanchín —me aseguró el viejo en tono compasivo, y miró a mi madre que me tenía sujetada para impedir que me levantara del asiento.

—Niña, no tenga miedo —insistió el anciano, y acercando el ave a nosotras me animó—: Tóquelo y vea lo mansito que es. Y usted también, señorita —dijo a mi madre—. Dele... Tóquelo. No le muestre miedo.

Frente a la mirada inquisitiva de mi madre el anciano tomó mi mano y con suavidad la posó en la cabeza de Lorenzo. Respiré profundo, y con lentitud deslicé mis dedos por su costado hasta llegar al extremo de sus elegantes e inmaculadas alas. Al ver que no me atacaba, procedí a repetir mi hazaña, evitando agitarlo. Lorenzo ladeó su cabecita de cachetes blancos y me miró con sus pequeños ojos redondos, reclamándome que lo liberara. Me sentí culpable por haberlo detenido en su intento de fuga.

—¿Por qué no lo deja volar? —le inquirí al hombre.

—Si lo dejo libre no sobrevivirá por mucho tiempo —adujo él, convencido—. Él ya no sabe vivir en libertad.

—Eso pasa con los animales que crecen en cautiverio —interrumpió nuestro vecino del frente, que se había despertado por la algarabía. Y dirigiéndose al dueño del ave añadió—: Está muy bonito su pájaro. ¿En cuánto me lo vende?

—¿Venderlo? ¡Ni muerto! —exclamó el anciano— ¡Yo no me despego de mi Lorenzo! —Y con acritud espetó al desconocido—: ¿Acaso le ve usted algún letrero?

—Bueno…, yo solo preguntaba por curiosidad —replicó nuestro vecino, mohíno.

—¡Cachaco pendejo! —gruñó el anciano, y sin importarle que todos lo escucharan, o tal vez con ese propósito, gritó—: ¡Que porque son de la capital se creen los dueños del mundo!

—Es tan lindo y suave, pero se ve triste —murmuré, ajena a la breve escaramuza verbal, mientras deslizaba mi mano con precaución por el extraordinario cuerpo emplumado de Lorenzo.

—Sí, lo sé —dijo el dueño de Lorenzo—. Ha estado un poco triste; pero eso será por poco tiempo…, ya se le pasará. Lorenzo va a ser muy feliz en su nuevo hogar.

—A mí también me dijeron que seré más feliz en casa de mi abuela —dije a mi vez, mientras el anciano se alejaba llevándose a Lorenzo sobre el brazo y esta vez bien amarrado.

Cuando desperté el tren había detenido la marcha. Nuestro recorrido, paralelo al río Magdalena, había llegado a su fin y estábamos en La Dorada, Caldas. Mi madre levantó la maleta, me tomó de la mano y descendimos del tren. En la acera aguardamos unos minutos para observarlo con detenimiento. "¡Qué bonito y grande es! Lástima no poder tomarnos una foto de recuerdo", musitó mi madre. Y estaba en lo cierto. Su presencia metálica resplandecía tanto como el sol mañanero que se posaba imponente en las verdes montañas, y el soplido de sus pulmones de acero opacaba la fuerte algarabía de los vendedores ambulantes que entonaban su letanía: ¡Vendo rosquillas, almojábanas calientes, Coca-Cola, chorizos con arepa, piña, dulces, maní, maní!". Cada vez que el tren se detenía en algún lugar, retoñaba la vida.

El aire fresco con olor a tierra mojada y a pan de queso recién horneado era un embeleso para el olfato. Un flujo alocado de pasajeros con maletas y cajas se apretujaba para subir al tren, abriéndose paso a trompicones entre la marea no menos desquiciada de quienes bajaban de él apresuradamente para apilarse en las puertas de la estación. La gente anunciaba que el tren estaba por partir; pronto se escuchó un potente campanazo y en seguida el rugido atronador de las turbinas de la locomotora. El panorama me resultó chocante y ajeno y no pude contener las lágrimas. Sentí el exilio y la nostalgia de un solo cantazo. Mi anhelada aventura en tren había llegado a su fin. Hubiese querido abordarlo de nuevo y proseguir nuestro viaje de regreso a la hacienda, pero el Expreso del Sol se desvanecía ya en la distancia y nos abandonaba, sumidas en una nube de humo, a la mitad de nuestro recorrido.

El resto del viaje transcurrió sin novedad. Desaparecieron las montañas, la música y los ríos, y si estaban allí, yo no pude ni quería verlos. Partimos de La Dorada en el autobús intermunicipal, el cual se detuvo en cada esquina del suroccidente colombiano hasta llegar a la terminal de transportes de Cali, fin de nuestra travesía.

Ese mismo día al anochecer estábamos tocando a la puerta de la casa de la abuela. Al tiempo que dábamos el primer golpe, mi madre me echó un vistazo y acomodándome el cabello me dijo suplicante: "Por favor, pórtate bien. ¡No quiero quejas!"

Regresamos a esa casa como si nunca hubiésemos partido. A falta de fotografías, la única prueba latente de mi viaje en tren y de la vida que había dejado atrás serían los recuerdos almacenados en las celdas tenues de mi memoria. Allí, frente al oscuro portón, esperábamos que la abuela Rosario nos diera la venia para ingresar a un espacio de realidades diferentes. La primera imagen de ese espacio fue su rostro, tan asombrado como el mío. Sus ojos radiantes, eran dos gotas de miel que me escrutaban de arriba abajo mientras yo, con mi mirada de águila, la reparaba de pies a cabeza. Y no, no era como me la había imaginado. Su figura era menuda, y no se parecía a mi madre ni al tío Eustaquio; tampoco tenía los ojos de mi madre. Su cara de luna llena no tenía arrugas, a excepción de dos pliegues profundos en el entrecejo. La escena duró apenas unos segundos, pues mi madre se abalanzó sobre ella y la estrechó contra su cuerpo. Las vi sollozar y darse consuelo en un rito que no comprendí y que me hizo sentir incómoda. Así, como actores, celebramos el cósmico momento en que la madre recuperaba a su hija y a su nieta, que estaba allí más bien de espectadora y ajena a lo que acontecía.

No tuvo que pasar mucho tiempo para que comprendiera yo que las lágrimas de mi madre no fluían por la alegría del retorno, sino por los recuerdos tormentosos que motivaron nuestra partida cuando la misma abuela le dio su consentimiento para que escapara a donde nadie pudiera encontrarla, advirtiéndole que la prefería lejos y no muerta.

Igual que los ríos, que tras surcar tantos meandros terminan yendo al mar, mi madre decidió regresar a casa. Hubiese podido quedarse en aquel lejano lugar bajo el amparo de su hermano, o irse a cualquier otro sitio y hacer una nueva vida; pero no lo hizo. Los dos años de exilio lograron distraer y airear su mente por un tiempo, mas no el martilleo de su memoria, que solapada en cálidos campos y amaneceres tranquilos guardaba recelosa aquellos recuerdos que mi madre quería sepultar. Aparentaba que el temor se había hecho a un lado para enfrentar el peso de esas decisiones que, en últimas, forjan el destino.

¿Qué esperaba encontrar mi madre a su regreso? No lo sé aún; quizás se aferraba a que sucediera un milagro…, uno de esos que nunca llegan y su espera termina en la desgracia. Volver…

ESTACIÓN
VIDA NUEVA

Mi madre y yo afrontábamos la existencia de igual a igual; cada una a su manera. Y justo en el momento en que tocamos a la puerta de la casa de la abuela nuestros mundos se reencontraron con la realidad para la que habíamos nacido. Contar con un techo debería haber sido más que suficiente para retomar las riendas de una situación que, dicho sea de paso, era solo nuestra, pues sin ser las causantes de ella éramos sí sus únicas responsables. El nuevo hogar nos impondría retos más allá de la imaginación, al menos de la mía, que apenas lograba aterrizar gracias a las providencias de mi madre. En algún lugar de mi memoria quedarían tatuados los benignos recuerdos que había forjado hasta entonces y que como un bálsamo servirían para aliviar mi pena y evidenciar que "el paraíso verde" existía en algún lugar del mundo, al igual que mi héroe metálico, capaz de cruzar el planeta en busca de cielos claros y anocheceres estrellados. Las apacibles memorias de caras amables, de libertad y de naturaleza a granel habían sido sacrificadas en aras de las oportunidades que brinda la ciudad y la búsqueda afanosa del amparo maternal y familiar que mi madre anhelaba. Tenía que adaptarme sin protestar a una forma de vida que no conocía y para la que no existía manual de instrucciones, terapista social o nana que me consolara.

Mi abuela perteneció a la segunda o tercera oleada de desplazados e invasores que llegaron al barrio. La tierra no se repartió entre ellos por un sentimiento de caridad: fue la presión de esas gentes lo que obligó a los terratenientes a desgranar en pequeños lotes y manzanas los predios de los cuales se declaraban dueños, y los enormes latifundios se convirtieron en las nuevas barriadas que circundan la gran metrópoli vallecaucana. Así, mi barrio surgió entre sembrados de caña y maíz, y simple monte, por allá en los años treinta, delimitando con la hacienda ganadera La Fortaleza, que con el tiempo terminó siendo también un vecindario tan denso como el nuestro, si no más. A la gracia de Dios, con la venta de dos vacas y un ternero la abuela reunió el dinero suficiente para comprar una ramada en el famoso barrio La Múcura, uno de los últimos asentamientos de la época, habitado en su mayoría por campesinos que habían emigrado de sus pueblos en busca de refugio o con el ánimo de forjarse un futuro en la pujante ciudad de Cali…, así fuese en extramuros.

El barrio era un caserío compuesto por hileras de quince a veinte casas, en su mayoría separadas por cercos de madera, alambre de púa o, en el mejor de los casos, por frondosos árboles de mango, cacao, guayaba o plátano. Cada calle tenía un número que la distinguía de las otras. Y a medida que La Múcura crecía vertiginosa, en su entorno nacían nuevos vecindarios contiguos a pantanos y terrenos baldíos, los cuales integraban un enorme territorio de bosques, casuchas, lagunas y maleza al que popularmente le decíamos Navarro. Nuevos círculos de miseria formándose alrededor de más miseria. Solo en la década de los sesenta los desagües de aguas negras dejaron de correr por sus calles maltrechas y llegaron los servicios públicos gracias a las gestiones políticas de los dirigentes cívicos del barrio. ¡Cuántos votos y conciencias debieron de intercambiarse por algunos cables eléctricos y tubos de cemento! Así, gota a gota, recibimos las bienaventuranzas de la vida citadina. Al principio de los setenta se inauguró la primera escuela del barrio, a tiempo para dar albergue a los niños de esa populosa zona, pero tarde para más de una generación que había crecido en la ignorancia.

La casa de la abuela era fácil de reconocer en la cuadra, no por su estilo o tamaño. Su fachada, construida en ladrillo y repellada con cemento, la diferenciaba de la gran mayoría de las otras viviendas, casi todas de bahareque. Recuerdo que en varias ocasiones ayudé a los hijos de la tía Mercedes, la hermana de la abuela y quien vivía justo en seguida de nuestra casa, a revolver la mezcla de barro, arena y paja con la que se emplastaba y rellenaba la urdimbre de esterilla que sostenía las paredes de su casa. Algunas de las viviendas de nuestros vecinos no tenían siquiera paredes de bahareque, y simplemente se sostenían en pie gracias a unos cuantos palos y cartones fuertes. Era usual que en los diciembres la abuela dispusiera de unos fondos para pintar de verde o amarillo brillante el frente de su casa. Si sobraba un poco de pintura, se coloreaban la parte inferior del poste de la luz y un par de piedras que, recostadas a la pared, servían de asientos. Los vistosos colores aceitados hacían que la fachada de la humilde vivienda resplandeciera e insinuara una imagen de grandeza y confort interior que estaba años luz de poseer, pues lo cierto es que las imponentes paredes rebosantes de color ocultaban el poco espacio construido, que por economía arquitectónica se levantó solo en el lado izquierdo del terreno. El ahorro de unas cuantas paredes resultó en que cada lugar de la casa, de ladrillo o de cartón, quedara frente al largo, sombrío y asimétrico zaguán de exactos setenta y cinco pasos de largo.

La casa estaba dividida en dos áreas: la parte construida, como una caja fuerte, custodiada en los extremos por dos enormes puertas de hierro pintadas de marrón oscuro, una mirando a la calle y la otra al zaguán que daba al patio. En su interior se encontraban dos habitaciones de ladrillo, una con ventana hacia la calle y la otra, más pequeña, con ventana hacia el zaguán. El resto de la casa, sin ningún valor real, se levantaba apocadamente. La cocina era un intento de choza con paredes de barro fundidas entre tiras de esterilla, piso de tierra y cataplasmas de cajas de cartón y plástico que tapaban los huecos que abundaban por doquier. El destechado baño, que para mi desventura quedaba en el rincón más alejado del patio, constaba de un vetusto y descolorido sanitario y un tubo de regadera al que se accedía con solo alzar la diminuta cortina plástica, o levantando con las dos manos, sin mayor esfuerzo, el retablo construido con pedazos de madera que fingía una puerta. Si el caso era de afán, se entraba dando un simple salto desde un muro para el que nunca hubo ladrillos suficientes. Al lado del muro estaba el lavadero de ropas y su gran tanque, en el que manteníamos almacenada el agua.

Entre el baño y la cocina estaba el patio, custodiado por dos frondosos árboles de guayaba y mango que escoltaban a su vez una desbordante planta de tabaco con grandes hojas verde claro y sutiles espigas de flores rosadas acampanadas. Las rosas, los jazmines y las amapolas se confundían con el rojo y amarillo intenso de los ajíes y pimientos que se multiplicaban con el aire tropical de la mañana. La enredadera del maracuyá no conocía límites y trepaba a su antojo por tapias y paredes hasta llegar al techo. Eso, y el palito de limón que no podía faltarnos porque, según la abuela, era el colmo que alguien tuviera que comprar limones; y los exuberantes tomates, y la fragancia silvestre de la albahaca, la manzanilla, el cilantro, el cimarrón, la coca y cuanta planta o semilla le dieran a la abuela, hacían de nuestro patio el minifundio más próspero y saludable de todo el barrio. Pese a lo reducido del terreno, Rosario había convertido ese pedacito de tierra en su proyecto de finca, y en él jornaleaba todos los días para que no nos faltaran vitales ingredientes culinarios, emplastos y milagrosos brebajes para remedios caseros. Fueron numerosas las veces que me alivió de atroces dolores de muela con simples buches tibios de hojas de coca hervidas en agua con sal, y con sus famosas infusiones de paico me curaba la indigestión y me extirpaba las horripilantes lombrices y parásitos intestinales. Su despampanante planta de marihuana sirvió para calmar las neuralgias, reumatismos y dolores artríticos de muchos de nuestros vecinos. Solo había que sumergir las hojas en alcohol y frotarse a diario la preparación hasta que desapareciera el dolor. Las agüitas de toronjil, manzanilla, llantén, verbena, eneldo y caléndula curaban cualquier patatús.

El patio era, como es de imaginarse, un lugar sagrado, y lo mejor es que crecía por obra y gracia de la naturaleza, sin demeritar el tesón de la abuela. Podía yo pasar en él el día entero observando las abejas y mariposas posarse en cada flor, o a los pájaros saciar su sed de almíbar picoteando las guayabas maduras, mientras las hojas de los árboles jugaban traviesas con el viento suave y cálido hasta caer rendidas, hipnotizadas por el ocaso. Las plegadas hojas de las mimosas me anunciaban con asombrosa precisión la hora exacta en que esta parte del planeta le decía hasta mañana al sol. A pesar de que conocía cada centímetro de sus rincones y de que era ese mi lugar predilecto de la casa, ni el aroma fresco y perfumado de las gardenias y los jazmines lograba menguar mi temor de permanecer en el patio después de las seis de la tarde, o de visitarlo pasada esa hora. Lo peor era que el baño estaba a la intemperie, sin luz eléctrica y en medio de las tinieblas. Si los poderes celestiales me lo hubiesen permitido, habría metido el baño y el patio dentro de la sala para protegerlos mientras dormía. La inseguridad era tal, que todas las noches teníamos que hacer pequeñas mudanzas con la licuadora, la estufa, la olla a presión y la remesa. Y aunque la ropa estuviese aún mojada, tendida en las cuerdas o en remojo en los aguamaniles, teníamos que entrarla a la casa y salvaguardarla como si se tratase de uno de nosotros. A falta de varones, las cuatro mujeres del hogar confiábamos en la protección de la gran puerta de hierro con su doble pestillo y la pesada tranca de madera, que nos garantizaba que para traspasarla tendrían que derribarla con pared y todo. Como nos había aleccionado la abuela —"Hay que quedarse callado, y oiga lo que oiga ni pestañee"—, en las noches nos limitábamos a escuchar el paso de los visitantes noctámbulos por nuestros tejados, recorrer el zaguán y robarse de paso los mejores mangos.

En una de esas tantas noches de desvelo y zozobra y pese al repicar de los gruesos goterones de una lluvia pertinaz, alcanzamos a percibir la llegada de los merodeadores, más agitados y ruidosos que de costumbre. Dedujimos que eran tres hombres. De un salto se bajaron del techo, recorrieron el zaguán, entraron a la cocina y se desaparecieron en el patio. "¡Nos están robando las tejas! ¡Por

Dios, ni este aguacero los detiene¡", exclamó, irritada, la abuela al escuchar el estropicio de algunas tejas al estrellarse contra el piso. Nos quedamos petrificadas y en un silencio sepulcral hasta despuntar la luz del día. Mi abuela, la más valiente, se atrevió a quitar la tranca de la puerta y salir a evaluar las pérdidas. Porque aunque no tuviésemos mucho, todo en absoluto nos hacía falta y era peliagudo de conseguir, así fuese un simple par de tejas. De seguro los ladrones eran gente conocida y más de una vez al pasar por nuestra casa o al cruzarse con nosotras en la calle nos habrían dado los buenos días; y si no lo eran o venían de otros barrios, pensarían que sus víctimas eran sordas y mudas, pues entraban y salían de nuestra vivienda como Pedro por su casa, y pese al estruendo que armaban ninguna de nosotras decía ni mu.

Esa mañana encontramos un desastre: la cocina había perdido parte del techo, y los trozos de teja y madera habían formado con el barro un denso lodazal; el patio estaba de luto por la muerte de muchas plantas de tomate, y en la tierra se abrían dos prominentes agujeros. Un sinnúmero de huellas de tres tipos de suelas, nos confirmó que eran tres los malandrines, que se habían llevado lo más valioso que encontraron, y curiosamente no eran las tejas, ni los mangos, ni los alambres de tender la ropa, ni las guayabas, sino las matas de coca y marihuana que eran, por cierto, las últimas sobrevivientes de la voracidad de los visitantes nocturnos de nuestra casa.

Todo hay que decirlo: vivir en la ciudad, así fuese en sus fronteras, significaba gozar de las bendiciones de la tecnología y la infraestructura de las que ni siquiera treinta años después el tío Eustaquio ha podido gozar en esa esquina de la Costa. En casa de la abuela teníamos luz eléctrica y agua potable las veinticuatro horas del día, restándole uno que otro apagón o racionamiento. Antes de que la abuela se hiciera a su propio televisor, me daba permiso para ir a la casa de su hermana a ver por el aparato al Chapulín Colorado, que pasaban a las seis de la tarde. En casa teníamos una vieja radio, pero nadie, ¡nadie!, ni siquiera los adultos, osaba cambiar la emisora que sintonizaba la abuela. Desde tempranas horas de la mañana, Rosario encendía la radio y paseaba el dial de Radio Reloj a Radio Eco, que repetían en orden diferente los boleros, las propagandas, las noticias y daban las horas y minutos todo el día, mientras ella remendaba ropas ajenas o preparaba nuestras viandas. Odié tanto sus boleros que terminé amándolos igual que ella.

Disfrutaba, por tanto, las ventajas de la ciudad, mas una sombra ominosa opacaba mis días: sabía que vivía en medio del peligro, al que era totalmente vulnerable. Sentí correr por mis venas el miedo que, como la insidiosa cicuta, hiela la sangre y nos paraliza. Pero era consciente de que tenía que enfrentarme a esa realidad como cualquier niña de mi edad y aprender a defenderme para poder sobrevivir. Mis miedos y yo nos convertimos, así, en enemigos inseparables. Crecíamos a la par, calzábamos igual y a lo mismo temíamos.

Como si no fuera suficiente el mero hecho de salir al patio en medio de la oscuridad cuando por mandato de la abuela no podía usar la bacinilla, el toparme con los murciélagos que revoloteaban entre los mangos y las guayabas maduras y que con frecuencia se estrellaban contra las enclenques paredes de la cocina me hacía gritar despavorida y brincar como loca. Pero lo peor era vivir con la angustia perenne de que cualquier día, cuando menos lo pensara, vería al ladrón o al violador acechando entre los árboles del patio o dentro del baño…, esperando a que yo levantara la cortina plástica o la tabla de madera para caerme encima. Y como si mis aprensiones por cosas tan reales no fuesen suficientes, los espeluznantes mitos y leyendas de los mayores atizaban mis miedos. Todos competían en narrar las más truculentas experiencias de aparecidos, y me atemorizaban hasta la médula sus macabras historias de muertos que se niegan a descansar en paz y gustan de aparecérsele a cualquiera mientras menos lo espera, incluso a los niños buenos…, y creo que, pese a algunos pecadillos, yo era uno de ellos.

Era típico en mi familia y en nuestro círculo de vecinos, en noches en las que nos quedábamos sin fluido eléctrico, y en los velorios y reuniones familiares, explayarse en relatos sobre los fulanos a quienes se les había aparecido la Viuda Negra, el Sombrerón, el Jinete sin Cabeza, la Madremonte o la Llorona, la más popular de todas, que había espantado a casi todo el mundo menos a mí. Cual más, cual menos, aseguraba habérsela topado en cualquier oscuro paraje y quedar paralizado al escuchar sus escalofriantes gemidos. Decían que el alma errante de esta madre en pena los había correteado y que se habían salvado de milagro. La Llorona deambulaba de noche en busca de los hijos que ella misma asesinó en un arrebato de locura, presionada por la miseria en que vivía. Cuentan que era ella la culpable de muchas de las personas desaparecidas. Por supuesto, era admonición generalizada que los niños como yo debíamos tener mucho cuidado, pues se habían dado casos en que la Llorona los confundía con uno de sus pequeños y los esfumaba como el viento.

Y estos cuentos, adobados con pelos y señales, se narraban a viva voz en tono teatral en presencia de quien fuera, sin ningún reparo. Y el cuentero juraba haber sido testigo de los hechos, o al menos haber escuchado con claridad los gritos o el arrastrar de cadenas, o el aullido despavorido de los perros al sentir la presencia del espanto, o afirmaba que un tío o pariente —que en paz descanse— se lo había referido. No había forma de refutar al hablante, porque casi de inmediato aparecía otro personaje compitiendo con una historia más horripilante que la anterior, de la cual, por supuesto, también varios de los presentes eran testigos, lo cual avalaba que el mundo de los espíritus y fantasmas es tan real como el de los vivos. Y como la muerte rondaba a menudo por el barrio, eran frecuentes los velorios con la infaltable tertulia esotérica, de la que nadie podía ser ajeno, por lo que terminé por creer, como todos, que cada difunto sabía de antemano que le llegaría su hora y se dedicaba a recoger sus últimos pasos antes de marcharse al más allá. Y yo rogaba al cielo que ninguno de ellos nos visitase en tal cometido.

Crecí, así, dando saltos entre los dos mundos: temiéndoles tanto a los vivos como a quienes se quedaban varados en algún lugar del purgatorio, cuyo último agravio al mundo era pasársela persiguiendo a inocentes niñitos para pedirles favores. "¡Y ni de fundas les diga que no —me advertían—, porque nunca la van a dejar tranquila hasta que usted haga lo que le pidan!".

Mis miedos se materializaron cuando, a los pocos meses de haber llegado a Cali, hubo un muerto en la familia. La madre del esposo de una hermana de mi abuela había sido atropellada por una motocicleta conducida por un borracho. La noticia de su muerte se propagó con rapidez, y en cuestión de horas empezaron a desfilar los vecinos con grandes jarrones, cortinas blancas, camándulas y ramos de claveles. Mi abuela, por su parte, extrajo del vetusto y atemorizante baúl que custodiaba una de las esquinas de su cuarto un grueso y largo velón que tenía pintada una cruz morada, y en su base un gran moño en cinta negra. Como ella ocupaba ambas manos con algunas bolsas, me pidió que me encargara de llevar el velón a la casa del velorio, a lo cual me negué rotundamente pues no quería ni siquiera acercarme a ese objeto tan sombrío con aquel nauseabundo hedor a humedad. La abuela intentó obligarme, pero al darse cuenta de que no obedecería y que se le hacía tarde, decidió cargar ella con el velón y como pudo lo acomodó en una de las bolsas, en la que llevaba unas mantillas negras. Caminamos el corto trayecto, yo detrás de la abuela escuchándola rezongar que no quería nietos inútiles y que ya se encargaría ella de quitarme los remilgos.

Entre sollozos y lamentos se arrumaron en una pieza todos los muebles de la sala para adecuarla como sala de velación. El féretro, colocado en diagonal, dividía el espacio en dos triángulos. Cuatro candelabros plateados, con pedestal y estilizados velones de metro y medio de altura, fueron plantados en cada esquina del ataúd. Mi abuela sacó su velón y lo puso al lado del Cristo que colgaba de la pared.

Como yo atravesaba una y otra vez la sala a zancadas, eso molestó a los dolientes, en especial al hijo de la difunta, quien no pudo soportar más mi impertinencia.

—¡Corintia! —me gritó, exasperado—. ¡Deje de correr! ¿No ve que no deja rezar? —Y dirigiéndose a mi abuela le pidió—: ¿Por qué mejor no se la lleva a casa, Rosario?

—¿Y usted cree que ella es capaz de quedarse sola en casa? ¡Ja! —contestó mi abuela.

Ambos me miraban con expresión severa, moviendo la cabeza en señal de desaprobación. De repente, exclamó Rosario:

—¡Esos brincos son de purito miedo!

—¿Conque esas tenemos? —dijo el hombre. Calló unos segundos, y entonces, dirigiéndose a mí, me propuso—: ¡Venga! Venga se la muestro…, para que deje de tenerles miedo a los muertos.

—¿Que queee…? —protesté, aterrorizada, y le grité—: ¡¿Mostrarme qué?!

El hombre buscó la complicidad de mi abuela:

—¿No es cierto, Rosario —le dijo, pero mirándome a mí—, que si Corintia toca a un muerto, jamás les volverá a tener miedo?

Me pareció tan absurdo lo que se me pedía, que esperé que la abuela soltara una de sus agrias respuestas para desmentir al doliente. Pero tamaña fue mi sorpresa cuando ella secundó las pretensiones del sujeto.

—¡Eso sí lo quiero ver! —dijo Rosario, y se quedó tranquila sin impedir que el hombre me sujetara con fuerza de la cintura y me alzara hasta quedar frente a frente con el rostro del cadáver de su madre, fresquito aún.

—¡Noo! —chillé, presa del pánico—. ¡No quiero! ¡Bájeme! ¡Abuela, dile que me baje! ¡Bájeme, bájeme, por favor!

En vano traté de cerrar los ojos, pues parecían faltos de párpados para bloquear la siniestra imagen. Ni mis alaridos ni mis patadas lograron hacerlo desistir de su malévolo intento. Y la abuela, de quien esperaba yo clemencia, me gritaba que callara, al tiempo que me ordenaba:

—¡No cierre los ojos! ¡Ábralos, obedezca!

—¡Abuela, por favor! ¡No lo dejes!

—¡Que abra los ojos, le dije! —me azuzaba el hombre, y añadió lo impensable—: ¡Y tóquela!

—¡Deje el miedo y estire esa mano, que es por su bien! —insistía la abuela, y aproximándose a mí rubricó sus palabras con un empujón que por poco me lanza sobre la muerta.

El individuo estaba convencido de la santidad de su madre y aseguraba que el primer milagro que ella haría sería curarme del miedo, por lo cual le estaría agradecida de por vida. Yo estaba a punto de un colapso nervioso, y el hombre no cedía a mis súplicas. Un sudor helado me recorría el cuerpo y congelaba mis cuerdas vocales. Quise gritar a pleno pulmón, pero solo un apagado ¡gaaa! salió de mi garganta acompañado por un aguacero de lagrimones que empozaron mis zapatos.

Sentadas frente al sarcófago, un grupo de mujeres vestidas de negro rezaban como en un trance el rosario, pues ni mi pataleta ni mis gritos las inmutaban. Haciendo de tripas corazón contuve el aliento y me encontré a pocos centímetros de la cara de la anciana. Con dificultad pude girar el cuello para evitar rozar con mis labios ese rostro cerúleo. Mis ojos grabaron con espanto, como en una fotografía, cada detalle del cadáver: las verrugas de las manos, el mugre de las uñas, la piel apergaminada... Aguanté la respiración para no inhalar el mismo aire frío de la muerta. Era una escena irreal. Alguna plañidera repetía el tenebroso estribillo: "Ánimas del purgatorio, quién las pudiera librar", al que respondían en coro las circunstantes: "Que Dios las saque de pena y las lleve a descansar". Quise pedir ayuda a las mujeres, mas para eso hubiese tenido que traerlas del más allá. Sus negras vestiduras y sus sombríos rostros de ojos velados me dieron la extraña sensación de que todas estaban muertas, y mi pavor fue in crescendo. Comprendí entonces que no debía dar más alharaca porque las almas benditas terminarían por molestarse.

Esa noche fue para mí una aterradora experiencia: rocé con mi rostro el rostro de la muerte. Si bien habían preparado el cadáver lo mejor que pudieron, era imposible hacer milagros. La cara de la anciana se mostraba tan rígida, que en absoluto podría alguien, aun con alardes de imaginación, ver en ella la expresión de sueño plácido que según su hijo tenía, quien aseguraba a los presentes: "Vean a mi madre..., mírenla cómo quedó... Si hasta parece que está dormidita". Porque la verdad era que el pequeño rostro era el de una media luna espantada y espantando. Le habían retocado las cejas con un crayón de color negro y se las habían alargado tanto que terminaban en las sienes. Los pómulos, teñidos de fucsia, semejaban dos manzanas mordidas. La boca, fruncida hacia la izquierda quizás por falta de la caja de dientes que nadie pudo hallar tras el accidente, habían tratado de arreglarla engrosando el medio labio faltante con un labial de exuberante escarlata. Al verla imaginé que era la bruja en persona. Su rostro era igual a las máscaras de hechiceras y diablos que fabricaban en la casa de mi tía para el Halloween y los desfiles de diablitos en las fiestas decembrinas. Era indudable que la habían maquillado en casa.

Ya con mi cabeza dentro del ataúd, forzada por el hijo de la muerta y por mi abuela, no pude evitar toparme piel a piel con la cumbamba de la difunta que se apoyaba en el ápice de un enorme crucifijo colocado entre sus manos y que le hacía lucir la cabeza como si la hubiesen empalado. No pude aguantar más la respiración e inhalé profundo. Fue espantoso. Un olor intenso y asfixiante hirió mi olfato e inundó mis pulmones, lo que me provocó náuseas y una tos espasmódica e incontrolable que me obligó a escupir sobre el rostro del cadáver. De inmediato el hijo de la difunta reaccionó y me retiró del féretro.

—¿Vio que mi madre no asusta? —me dijo con beneplácito, al tiempo que limpiaba con un pañuelo el rostro de su madre.

Tosí unas cuantas veces más hasta normalizar la respiración, y sin atreverme a dar un paso permanecí de pie en medio de mi abuela y del hijo de la difunta, frente al ataúd color vino tinto y agarraderas doradas. Incliné la cabeza sin poder soltar palabra, atragantada por la tos que porfiaba en regresar y por un nudo de lágrimas.

—¿Y ese charco qué es? —preguntó mi abuela desconcertada, mirando con ojos de hielo la húmeda mancha amarilla que maculaba el blanco de mis medias.

Yo respondí con voz entrecortada que "eso" era producto del ataque de pánico que había experimentado cuando —se lo juré— la muerta había abierto los ojos y sentí en mi rostro su gélida respiración. Y hoy puedo afirmar con seguridad que así fue. La infortunada anciana de piel de cobre y largas trenzas blancas no solo había sido lacerada por el vehículo que la atropelló, sino también humillada por sus dolientes en un infamante ritual de la muerte en el cual debe simularse que el difunto está más vivo que nunca. Y eso fue lo que hicieron con aquella venerable mujer para despedirla de este mundo: la vistieron de fiesta religiosa con una túnica de satín morado y le anudaron un cordón blanco en la cintura para que hiciera juego con el denso emplaste de maquillaje. Decir que sentí pánico es poco. A mí me obligaron a verla y a tocarla, y a ella, a estar rígida como un asta y sin poder levantarse para lavarse la cara. ¡Es que la muerte ni pintada tiene gracia!

Muy a mi pesar, la peregrina idea del cuñado de mi abuela empeoró mi mala relación con los difuntos. Desde ese día, todas las noches se tornaron para mí en una pesadilla con la muerta persiguiéndome con su gran crucifijo puntiagudo para clavarlo en mi cabeza como si se tratase de una calabaza. Estas nuevas y espantosas imágenes se unieron a los borrosos recuerdos que guardaba del rostro dormido de mi hermano Marco Antonio, quien falleció antes de cumplir su primer año de edad. Y aunque todos me dijeran que él era un angelito, premio de los niños que fallecen sin haber cometido pecado alguno, su recuerdo de muertico metido en un cajón, con algodones en la nariz y palitos de dientes en los ojitos, vagaba aún como un espanto en mi memoria. ¡Todavía no entiendo cómo hay gente que dice que los muertos no asustan! ¡Y menos aun comprendo por qué insisten en que mi hermano no tenía esos palillos, si yo los vi! Y si aquel niño no era mi hermano, ¿entonces quién diablos era?

Pues bien. No había forma de que me aventurara a salir al patio después de las seis de la tarde, ni siquiera para ir al baño, y mucho menos después de que un par de locos se mudaron a la casa que colindaba con la nuestra. Ya no solo la oscuridad y el miedo a los difuntos me conturbaban, sino que otro elemento exacerbó mi tortura psicológica. No importaba que fuera de día o de noche, tal parecía que un monstruo entraba a esa casa y la emprendía a dentelladas contra sus habitantes, que gritaban y daban tamaños alaridos. La faena comenzaba a cualquier hora y se prolongaba hasta que un poder sobrenatural lograba enmudecerlos, dormirlos o sacarlos de la casa. El hecho real era que los dos hombres se peleaban y golpeaban a muerte sin que nadie osara detenerlos.

Según comentaba la gente, estos dos jóvenes, que eran hermanos, habían perdido la cordura por el excesivo consumo de drogas alucinógenas. Su agresividad no daba tregua. A veces era tal su ira que se azotaban contra las débiles paredes de esterilla y cierta vez a punto estuvieron de romperlas, lo que me obligó a saltar velozmente de mi árbol de mango por miedo a que cayeran volando directo en nuestro patio. Que yo sepa, ninguno de los vecinos se percató del arribo al barrio de estos nuevos inquilinos.

Cierto día, cuando llegué de la escuela, me encontré con que los tales vecinos habían construido una elevada pared de esterilla que daba a nuestro patio. "Eso se les va a caer un día de estos. ¡Parece una casa de cerillos y naipes!", comentó la abuela. Pero no presentimos lo que estaba por venir. A las pocas semanas de haber levantado la pared empezó a armarse frente a nuestro patio una endemoniada barahúnda, lo que se repetía todos los días. Los vecinos de la cuadra estaban intrigados por la procedencia de estas personas, de las cuales lo único que conocíamos eran sus alaridos y el estrépito de sus voces. Estos vecinos nos decían que no nos preocupáramos, que a Dios gracias los familiares de los bullosos, que a diario se aparecían para llevarles comida, los mantenían encerrados. Pero en vano lográbamos tranquilizarnos. Al poco tiempo los vimos deambulando sin rumbo por las calles. Presumimos que habían logrado burlar las cerraduras o que se escapaban por algún portillo de su casa de cerillos. Pero algo muy diferente sucedía: los dos jóvenes entraban y salían a su antojo, pues sus progenitores, cansados del suplicio, habían decidido dejar en libertad a los cautivos y que el barrio quedara a su merced.

Toparse con uno de estos muchachos era amanecer con la suerte atravesada ese día; su irritabilidad era una condición permanente y peligrosa. ¡Ay de quien se atravesara en su camino! Era ese motivo suficiente para que el sujeto lo ultrajase con procaces expresiones y en ocasiones lo atacara a piedra o a palazos. Me atrevo a aseverar que ni uno solo de nosotros se libró de sus insultos y madrazos ni de las correteadas que nos hacían dar a la hora menos pensada. Era ya habitual toparse con "Guarapo" y "Fritanga", como apodaban en el barrio a tales individuos. Pero de tanto andar por nuestras calles terminamos acostumbrándonos a su incómoda presencia, y hasta los muchachos del barrio trataban de conversarles a manera de burla. Quizás alguno o algunos de nuestros vecinos sabrían los pormenores de esta historia. En lo que respecta a nosotros, jamás volvimos a saber de las personas que veían por los dos hombres. Todo daba a entender que habían abandonado a los muchachos a su suerte…, y a la nuestra. Al final, como a todos los demás, el barrio terminó acogiéndolos con resignación y caridad. "Guarapo" y "Fritanga" fueron los primeros loquitos de nuestro vecindario. Con el tiempo otros moradores engrosaron la lista de vecinos, cada uno con su personalidad y su propia historia.

Ya por entonces no le oraba yo a Simón Bolívar, porque me quitaron la pendejada tan pronto llegué a Cali. En subsidio, fue Jesús Redentor el depositario de todas mis peticiones: protección, alimento, salud, y trabajo para mi madre. Ah, y una muy especial: que, ¡por favor!, no me dieran ganas de ir al baño, pues cada vez encontraba menos almas caritativas que se dispusieran a acompañarme. Por ello, así me estuviera muriendo de la sed, no tomaba agua después de las seis de la tarde. Fueron incontables las veces que tuve que acudir a medidas de emergencia para solucionar los apuros. Las noches llegaban con su manto de peligro, temor al saqueo y permanente zozobra. Los ladrones proliferaban a medida que se poblaban los barrios vecinos y que muchos de los niños que conocía se hacían hombres.

Desconozco si fue la inseguridad del sector lo que motivó a las autoridades a plantar la cárcel de la ciudad en nuestro barrio, o si primero fue la cárcel, anticipando el futuro, y luego el barrio. La realidad es que el orden de los eventos no alteró el resultado: nuestro vecindario fue paso obligado de entrada y salida de todos los hampones, matones y presuntos inocentes que terminaban con sus huesos en esa prisión. Uno de tales presos era vecino nuestro, pues su familia vivía a cuatro casas de la de la abuela. Recuerdo el día en que "Cuchilla" salió de la cárcel después de pagar su condena por haber atracado y asesinado a un hombre. Esto había sucedido años atrás, justo en el doblar de la esquina de nuestra casa. Los vecinos sabían el peligro que implicaba el regreso de "Cuchilla" y temían lo que estaba por venir.

Fueron días de suspenso, como en las películas del Lejano Oeste, en las cuales hasta los muertos se esconden tras sus lápidas por temor al pistolero, que llega siempre al mediodía con sus botas espueleadas charrasqueando el polvo y apretando entre los labios un tabaco humeante mientras sus manos, nerviosas, se aprestan para sacar el arma y presionar el gatillo. En la cuadra todos esperábamos ese pavoroso momento. Las calles, que solían estar colmadas de niños corriendo o jugando, estaban vacías. Las puertas de las casas se cerraron más temprano, incluida la de mi abuela, quien había empezado a tomar sus previsiones con una semana de anterioridad a la anunciada llegada de su viejo vecino. Sus órdenes eran tajantes, tanto para el más grande como para el más chico: "¡Nadie sale sin mi autorización!", seguida de una letanía de restricciones que casi nadie cumplió porque pudo más la curiosidad que el miedo.

Todos querían asomarse a la ventana a presenciar el momento en que "Cuchilla" llegaría a su casa, y como esto no era posible a menos que se viviera en todo el frente de ella o se montara guardia permanente a su puerta, la gente terminó por salir a la calle como de costumbre. Después de servir la cena las señoras salieron como siempre, con la excusa de recibir el aire fresco de la tarde, pero en verdad para preguntarse entre ellas si ya habían visto pasar a "Cuchilla", a lo que todas respondían: "¡Ni Dios lo quiera! ¡Yo me muero del susto!". Sin embargo, lo cierto es que nadie se murió de nada.

Al principio nos tropezábamos con "Cuchilla" al salir de la casa o en el paradero de autobuses. Pronto se le empezó a ver a cualquier hora, sentado en las típicas piedras ancladas en las aceras de las casas, armando su cigarro de marihuana o tomando largas siestas. Aunque su lugar favorito eran las esquinas, donde armaba corrillos día y noche con sus compinches, algunos ya conocidos en el barrio, a quienes poco a poco se fueron sumando algunos jóvenes con los que un día jugábamos a la pelota. La que llevó la peor parte fue una de sus primas, que solo Dios, quien sabe todos los misterios, podría entender cómo se enamoró ciegamente de "Cuchilla". Creo yo que una dosis maligna de amor y drogas se confabuló para que ambos se amalgamaran en una sola carne de alma lánguida. Fuimos testigos mudos de la acelerada metamorfosis de esa linda muchacha, que de la noche a la mañana dejó de ser mariposa. De la Rubí que conocí quedó tan solo un denso cataplasma de rímel, tacones altos y una desteñida falda de jean que llevaba a media pierna. Se volvió habitual verlos andando por las calles del barrio con sus caras sin rostro, siempre tomados de la mano.

Las esquinas del barrio se convirtieron para el transeúnte en puntos vedados, que, sin embargo, muchos no tenían cómo esquivar, pues necesariamente debían pasar por allí para ir a casa. Recuerdo que mi madre me había prohibido caminar por varias de las arterias del barrio. Una de las pocas calles sin restricciones para mi caminar era la vía principal, por donde pasaban los autobuses, pero con la advertencia de que debía guardar prudente distancia de las casas y de las aceras, a fin que pudiera correr si me veía en peligro. La exhortación incluía nuestra propia calle por la cual, como dato curioso, también les estaba prohibido transitar a varias de mis amigas de la escuela por estar catalogada como la más peligrosa y por su cercanía con La Cueva, esquina tristemente famosa por su reputación de alta criminalidad y porque en ella habían violado a varias mujeres. Cierto o falso, no lo sé, pues a pesar de haber vivido tantos años a unos pasos de tal esquina puedo contar en mi mano las veces que por allí caminé, o mejor dicho, que volé por entre sus andenes perfumados por los aromas de la mejor panadería del barrio.

Mi niñez transcurrió, así, en un acuartelamiento forzoso, que aceptaba yo a regañadientes "por mi propio bien" y para evitar reprimendas. Sabía, empero, que los peligros no eran cuento de mi abuela o de mi madre, porque las noticias que nos llegaban de tantos hechos desapacibles eran de primera mano. Pero tantas prevenciones y tanto insistir en la necesidad de protegernos nos hacían vivir como la tortuga, escondidos en nuestros caparazones, así fuesen simples cubiertas hechas por nuestros miedos.

Para sobrevivir había que seguir por instinto la norma de "no dar papaya". Todos, los buenos vecinos y los no tan buenos, compartíamos la mismas preocupaciones que los presidiarios "hospedados" en la cárcel. La seguridad era un asunto de suerte o de "no dar papaya", como era común escuchar: "Lo robaron porque dio papaya", o "lo mataron porque dio papaya", o "la violaron porque dio papaya". Ni por estar cerca de la cárcel y de la inspección de policía el crimen amainaba. El barrio cogió tan mala fama, que había épocas en que ni los taxistas entraban al vecindario. Muchos años después rebautizaron la cárcel con el nombre de Casa Verde, quizá para darle una nueva imagen o quizá con el propósito de extirpar de nuestro barrio el estigma de ser el lugar donde se encontraba confinada la peor gente de la ciudad e incluso sujetos de alta peligrosidad que eran trasladados de otras cárceles municipales. Pero los vecinos teníamos claro que vivíamos en La Múcura, que la cárcel del barrio se llamaba La Múcura y que el bus que lograba sacarnos a otras realidades también se llamaba La Múcura. Este último, el añoso bus La Múcura, fue por muchos años el único medio de transporte con el que contábamos quienes vivíamos en ese extremo de la ciudad para integrarnos con el resto de la municipalidad.

El progreso llegaba a migajas, lo que propiciaba la inseguridad y nos exponía a todo tipo de riesgos. Tuvieron que pasar varios años para que aumentaran las líneas de autobuses y con ello se pavimentaran otras calles de acceso al barrio. La ciudad había crecido de manera acelerada en este confín, lo que convertía nuestro barrio en el albañal de todos los demás vecindarios en ascenso y en la madre que lavaba la ropa sucia del oriente de la ciudad.

Cada familia sorteaba las dificultades como podía. Decir que uno vivía en La Múcura era identificarlo de entrada con delincuencia de la peor calaña, pues Casa Verde y sus inquilinos eran noticia todos los días. A tal punto era esto cierto, que cuando atrapaban a algún ladrón que hacía de las suyas en algún barrio cercano al nuestro, decían las noticias: "La policía atrapó a un ladrón que habita en las inmediaciones del barrio La Múcura". Es decir, éramos referente obligado de todo tipo de hechos criminales; pero a los medios no les interesaba destacar el monumental esfuerzo de gentes humildes y trabajadoras que luchaban por enderezar el barrio, por hacerlo progresar y por levantar hombres y mujeres de bien. Estábamos orgullosos de nuestro barrio, de sus calles arborizadas y limpias y de la solidaridad de sus habitantes, aunque sabíamos que la inseguridad nos condenaba al encierro. Estigmatizados, pero sintiéndonos privilegiados de contar con un techo propio, pronto aprendimos a andar con cuidado y, sobre todo, a "no dar papaya". Éramos parte de una ciudad que se desbordaba segundo a segundo y en la que nuestro hábitat era la periferia, abundante en pobreza.

El tiempo es testigo de los años que permanecí en aquella casa, cuyo recuerdo sobrevivirá por siempre en mi memoria. Y ese algo o alguien que me contemplaba agazapado desde algún lugar, camino a casa de mi abuela, seguro se reía de mí por mi afán de querer reencontrarme con mi pasado. Para mí el tiempo era sinónimo de eternidad, y cada día de mi vida un angustioso aprendizaje. Me sentía enclaustrada entre las paredes de un sombrío zaguán que devoraba mi niñez, sin el asomo de un rayo de luz que me diera la esperanza de que quizá existiera para mí un futuro. Miraba el reloj y sus manecillas semejaban tentáculos. ¿Podrá alguien afirmar que pudo burlar al Destino?

Un camión descapotado repleto de corotos se ha parqueado al frente de la casa de enseguida. Mi abuela dice que se trata de los nuevos vecinos. Desde mi árbol de mango alcanzo a divisar a dos hombres que cargan una nevera blanca, en tanto una mujer con pañoleta de colores anudada a la cabeza les grita que la muevan con cuidado, que está nueva y que si la rayan, pagarán con su vida. Debe de pesar una tonelada, pues apenas logran levantarla del piso. Los dos hombres la descargan sobre el suelo como si fuese de cristal y se dirigen otra vez hacia el camión. Ahora llevan en sus manos un enorme televisor con pantalla de color azul, de esas que están de moda. Considero que se trata de una familia adinerada, pues todo lo que traen se ve nuevo y moderno; no como los muebles color frijol descolorido de la abuela, tan raídos que apenas disimulan sus heridas con los rojizos cojines que ha tejido en sus noches de desvelo. Han bajado muchas cajas y las han apilado justo en la pared cuya ventana da a la sala, por lo que me es difícil otearlos desde mi atalaya. Quiero salir a la calle, pero la abuela no me deja; dice que es de mala educación espiar a los vecinos, aunque la observo inquieta y noto cómo, con el rabillo del ojo, escruta a través de la ventana lo que sucede afuera.

—Creo que les falta medio camión por desembarcar —dice, para darme a entender que lo adivina.

—Abuela, ¿será que puedo ayudarles a bajar cosas del camión?

—¡Usted no pone ni un pie afuera, que mucho ayuda el que no estorba! —exclama tajante, y se sienta vigilante en la silla que está al lado de la puerta.

Son casi las cinco de la tarde y pronto caerá la noche en mi patio. Frustrada en mi intento de salir a la acera, escalo mi árbol de mango y tomo palco en mi rama favorita. Solo tengo que esperar a que desempaquen las cajas o salgan a su patio para ver sus rostros y darles la bienvenida. Los minutos pasan y con ellos las nubes blancas se van manchando de gris. La tarde ha caído sin remedio y no he logrado conocerlos; solo oigo voces apagadas y la de una mujer en tono alto dando órdenes. Los gritos de mi abuela me sustraen de mi escucha. Está enojada. Dice que si no bajo en seguida me quedaré sin cenar. Quisiera quedarme un rato más, pero no puedo ir en contra de las dos fuerzas oscuras que me acosan —a ambas les temo—, y sin dudarlo me descuelgo del árbol con un intrépido salto.

Me levanto muy temprano; hoy es mi cumpleaños número siete. La abuela me ha confeccionado una hermosa maxifalda carmesí. Me encanta su color, y me parece que el rojo tiene ligeros visos de azul. Nunca me habían vestido con un color tan bonito como este. Mi abuela elaboró unos hermosos cintillos blancos que colocó en el ruedo de la falda y ha llamado al fotógrafo para que nos tome una foto de cumpleaños. Mi primo Francisco, que cumple años dentro de dos meses, posará junto a mí con sus botas nuevas de charol café. He salido al patio para darme un meticuloso baño en el tanque bajo el sol mañanero. Siguiendo las instrucciones de la abuela, primero me lavo el cabello con el jabón azul de lavar ropa, lo dejo secar un poco y procedo a peinarlo una y otra vez con una peineta de diente muy fino. La abuela es muy estricta con el aseo y yo soy muy dulce para los piojos. Después de esta tortura de rutina, tomo el cepillo de lavar ropa y me restriego los pies hasta lograr que las uñas me queden transparentes. Absorta en mi tarea, escucho al otro lado del muro la voz estridente de una mujer que grita insistente: "¡Eliseo! ¡Carolina! ¡Levántense a desayunar!".

Salgo del tanque, me pongo de pie sobre el lavadero y asomo mi cabeza por encima de la tapia que nos separa; no quiero que me vean. ¡La abuela me mataría! Mi alegría no tiene límites al ver a dos niños como yo corriendo en medio de los muebles y las cajas. No ceso de observarlos. Levanto mis ojos al cielo y me digo: "¡Gracias, Dios! ¡Este es mi regalo de cumpleaños!"

Carolina era, sin duda, la niña más extraña que hubiese visto hasta entonces. Su rostro níveo y achatado, era como un lienzo al que le sacudieron sin piedad una brocha bañada con chocolate derretido. Sus ojos achinados, de un negro azulado, se perdían entre la espesura de unas largas pestañas con las que habría podido barrer el suelo, y toda ella estaba cubierta de un finísimo vello. Una espléndida cabellera azabache le llegaba a la cintura. Lucía diferente, linda y extravagante al lado de los demás niños del barrio, que no pasábamos de ser unos huesudos mulatos, indios y morochos y uno que otro un poco más blanquito, pero todos curtidos por el exceso de sol. Ninguno de nosotros se le asemejaba. Era una niña voluptuosa, que caminaba estirada y hablaba con el mismo orgullo que su madre. Su hermano Eliseo, quien le llevaba dos años, era la versión masculina de Carolina, pero carecía de la arrogancia y la chispa de su hermana. Ante nuestra insistencia, y como Eliseo no tenía otro compañero con quien jugar, accedía a apadrinar las ingenuas fechorías que Carolina y yo nos inventábamos. Al poco tiempo de conocernos, entre los tres forjamos una indisoluble amistad a prueba de peleas, castigos y juegos callejeros.

Doña Salomé, madre de mis dos amigos, no tuvo buena acogida en el vecindario. Todo en ella, desde su forma de vestir y hablar hasta su comportamiento, era motivo de chismes, burlas y envidia por parte de las vecinas. Ni siquiera su modo de caminar pasaba inadvertido. Muchas mujeres trataban de imitarla, pero ninguna lo lograba. Ella se distinguía por su garboso porte y sus contorneadas caderas que balanceaba con exquisita gracia; por sus erguidos hombros perfectamente modelados, su discreto vientre y sus senos provocadores que desbordaban de su magistral escote; por su voluptuoso y firme trasero, que enloquecía los hombres; por su espalda de medidas perfectas, que solía llevar al descubierto para lucir el esplendor de su piel dorada... Ella como buena mulata, sabía sacarle provecho a sus curvas, y a la suma de tantos atributos. A diferencia de las 'Evas' del barrio, doña Salomé siempre lucía elegante, así se la viera calzada con chancletas, forrada en sus desteñidos *jeans* y con la cabeza llena de rulos. Cinco largos años de inclementes críticas y maledicencias aguantó doña Salomé viviendo en nuestro barrio.

Era curioso que siendo ella una mujer joven de no más de treinta años, tuviera el mismo carácter estricto de mi abuela, por lo que a mis amigos y a mí nos cobijaban las mismas reglas. Los tres teníamos prohibido juntarnos con los demás chicos, y solo podíamos jugar en la acera del frente de la casa cuando se nos diera permiso y bajo supervisión. "¡Y no se salgan del andén!", nos conminaban, con la certeza de que, confinados en esa celda virtual, ningún peligro nos acecharía. Dejarnos salir a la acera era como abrirnos la puerta de la jaula y tener el placer de desplegar las alas y volar. Nuestro mundo lúdico se limitaba a los usos creativos que pudiéramos darle a ese espacio de cemento. Veíamos con envidia cómo la muchachada jugaba a sus anchas sin madres vigilantes, sin espacios limitados, sin horarios, libres y sin temores. En la ventana de la casa de mis amigos y en la mía siempre había un par de ojos inquisidores observando todos nuestros movimientos.

Después de cenar, mi abuela sacaba un asiento al andén para recibir el fresco de la noche y conversar con alguna vecina, y doña Salomé también bajaba la guardia. Aprovechábamos entonces para escabullirnos aunque fuese por un par de minutos y unirnos a los demás niños en sus juegos al escondite, al cojín de guerra, o el más osado, que implicaba que uno de los chicos se robara el fuete de la casa. El que lograba tal hazaña tenía el privilegio de esconderlo en cualquier sitio, algunas veces debajo de una piedra, por entre la basura, debajo de los asientos en que se sentaban las señoras cuando salían al andén a conversar, y hasta en las copas de los árboles. Tan pronto nos daba la señal quien había escondido el látigo, salíamos desaforados a buscarlo en cuanto lugar imaginábamos. Quién lo hallara tenía el derecho de azotar con este a cualquiera de los otros jugadores que se dejara alcanzar. Se requería, por tanto, tener cohetes en las piernas para evitar a toda costa ser capturado por el enemigo, el cual se tomaba muy en serio su papel de cazador. ¡Había que verle la saña en los ojos! La mayoría de los juegos implicaban habilidades atléticas que yo nunca tuve o nunca desarrollé, y en este de la correa en más de una ocasión, ya porque tropezara o por mi lentitud, el cazador me alcanzó y me encendió a correazos. Sin embargo, aun sabiendo mis limitaciones, nunca me abstuve de sumarme a tales juegos. Quería correr, sudar, gritar y reír como lo hacían los otros chicos.

Mis amigos y yo teníamos que eludir a dos enemigos que se cebaban en nosotros y se regocijaban en torturarnos: otros niños como nosotros, y nuestras propias madres, ¡y con ellas el castigo no era un juego! A ambos lados de la acera corríamos peligro y en ninguno de ellos existía el perdón o la compasión.

—¡Carolina! ¡Eliseo! —gritaba enfurecida su mamá—. ¡Los quiero aquí ahora mismo!

Al escuchar a doña Salomé, mis ojos viajaban en dirección a la puerta de mi casa, pues sus aullidos ponían sobre aviso a mi abuela, quien pronto asumía su papel de matrona espartana.

—¡Carolina! ¡Eliseo! ¡Vengan acá! —insistía doña Salomé, plantada en el marco de la puerta, y sabiendo que contaba con la aprobación de mi abuela, tomaba más vuelo—. ¡Estos condenados muchachos! ¡Uno se descuida un momento y vean lo que hacen! ¿Vio, doña Rosario? ¿Vio? ¡No es sino que pongan un pie en la puerta para que vean lo que es bueno! ¿Quieren fuete? ¡Estos idiotas, dizque buscando fuete en la calle teniéndolo en casa! —vociferaba a todo pulmón—. ¡Pues vean lo que les tengo! —y temblando de furia y con el rostro desmadejado, empuñaba el látigo de tiras de cuero y lo azotaba insidiosa contra la pared. Su sonido se sentía en la piel.

Este látigo, que reposaba colgado detrás de la puerta de entrada a la casa, era —quién lo creyera— el instrumento disciplinario por excelencia para someter a la infancia y doblegar su rebeldía. El látigo de nudos fue, sin duda, la última generación de instrumentos caseros de tortura y remplazó de lejos a sus populares antecesores: la chancleta, el palo y la correa. Se puso de moda cuando una de las señoras más temerarias del barrio anunció que había encontrado la solución a todos sus problemas.

—¿Cómo es eso, doña Petronila? —le preguntó, incrédula, la dueña de la tienda, que se sabía la vida y milagros de su clientela—. Cuéntenos el milagro.

—Usted sabe bien cómo son mis muchachos, ¿cierto? —preguntó a su vez doña Petronila a la tendera, a quien creyó necesario recordárselo—: Groseros, quiebraventanas, tramposos y buscapleitos. Para qué le digo más. En eso no necesitan tarjeta de presentación.

—Sí, claro que sí, doña Petronila. A ellos todo el mundo los conoce y si no, ellos mismos se hacen conocer.

—Usted sabe todo lo que yo he sufrido tratando de corregirlos, ¿cierto? —agregó doña Petronila—. Fíjese que les he dado con todo lo que encuentro y nada les vale. Esos condenados muchachos se pueden estar reventando de dolor y aun así son capaces de mirarme a los ojos y reírse en mi propia cara ¿Habrase visto? ¡Es que estos muchachos de hoy no le temen a nada ni a nadie! En mis tiempos, uno no vivía para contarlo…

Y era cierto: con ella nadie se metía. No era mujer que se prestara a bromas, chismes o reclamos. Doña Petronila era famosa en el barrio porque no había hombre o mujer que la igualara en destreza, fuerza y resistencia para batir el dulce de manjarblanco en la inmensa paila de cobre. Compensaba su baja estatura con unos robustos brazos que parecían un par de pilones, capaces de sostener una casa. Uno solo de sus palmetazos sacudía la cuadra entera. Su piel achocolatada resaltaba en medio de tanto mulato descolorido. La sola presencia de doña Petronila inspiraba respeto a todos excepto a sus hijos varones, tan vigorosos y africanos como ella, lo que la enfermaba de un mal genio crónico que le duraba desde enero hasta octubre cuando comenzaba para ella la temporada de venta de su dulce, que tenía fama de ser el mejor del Valle. En aquellos meses, ni las constantes peleas callejeras en que se trenzaban sus vástagos, ni los rumores de que un día sus hijos terminarían muertos o en la correccional, opacaban su resplandeciente sonrisa adiamantada.

Pero, agregó con picardía, —¡yo encontré la manera de curarlos sin necesidad de llevarlos al cura! —Ya doña Petronila estaba en su elemento— ¿No se han dado cuenta que mis muchachos llevan una semana tranquilos? Dígame, señora: ¿La han venido a molestar esta semana o los ha visto "gamineando" por las noches?

—No…, fíjese que no —convino la tendera—. En realidad hace días que nos los vemos molestando por aquí.

—¡Llevan una semana juiciosos y usted no me va lo a creer! —la retó, desafiante, doña Petronila.

—¿Y cómo lo hizo? Perdone que me entrometa, pero cuente a ver, doña Petronila.

—Muy sencillo —anunció doña Petronila, satisfecha con su nueva audiencia—. Pues con el látigo trenzado, ese que usa Paco, el esposo de Mercedes, para darles a los caballos. ¿Y saben qué? ¡Ese sí que es bendito! Ensaye…, y verá lo que le digo.

—¿Y le sirvió? —preguntó incrédula la nueva parroquiana.

—¡Santo sea el Señor! ¡Si ahora mis morochos son un par de angelitos!

Con esta contundente declaración concluyó su plática doña Petronila, tomó su canasto, como si cargara aire, y se marchó, dejando en sus interlocutoras la convicción de que el látigo trenzado era más poderoso que el más elaborado exorcismo. Las mujeres se miraron con un gesto de asentimiento. Decidieron, que a partir de ese día conseguirían y utilizarían el milagroso artilugio para poner en cintura a sus vástagos. El sabio consejo de la dama tuvo pronto eco entre tantas madres desesperadas que no sabían cómo lidiar con la rebeldía de sus hijos. El noble remedio ocupó desde entonces un lugar privilegiado, al lado de la cama o detrás de la puerta de entrada de cada hogar del barrio.

Antes de que llegara el látigo de nudos a mi casa, yo seguía con fidelidad y devoción la costumbre de mi abuela: me persignaba cada vez que pasaba frente a la estampita del Señor de los Milagros, una imagen en cartón plastificado con el Cristo crucificado que la abuela, y con mucho jolgorio, había traído de Buga. Ella juraba que la estampa era milagrosa porque había sido bendecida y ungida con agua bendita por el propio abad de la basílica. De ninguna manera, nos decía, ella compraría una de esas estampitas con Cristos impostores que vendían en la calle, porque no se sabía de donde procedían. La suya era la verdadera imagen del Cristo de las Aguas, el Señor de los Milagros, el mismo que dos siglos atrás había sido condenado a la hoguera por un obispo que achacó sus poderes y milagros a las malévolas hechicerías de los indígenas. Dicen que cuando le prendieron candela, el Cristo, lejos de quemarse, sudó a chorros. Si mi abuela hubiese estado allí, créanme, habría recogido ese sudor en una botella para mantenerlo debajo de su cama, junto con los demás frascos de exóticos mejunjes que allí atesoraba. Cada vez que uno entraba o salía de la casa era inevitable no fijarse en la triste imagen de Jesús lacerado. Cuando la situación lo ameritaba, mi abuela le prendía una veladora y de rodillas le pedía que le hiciera el milagro para sortear el predicamento. Y al igual que en nuestra casa, esta imagen pronto se convirtió en la advocación predilecta de la mayoría de las casas del barrio. En la nuestra, siempre que se limpiaba o retocaba la pared había que tener mucho cuidado de no estropear la dichosa estampita, que permaneció allí pegada enmarcada por gruesas costras de pintura en brillantes colores pasteles, hasta que terminó por decolorarse.

Un día mí abuela decidió reforzar la efectividad de la estampa y le colgó al lado un asistente: la mata de sábila. La infortunada planta fue arrancada del patio y colgada bocabajo de una puntilla. La mata, afirmaba la abuela, era dueña de un poderoso sortilegio: si se le secaba una de sus hojas o si se moría era porque alguien nos estaba haciendo brujería, porque nos tenían envidia o porque le estaban "echando sal" a la familia. Si, por el contrario, la planta reverdecía, era señal inequívoca de que nos estaba protegiendo y dando buena suerte. Al entrar a casa, siempre me persignaba alzando los ojos hacia el Cristo y la mata, sin saber en realidad ante cuál de los dos protectores lo hacía.

El último en llegar al altar fue el látigo, que si bien no tenía connotación religiosa o poderes sobrenaturales, era el encargado de velar por la disciplina del hogar. Doña Petronila tenía razón: el látigo lo curaba todo, desde un berrinche y una insolencia hasta un mal pensamiento o una mala nota. Y así como mi abuela, otras tantas madres instauraron tras las puertas de entrada a sus casas esta versión vernácula de la Santísima Trinidad: la estampa del Señor de los Milagros, la mata de sábila y el látigo, que juntos potenciaban sus mágicas virtudes y equilibraban las fuerzas que mueven el mundo. Pero, indudablemente, el único que nunca fallaba en hacerles un milagro sin necesidad de rezos ni de ayunos y de inmediato era el bendito látigo, que bien administrado velaba por la armonía del hogar.

La fe en tan singular triunvirato no exigía la lealtad de sus súbditos. Cada entidad regía en su reino y hacía lo que le correspondía. Desconozco la lista de milagros que pedía la abuela y si le fueron concedidos, pero he de confesar que el único que yo pedía no se me daba. Lo curioso es que ni Jesús, que también fue martirizado a latigazos, se apiadaba de nosotros. Quizás el Cristo de la estampa sintió indignación y se marchó de nuestra casa y de nuestro barrio al ver el fervor de nuestras madres por su compañero el látigo, y al no comprender ellas que las llagas de su cuerpo injuriado fueron producto de los azotes que le atizaron hombres crueles por sus miedos e ignorancia y no a causa de nuestras jugarretas. Debió de sentirse humillado al tener que compartir su sitial con el mismo instrumento con que fue torturado: lo flagelaron por decir la verdad y a nosotros, por ser niños y portarnos como tales.

Del otro lado de la pared de mi casa a mí también me esperaban. Solo un muro dividía las tragedias de mis amigos y las mías.

Cuando su madre les gritaba que entrasen, yo también corría como un bólido hacia mi casa, sin apartar los ojos de la temible figura plantada en la puerta, que no era precisamente la imagen melancólica del Señor de los Milagros, sino mi abuela, que con el rejo en la mano experimentaba una singular transformación: cambiaba de colores, su humanidad se agigantaba y mutaba en una horripilante medusa de ojos centelleantes y cabellos y lengua de serpiente, que se abalanzaba sobre mí con sus garras abiertas para atraparme.

No había gritos ni súplicas. Me los tragaba. Para mí no había salvación: vivía con el enemigo en casa, y sabía que la piedad era un simple estribillo que nos hacían repetir en la iglesia. La medusa aparecía en el portón y de inmediato desaparecía, a la espera de que yo entrara. Y ¡ay de que no lo hiciera en seguida! Cerraba la puerta con pestillo para que amaneciera en la calle…, o al menos para que yo tuviera que suplicarle y arrastrarme como vil gusano y recibir luego tremenda garrotiza.

La calle sin pavimentar y los andenes a medio hacer fungían de parque, cancha de futbol y pista de bicicleta, así no tuviéramos ni bicicleta ni balón, y era a su vez el sitio más desconsolador del planeta. Armarnos de heroísmo y salir a jugar allí por tan solo unos minutos de euforia y camaradería era, más que un reto, un imperativo para escapar y olvidarnos del mundo que nos imponían los adultos con sus reglas, miedos y frustraciones. Reconocíamos que la calle estaba llena de peligros y que había razones de sobra para la preocupación de los mayores, pero era perverso llegar a casa rebosantes de alegría para terminar en manos del implacable verdugo dispuesto siempre a castigar.

Tan pronto se cerraba la puerta de mis vecinos de al lado y entraban mis dos amigos, el dragón enfurecido en que se trocaba doña Salomé se ensañaba con ellos a latigazo limpio. Entonces los gritos de "¡Mamá, no lo hago más! ¡Perdóname, mamá!", no lograban acallar la algarabía de la muchachada que se agolpaba morbosa frente a los cristales de las ventanas de ambas casas para no perderse el espectáculo de nuestras fenomenales golpizas. La compasión, virtud que debería ser la enseña de todas las madres, era patrimonio solo de la Virgen María, quien nunca tuvo que castigar al buen Jesús para enderezar sus pasos, a diferencia de nuestras progenitoras. Eliseo daba alaridos desgarradores, al tiempo que Carolina le imploraba a su madre que tuviera clemencia y que dejara a su hermano en paz. Palabras sordas para una madre en posesión de un rejo.

—¡Déjalo, mamá! —le gritaba Carolina, tratando en vano de atajarla—. ¡Por favor, no le pegues más, mamá, que lo vas a matar!

El restallar del látigo traspasaba las paredes, y en mis oídos sentía el rigor de esas tiras de cuero como si cayeran en mi propio cuerpo.

—¡No sufras tanto, desgraciada, que ya será tu turno! —sentenciaba doña Salomé a su hija.

No muy lejos de ellos también correría la sangre. Aun sudorosa y sucia la cara, con las rodillas y las manos raspadas por las innumerables caídas, temblando de miedo me atrevía a cruzar el umbral de mi casa. No había más remedio. Derechito me dirigía a acostarme, evitando el sonido de mis pasos, como si tuviera pies de ángel. Escuchaba con aprensión los ruidos que hacía mi abuela al trancar la puerta y después quedaba todo en un silencio aciago. Yo esperaba, ilusa, que por sortilegio de la estampita del Milagroso de Buga me libraría del castigo. Pero ni el divino poder me exoneraría de la azotaina. Como quien va rumbo a la guillotina entraba al cuarto. Teníamos una sola cama, que compartía con mi abuela y con mi primo Francisco, quien por ser el menor siempre tenía que irse a dormir no más allá de las ocho de la noche. Si hallaba la cama vacía sabía que la abuela la quería libre para propinarme la paliza a sus anchas. Sin encender la luz, como si ello fuera a aliviar mi viacrucis, me tendía en el lecho tratando inútilmente de adivinar por donde vendría el primer azote. El ambiente era tenso, contaminado por el furor de mi abuela, mi sudor, la mugre de mi ropa y el miedo. No había nada que hacer o adonde ir…: la pared, la cama y la puerta. Solo restaba cerrar los ojos y encomendarme a Dios rezando el paternóster: "*Padre nuestro que estás en cielo, santificado sea tu nombre, danos hoy el pan nuestro de cada día* —he de confesar que siempre me lo daban—. *Perdona mis ofensas*"… Pero mi abuela no conocía el perdón. Sentía el pavor de esa sombra maligna que pronto saciaría en mí su sevicia. Entreabría los ojos, para percatarme de que la bestia se me venía encima con toda su saña. Entonces encorvaba mi cuerpo para protegerme de lo inevitable.

—¡Ayayay, no me pegues, abuelita! —le suplicaba—. ¡Por favor, no más! ¡Perdóname, abuelita! Solo jugué un ratito y no me alejé de la casa. ¡Por favor, no más!

—¡Esto es para que aprenda que de mí nadie se burla! —Su voz, avinagrada por la ira, taladraba mis sienes—. ¡Ya sabe que usted no puede jugar en la calle! ¿Entendió? ¡Usted tiene que seguir mis órdenes! —Y frunciendo los labios en una mueca maligna me conminaba—: ¡Ya cállese! ¡No quiero oír un grito ni un llanto más! —El dolor de los azotes era tan intenso como el grito que se quedaba aprisionado en mi interior—. ¿Pensó que se saldría con la suya?... ¡Aguante! ¿No es que usted es muy valiente? —Yo cerraba los ojos para no ver sus malévolos ojos!— ¡Tenga…, tenga…, tenga…! —machacaba en mis oídos su voz descompuesta por la ira, que me golpeaba tanto o más que los fuetazos. Y daba por terminado el suplicio con un último fuetazo—: ¡Tenga.., para que se acuerde la próxima vez!

¡Y vaya si me acuerdo como si fuera hoy! Pero no le bastaban los latigazos: me lanzaba contra las paredes, y cuando me tiraba al piso, de allí me alzaba con violencia para seguir martirizándome. No había forma de eludirla. Cuando se cansaba de golpearme, se regodeaba pellizcándome y propinándome coscorrones. Su ira desbordada era la de un volcán en erupción. Esta dolorosa escena se repetía semana tras semana. El más nimio motivo bastaba para sacarla de casillas: si quebraba yo una taza, si dejaba la luz encendida cuando salía del cuarto, si no me tomaba la sopa, si perdía unas monedas en el camino, si olvidaba un lápiz en la escuela. Ni qué decir si se me ocurría contradecirla, si abría la boca sin ser invitada, si recibía comida en casa de los vecinos, y hasta desconectar la plancha caliente sin avisarle era para ella un pecado mortal. Todo lo que hacía o decía yo le parecía imperfecto o molesto y le hacía perder los estribos. En ocasiones me halaba el cabello con tal fuerza que me lo arrancaba a mechones. No había forma de escaparse. Aunque me subiera al árbol de mango y pasara horas allí, sin bajar siquiera para cenar, siempre llegaba la noche y quedaba a la merced de su insania. En vano apelaba yo a las Alturas: no había oración que valiera, ni rezar cien avemarías, ni encomendarme al Ángel de la Guarda, al que por su cobardía le perdí toda la fe pues terminé convenciéndome de que había huido amangualado con el Jesús de la estampita.

Era ya habitual que los gritos de Carolina y Eliseo se juntaran con los míos. Y los vecinos se lavaban las manos. Sea cual fuera el motivo de la tunda, sus comentarios eran siempre los mismos: "Otra vez esos muchachos malcriados haciendo de las suyas", o "¡Y quien los ve tan zonzos!". Lo que ratificaba que era generalizado el sentimiento de que el castigo físico era la mejor terapia para curar las patanerías y rebeldías de los hijos, y que una buena madre cumplía su deber si corregía a tiempo al insensato. Como repetía la abuela: "Es mejor castigar al niño y no tener que corregir al adulto". Por lo demás, eran todas ellas nobles y rectas mujeres, unas verdaderas matronas dignas de respeto. Cuantos más azotes propinaban a sus retoños, más se les enroscaba el moño y con mayor propiedad hacían gala de venerables doñas. Pero golpeaban como el hombre más curtido. Aprendí a desconfiar de sus moñas enroscadas o trenzadas, pues ello encubría a las matronas más temibles y virulentas, y mi abuela era, sin duda, un modelo a seguir.

Para los muchachos de la cuadra, Eliseo, Carolina y yo éramos unos pusilánimes fracasados que soportábamos estoicamente todas sus burlas y atropellos, prestos a correr muertos de miedo a buscar amparo debajo de las enaguas de sus madres desalmadas. Como yo tenía prohibido enfrascarme en peleas y líos en la calle o en la escuela, debía soportar los oprobios sin tener derecho siquiera a poner la queja. Eso me valió el apodo inmerecido que me dieron en el barrio y que me cacaraquearon hasta que tuve trece años.

Me lo gané después de haberme agarrado a puños en una pelea callejera con una muchacha mucho mayor, queriendo defender el honor de mi madre. Cuando llegué a casa, la abuela me remató a golpes encima de mis heridas aún sangrantes y me sentenció que me mataría con sus propias manos si volvía a enterarse de que me estaba revolcando como una cualquiera. Por eso debí soportar todos los ultrajes. Lo que ninguno de aquellos chicos podía imaginar es que quienes no respondíamos a las agresiones éramos más valientes que todos ellos, pues convivir con nuestras torturadoras era una hazaña y una prueba de supervivencia física y emocional. Batallábamos en una guerra perdida y nuestra misión era poder crecer lo suficiente para salir con vida, no tanto del barrio sino de nuestras propias casas.

Con el tiempo aprendí a no llorar, a no gritar y mucho menos a implorar. Entendí que esto generaba una reacción más irascible y violenta en la abuela. Pero las inclementes flagelaciones no lograron mutilar del todo mi ansia de libertad, por lo cual es probable que mi testarudez haya dado pie para que mi abuela pensara que algo andaba mal con su nieta y que más allá de ser una cabeza dura y masoquista tenía síntomas de retardo mental, porque decía que ni un solo hijo se le había torcido y que yo no sería la primera, aunque confesaba que su burro, que era una bestia, había sido más fácil de adiestrar que yo.

Eliseo se estiraba con rapidez y crecía en rebeldía, lo que obligó a doña Salomé a usar otros métodos para domarlo. Al ver que ni los azotes ni las procacidades que le gritaba en público lo amedrentaban, decidió dejarlo encerrado con llave para que no saliera. Pero Eliseo, que era un contorsionista por naturaleza, lograba escaparse de la casa abriendo un hueco por el tejado. A veces lo veía desde mi árbol, caminando por el techo y acomodando las tejas para cubrir el foramen. Como el chico burlaba el encierro, doña Salomé reforzó las medidas para asegurarse de que Eliseo no pudiera escaparse. Antes de marcharse cerraba con llave cuartos y armarios y lo obligaba a desnudarse y ponerse un vestido de su hermana. Con ello pudo salir sin tener que preocuparse por regresar temprano, aprovechando las largas ausencias de su marido, que también era la comidilla de la gente de la cuadra por pendejo.

Desde la ventana, el infortunado Eliseo divisaba a los otros muchachos jugando fútbol en la calle. El pobre, apenas me veía echaba a correr para esconderse en cualquier rincón. ¡Vano intento! Desde mi árbol de mango yo podía divisar todo lo que pasaba en el planeta y, ciertamente, también en su casa y en las de otros vecinos. Sabía lo que cocinaban a diario, las veces que el marido tenía que dormir en la sala por llegar tarde o borracho, la ropa interior de toda la familia, lo que hablaban y lo que no. Mi árbol y yo lo sabíamos todo. Sentada en mi rama favorita veía al triste Eliseo arrancarse a tirones el vestido, arrojarlo al piso, patearlo y elevarlo por los aires con sus pies descalzos. Después de llorar y gritar mil veces que odiaba a su madre y que se lo contaría todo a su papá cuando llegara, el frío de la tarde y el cansancio lo obligaban a recoger el vestido del rincón donde con tanta ira lo había tirado, hacer de tripas corazón y vestir de nuevo la humillante prenda. Al final terminaba dormido como una oruga en el sofá, luciendo su desmadejado vestido de niña de color rosado: él nunca tuvo el valor de contárselo a su padre.

La aparente bonanza en casa de mis amigos empezó a esfumarse cuando despidieron a don Gaspar de la fábrica en la que había laborado por más de diez años. Y no fue con otra cosa que con sus excitantes curvas con lo cual su esposa, doña Salomé, tuvo que rebuscarse el sustento de la familia ante la imposibilidad de su esposo de volver a encontrar trabajo. Don Gaspar se hizo el de la vista gorda y nunca se cuestionó la procedencia del dinero que conseguía su esposa, ni osó preguntárselo. Se conformaba con que a altas horas de la noche o en la madrugada su mujer llegara a casa a seguir la fiesta con él en la sala o en la cama. Así que poco le importaba que en el barrio todos lo conocieran como 'Gaspar el cornudo'. Jamás lo inmutó la lengua venenosa de sus vecinos y asumió sin remilgos los quehaceres del hogar.

Desde mi árbol lo veía yo barrer y trapear la casa, lavar la ropa y plancharla, mientras su esposa descansaba del bailoteo. Pero un día terminó su suplicio. La noticia de que el padre de mis amigos había conseguido empleo se difundió por toda la cuadra y dio tregua al chismerío que se propalaba a los cuatro vientos de que el "caribonito" de don Gaspar era un miserable mantenido. Es que todos se refocilaban comentando el calibre de hombre que era quien permitía que su mujer se prostituyera para mantenerlo. Lo que nunca se supo, al final de cuentas, fue dónde y en qué don Gaspar se había colocado, pues dejamos de verlo por casi tres meses. La gente murmuraba que el matrimonio se había disuelto por la conducta lasciva de doña Salomé, quien de víctima pasó de ser tildada de sinvergüenza. Transcurrido ese tiempo, don Gaspar apareció un domingo. Lo vimos bajarse de un taxi cargando una mochila; estaba flaco, feo y barbudo. Pero tras cuatro semanas partió de nuevo por casi dos meses, y esto se repetiría en los meses sucesivos: se desaparecía por temporadas y volvía a casa, descansaba tres o cuatro semanas y volvía a esfumarse. Mi amiga Carolina les decía a todos que su papá trabajaba en las petroleras y que así era como se trabaja allá. "¿Allá dónde?", le preguntábamos y nos contestaba: "Pues allá, en las petroleras. ¿Es que usted no sabe de dónde extraen el petróleo?". Pero en verdad nadie lo sabía. Lo cierto es que en pocos meses lograron recuperar todo lo que habían empeñado: la nevera, el televisor, el reloj y las joyas de doña Salomé, y hasta compraron un equipo de sonido nuevo. Tal parecía, comentó con sorna y suspicacia un vecino, que don Gaspar había encontrado el propio yacimiento de crudo. La nueva, rápida y notoria prosperidad de la familia hizo que muchos de los hombres del barrio quisieran ir a trabajar a las petroleras, así estuviesen localizadas en el mismo infierno, pero la familia guardaba la información como un tesoro.

No mucho tiempo después de la resurrección económica de nuestros vecinos, los padres de Carolina decidieron mudarse a un barrio de clase media acorde con su nuevo estándar de vida. Lo supe la noche anterior a la mudanza, cuando los vi empacando y acomodando cajas y cachivaches en la sala y le pregunté a Carolina lo que sucedía. Fue impactante mi sorpresa al enterarme de que se iban al día siguiente. Sus padres habían prohibido a Carolina y a Eliseo contarlo a los vecinos para evitar murmuraciones y malas energías. La noticia me acongojó, pues no me imaginaba lo que serían mis días sin la bendición de su presencia. Esa noche los lloré como si hubiesen muerto.

Carolina me comentó que se trasteaban a una casa bonita, en un barrio de calles pavimentadas, donde los niños salían a montar en bicicleta y a patinar en las noches sin correr peligro, no como en el barrio en que vivíamos. Entre lágrimas ayudé a subir sus corotos al camión, abracé a mis compañeritos de juego y de vida, y les dije adiós desde mi corazón quebrantado. Perdí así a aquellos amigos que fueron para mí un oasis en mi atribulada niñez.

Al cabo de unas semanas la casa fue habitada por sus nuevos dueños, un matrimonio antioqueño de carriel, sombrero, bulto de plátanos, arepas, frijoles y un cuartel de hijos al hombro. Fueron los primeros paisas en llegar al barrio y, por tanto, toda una novedad. Cuando los Jaramillo se reunían la calle era una fiesta: niños correteando por las aceras, aguardiente, música de carrilera y estruendosos gritos y carcajadas. Carolina y Eliseo habían dejado en mí un gran vacío, como si mi niñez hubiese quedado suspendida en el tiempo; pero injusto sería desconocer que el cariño y la generosidad de estos vecinos sirvieron para paliar en algo las penurias y soledades de la casa de la abuela. Y como todos los que un día llegamos al barrio, los Jaramillo también fueron acogidos con amabilidad.

Desde chiquilla obtuve el título de mandadera oficial de la casa. Mis tareas incluían la visita a la farmacia de don Arturo para comprar las pastillas de acetaminofén que tomaba la abuela, e ir al abasto para traer los víveres del día. Desde muy de mañana se apiñaban en la tienda numerosas clientas, que afanosas por que las atendieran a todas al tiempo armaban tamaña algarabía. Como yo era tan pequeña, tenía que empinarme al lado del mostrador y abrirme paso entre ellas para que el tendero se percatara de mi presencia.

En ocasiones me sentaba sobre los bultos de papa recostados a la pared, en espera de que las señoras cesaran su parloteo y llenaran sus canastos con la ración de carne, los huesos de cogote para dar sustancia, arracacha, yuca, plátanos verdes, tomate de árbol y un manojo de yerbas frescas. Desde mi palco detallaba los rostros, voces y gestos de aquellas mujeres que eran madres, tías, hermanas o abuelas de mis amigos del barrio y de la escuela. Hablaban y reían con los tenderos como si fuesen amigos de la infancia. Había cierto júbilo en sus rostros cuando salían de la tienda, como si en vez de llevar el mercado sus canastos estuviesen repletos de zapatos, vestidos rimbombantes y joyas que jamás sus ojos vieron. Se notaban plácidas en su rol de mujeres de casa, como si nunca hubiesen anhelado otra ventura para sus vidas. Me las encontraba a diario y las saludaba con el respeto que me había enseñado la abuela; ritual en el que cada una de ellas era una doña: "Buenos días, doña Leonor, ¿cómo está usted?". El tratamiento les pesaba; tenían atrapada la juventud entre las líneas del rostro y la frigidez de sus gestos. Sus caras y voces me eran familiares: eran las *doñas* del barrio. Ninguna de ellas inspiraba confianza para brindarle un abrazo y menos un beso de cariño; ni siquiera entre ellas mismas se saludaban con estas u otras manifestaciones de afecto. Me llamaba la atención que a algunas de ellas sus hijos las llamaban por su nombre y nunca como mamá. Guardaban entre sus iguales una distancia física y se trataban con fría cortesía; pero, eso sí, el chisme viajaba con ellas como un duende con patines. Una vez fuera de la tienda, echaban su postiza afabilidad en el canasto y retomaban su mirada dura y ausente, como una parte imprescindible de su atuendo.

Estas doñas tenían su propia historia, y una muy singular era la de la pobre Rufina, que vivía al frente de nuestra casa, cuya tragedia narró a la chismosa de su vecina, quien se encargó de divulgarla destilando lágrimas como si fuera ella la protagonista, a fin de que el barrio entero supiera lo miserable que era la vida de su apreciada amiga.

Yo estaba haciendo mis tareas cuando la vecina de al lado llegó a mi casa con la excusa de pedirle a la abuela que le regalara unas hojas de toronjil y de yerbabuena. Mientras caminaban ambas por el zaguán camino al patio, escuché a la mujer comentarle a la abuela que esa madrugada, a eso de las tres, había visto llegar a don Efraín tambaleándose de un lado al otro, y que después de haber abierto la puerta de un trancazo alcanzó a verlo caer al piso por la borrachera que traía. Mi abuela replicó que no le hiciera perder el tiempo, que eso era cosa de cada día y toda la cuadra lo sabía, como también que la desdichada Rufina llevaba quince años viviendo en tal calvario y que hasta hambre pasaba porque 'el Garabato', como apodaban a su esposo, solo le daba algunas migajas y eso a regañadientes, y que ella tenía que apañárselas con su ocasional trabajo de costurera para poner algo de comida en la mesa.

Era inevitable hacerse el ciego o el sordo respecto a lo que sucedía en la casa de enfrente. La abuela y su hermana Mercedes comentaban entre ellas que Rufina era la mártir de los viernes, y que mientras don Efraín se gastaba el pago de la semana en los prostíbulos del centro, la ingenua Rufina rezaba para que no lo atracasen en el camino y volviera sano y salvo.

Le conté a la abuela que sin querer, cuando estaba en la tienda, había escuchado hablar a doña Gertrudis con doña Bertha, y que ellas juraban que el horrible morado en el rostro que exhibió por esos días doña Rufina era por un golpe que le propinó el esposo. La abuela convino en que eso debió de haber sido. Le dije también que había alcanzado a oír, pese a que ambas mujeres habían bajado la voz, cuando doña Bertha le confió a doña Gertrudis que la noche anterior doña Rufina había intentado por primera vez seducir a su marido, así como se veía en la telenovela de las siete: la misma doña Bertha le ayudó a doña Rufina a coser el pijama de encaje y la maquilló. Escuché además que la mujer, quien nunca había usado maquillaje en su vida, se veía muy bonita con los labios rojos… Pero que todo le salió mal, porque cuando doña Rufina trató de abrazar a don Efraín, él reaccionó con violencia, la golpeó en la cara y le gritó que él con putas no se acostaba, y que además de fea, con esa jeta pintada parecía un payaso. Mil veces le repitió que si él no se había ido era por lástima, y que si ella seguía con esa mierda, le iba a vender el televisor y la máquina de coser. Mi abuela, la muy ladina, me escuchó con atención y se quedó pensativa, y luego, sin mediar palabra, me atizó tremendo bofetón "por andar repitiendo groserías", me dijo.

Las peleas conyugales entre las parejas del barrio eran un hecho consuetudinario que no daba para mayores comentarios, salvo que las mujeres no pudiesen ocultar las huellas de las golpizas, o que las disputas sucedieran en la calle y a los gritos…, aunque el melindre del mal rato se olvidaba con rapidez. Lo mismo sucedía con las tundas que los padres les propinaban a sus hijos, ante la indiferencia de los vecinos. Por lo que era normal crecer con los cuerpos y las almas cicatrizadas, porque así habían crecido nuestros padres "y no se torcieron".

Marché junto con esos muchachos que crecieron infectados de la pandemia que respiraban. Conté uno a uno sus nacimientos y sus muertes, porque algunos no resistieron el calvario y cimentaron su vida como quisieron. Guardé sus rostros borrados en las fotografías de mi niñez y adolescencia. En silencio acompañé en su destino a esas mujeres que como árboles secos dieron frutos desabridos. Sus ramas, huérfanas de hojas, eran incapaces de dar sombra. En su desamparo, muchas de ellas desplazadas, huérfanas, abandonadas, viudas y algunas hasta víctimas de violación, son las madres de los hombres y las mujeres de hoy, padres a su vez de la generación del mañana. Y así, sin excusa, "derechos, torcidos o simplemente indiferentes", los seres humanos cumplen y cumplirán su misión en el restringido tiempo que les ha sido dado. ¿Cómo enderezar estos árboles cuya simiente ya está torcida?

ESTACIÓN
BENDITA SUERTE

"Suerte te dé mi Dios, que el saber nada te vale", era la máxima reiterativa de la abuela, convencida de que suerte es todo lo que se necesita en esta vida para triunfar y ser feliz; y afirmaba que tan cierto era esto, que "al que ha nacido para tamal, del cielo le caen hojas". Porque, aseguraba, la suerte es un don natural, más preciado que el talento. La suerte no se quita, no se presta, no se vende, no se hereda. Los que nacen sin ella están jodidos de por vida, tienen que aprender a fluir con la existencia y optar por la resignación. Lo oímos de niños y, como cualquier cuento, muchos lo creímos. Semejante a nuestros viejos, encontramos sentido a la extensa lista de máximas, refranes y proverbios, justos para cada ocasión, que comprimían en unas pocas palabras la malicia y la sabiduría populares, que a punta de repetición yacen anidadas en algún rincón del subconsciente. A la mala suerte se le endilgaban nuestros fracasos y reveses en la vida, al igual que los anhelos frustrados a pesar de nuestro empeño. Pero nos consolábamos pensando en que eran cosas que, a la larga, si no se daban era porque no nos convenían, y por tanto no debíamos dejarnos apabullar por la pena, porque "al mal tiempo, buena cara".

Nos enseñaron, pues, a creer en la suerte y añorábamos que algún día se nos diera. Lo cierto era que sin ella todo iba mal. Pero aun así seguíamos adelante, tratando de ganarle la partida al destino pese al Cristo de espaldas con que habíamos nacido. A veces pienso que a lo mejor fue eso, la "bendita mala suerte", lo que le dañó la vida a la abuela al arrebatarle una y otra vez lo que más amaba y forzarla a emigrar del campo, pese a su obstinada resistencia. Porque no fue el atractivo de las oportunidades que brinda la ciudad, ni el poder contar con servicios de energía y agua potable, lo que la hizo marchar del suelo donde nació y vivió por muchos años. No. Fue una mala jugada del destino, una desgracia anunciada que se cebó en ella y en tantos como ella. Porque la abuela repetía hasta el cansancio que detestaba la ciudad y que, aunque sabía que sus años estaban contados, aún conservaba la ilusión de regresar a su tierra. ¿Volver a dónde?, me decía yo. Si ella supiera... ¿Cómo había logrado vivir con tantas nostalgias?, me preguntaba. ¿O sería, como ella misma lo dice, que el tiempo todo lo cura?

Mi madre, al igual que su madre, nació en una pequeña vereda a orillas del río Cauca, en el departamento del Valle del Cauca. El caserío contaba con unos pocos pobladores, labriegos en su mayoría por herencia generacional, que centraban su vida en las tareas del campo. Las grandes haciendas pertenecían a familias de abolengo, y en ellas trabajaban gran parte de los lugareños. Los vecinos se conocían desde siempre, y debido a tantos matrimonios entre conocidos, primos e hijos ilegítimos, sucedía a menudo que muchas de las familias compartieran parentescos. Quizás por eso se reconocen los lazos familiares y consanguíneos por muy viejos que sean y al final todos terminamos siendo primos.

Lo que se ha transmitido oralmente de la historia del caserío de una generación a otra es mínimo, y los pocos ancianos que aún quedan por allí silenciaron sus recuerdos, como si cada uno de ellos tratase de ignorar su cuota de lamentos. La abuela y los certificados de nacimiento dan fe de que su casta habitó por muchas décadas estos pueblos borrados de la geografía, y que en el terreno que usurpa la caña de azúcar hubo vida humana alguna vez. No hay que indagar mucho, pues dejando de lado algunos apellidos de alcurnia y a unos cuantos políticos que son parentela lejana y de los que nadie se acuerda, la pobreza ha sido la herencia de las tres últimas generaciones de nuestra estirpe, nos corre por la sangre y a lo mejor está tatuada en nuestra conciencia. Al parecer, nunca nadie de los nuestros tuvo nada material de valía, y si lo tuvo, lo perdió o se lo quitaron. La desesperanza y la adversidad se incrustaron en el ADN de la familia —no puedo decirlo de otra forma— y se mezclaron con la información genética que se manifestaba en los abismales ojos castaños y rasgados, en la corpulencia y alta estatura, en la lozana piel blanca, en la ensortijada y poblada cabellera y en la prominente nariz, de la cual hay en mi familia la más extraña colección.

—¿Por qué somos tan pobres, abuela? —me atreví a preguntarle uno de esos días de mi niñez, tendida en la cama al lado de ella, en la oscuridad del cuarto.

Quería que me diera una razón del porqué debíamos acostarnos de nuevo sin cenar. No podía olvidar los pesados canastos de nuestras vecinas comparados con mi bolsa de papel periódico en la que escasamente iban un cuarto de libra de carne, un paquete de ajos con comino y tres o cuatro papas. Quería saber por qué vivíamos colgando de un hilo, por qué siempre que me servía la sopa me advertía que no dejara ni una gota en el plato porque no se sabía si al día siguiente tendría algo que darme para entretener la barriga.

—¡Porque sí! —respondió molesta.

—¿Por qué sí? —le pregunté de nuevo, so pena de desatar su natural mal genio.

—¡Esas cosas no se preguntan!

—¿Y por qué no puedo preguntar? —insistí—. Mis compañeras llevan merienda todos los días y yo no.

—Ya le he dicho muchas veces que no pregunte —replicó con voz agria—. ¡Uno acepta la suerte que Dios le dio…, y punto! —y remató con esta joya—: ¡Usted va a la escuela a estudiar, no a tragar!

—Perdóneme, abuela, con todo respeto…, pero yo sí quiero saber. Es que si seguimos así un día nos vamos a morir de hambre, ¿no lo cree usted?

—¿Hambre? —respondió entre dientes—. Usted no ha visto nada, muchachita. Hambre y miserias era lo último que queríamos pa' los hijos. Cuando su abuelo vivía, la comida abundaba y hasta la repartíamos entre los vecinos.

—Y entonces, ¿quién tiene la culpa?

—¿Culpa de qué?

—Pues de que seamos tan pobres.

—¿Qué sé yo? —Había en su voz un tono de exasperación—. ¡Es la suerte que Dios nos dio!

—¿Y qué hicimos para que Dios nos diera una tan mala? —argüí con temeridad.

—¡A Dios ni lo mencione, muchachita! —me espetó, muy contrariada ya.

—Y si no es Dios, entonces ¿quién reparte la suerte?

—Usted lo está complicando demasiado. ¡Duérmase ya o la duermo!

—¿O sea, abuela —le pregunté haciendo caso omiso a su advertencia—, que es nuestra suerte que ni siquiera tengamos para comprar mercado?

Pensé que mi testarudez y esta última acotación la sacarían de quicio y respondería con rejo, como me lo había sentenciado. Pero me contestó conteniéndose:

—Así mismo.

—¿Y cuántos años nos durará la mala suerte?

—Una eternidad…, desde el mismo día en que los mataron.

—¿A quiénes mataron? —le pregunté sorprendida.

—¡Pues a Gaitán y a su abuelo!

—¿A Gaitán? ¿Y quién fue ese?

Ya sabía que mi abuelo había sido asesinado, pero nunca había escuchado hablar del tal Gaitán. Supe, entonces, que además de la mala suerte había gente responsable de que tuviera el estómago crujiendo por falta de alimento. Me quedé a la espera de que la abuela me contestara, pues luego de esta última interpelación hizo un gesto de hastío, rezongó que no la siguiera perturbando, y refunfuñando no sé qué, se sumió en el silencio. Yo misma me asombré de mi osadía cuando decidí continuar arrinconándola a preguntas, exponiéndome con ello a que descargara en mí físicamente su ira. Pero había llegado ya lejos y no podía abandonar el tema. Sabía que la abuela nunca más me daría la oportunidad de abordarlo, ni yo volvería a tener el arrojo de proponérselo. Así, pasara lo que pasara, al cabo de algunos minutos me atreví a preguntarle con voz indignada:

—¿Y quién fue ese asesino? ¡Hay que denunciarlo!

Sentí, cuando su cabeza giró hacia mí, pese a la oscuridad, que sus ojos brillantes se clavaron en los míos. Pero, para mi asombro, en lugar de la cachetada que esperaba, me respondió con otra pregunta:

—¿A quién quiere usted denunciar? ¿A los políticos de Bogotá? ¿A la mala suerte? ¡Ja, ja, ja! —Sentí su aliento peor que la cachetada que se ahorró. Con sarcasmo agregó—: ¡Eso sí que está difícil de hacer!

—Ahora sí que no entiendo. ¿O sea que el asesino está en Bogotá?

—¡No fastidie más! —me regañó—. ¡Vea usted las cosas que me hace pensar y decir! —Y me rogó en tono extrañamente suave—: Mejor duérmase, que a mí no me gusta la gente preguntona. Mañana será otro día y cuanto más hable, más hambre le va a dar y usted tiene que madrugar para ir a la escuela.

—Abuela… ¿y mañana habrá desayuno?

—¡Que se calle le dije!

—Abuela, ¿a usted no le da hambre?

—¡Que se calle! —me ordenó, y subrayó—: ¿O es que quiere un correazo?

Por supuesto, me callé, pero no pude dormirme. Los sollozos que mi abuela trataba inútilmente de contener abrazando su almohada, y el reclamo estruendoso de mi estómago que clamaba por su cena ahuyentaron mi sueño. Era un desafío tratar de dormir con el estómago vacío y peor aun sabiendo que el día siguiente sería más de lo mismo, a menos que ocurriese un milagro que nos quitase el hambre de una vez y para siempre.

La espina había quedado clavada ya en mi mente. Suerte, hambre, miseria y homicidio me parecieron, entonces, pasajeros de la misma vorágine que nos arrastraba. Solo la justicia podría desenredar lo que estaba mal, y por eso inventé y me creí la fábula de que nuestra suerte cambiaría cuando la ley castigara el mal, es decir, a los culpables.

A medida que fui creciendo entendí el dilema de la abuela: aunque dijera lo contrario, ella no sabía a quién atribuir nuestra desdicha. De sus palabras pude colegir que complotados la suerte, el destino, Dios y los políticos de Bogotá nos habían jugado una mala pasada al llevarse antes de tiempo al abuelo y a un tal Gaitán, que quizás era hermano o primo suyo. Y si así no había sido, qué más daba, porque nada nos devolvería lo perdido. Lo único a lo que podríamos seguir achacándoselo era al comodín de la mala suerte.

Me acostumbré a los tiempos de hambre y necesidades, que eran casi todos nuestros días. Aprendí a vivir en la pobreza, sin quejarme, porque era lo que me había tocado en suerte. Soportaba con estoicismo tantas carencias y nunca pedí ayuda, pero mi interior protestaba por la pasmosa facilidad con que cualquier dificultad se trocaba para nosotros en tragedia. Estábamos atrapados en un círculo vicioso y el menor obstáculo desencadenaba una desgracia. Éramos prisioneros; olvidamos luchar y nos plegamos a la adversidad, a tal punto que terminamos por acostumbrarnos a ella. Vestimos, entonces, el sambenito de la mala suerte para ocultarnos a la realidad. ¿Desigualdad, pobreza, defectos, carencias, falta de oportunidades, resignación de vivir como mendigos de la vida? Qué podíamos hacer, si teníamos la suerte en contra nuestra. Analicé mis penurias y observé las de los demás. Su espera era tan eterna como la mía. ¿Por qué en vez de esperar ese golpe de suerte no aprendimos a esperar algo de nosotros mismos?

Tuve que crecer ante los ojos de la abuela para dar inicio a ese diálogo prohibido por la nostalgia y el rencor. En un atentado contra la rutina de sus días, hoy se levantó antes de que el resto de la familia se pusiera en pie. La observo con sigilo desde la cocina, mientras toma su desayuno en espera de nuestra entrevista. Luce radiante, despabilada, a diferencia de otros días en los que el cansancio no la deja abandonar la cama. Dice que es esa obligada lentitud lo que la desespera y la enferma. Lleva puesto el vestido azul turquesa que suele usar solo los domingos o los días de fiesta, y se ha perfumado a tal extremo que su fragancia inunda la sala y no el aroma del café que la tía Amalia prepara en la cocina. Hoy tiene una cita con el recuerdo de su hombre, y por eso no hay cabida para las dolencias de su cuerpo, ni para reclamar a los hijos que no la llamaron ayer, fiesta de las madres. La pena ha sido su fiel compañera desde el día en que le arrebataron al abuelo. "¿Con qué se llena el vacío que deja un ser amado?", le pregunté hace unos días, y me contestó enfática: "Con la espera de la muerte". Mi abuelo Marco, su hombre amado, vivía en esa espera.

Su voz se rompe al pronunciar su nombre y una daga salida del alma se le entierra en la garganta. Sus vivaces ojos arden en un fuego que no suelta lágrimas. Se ha impuesto no llorar, y su interior es un mar de lava petrificada. No sé por qué ha decidido hablarme hoy. ¿Qué fue lo que cambió para que ella cambiara? Lo cierto es que el tiempo ha logrado que de su disforia solo queden sombras.

Hoy, después de toda una vida, me cuenta quién era el abuelo. Sus palabras son imágenes que me transportan a la tierra fértil, a la semilla que germina en sus manos y al fruto dulce que la abuela sirve en su mesa. Lo imagino sujetando el arado bajo el sol inclemente, cargando racimos de plátano en sus hombros para llevar al mercado y sembrando con esmero sus matas de café, en las que florecía su esperanza. Veo las llagas aún sangrantes en sus manos, las limpio y las beso. ¿Cómo puedo amar a un abuelo que no conocí? Quizás fue su ausencia la que me hizo consciente de lo necesaria que era su presencia.

El abuelo no era letrado, pero sabía lo básico para vivir; trabajaba sin descanso, era honrado y responsable... "y también bromista", subraya la abuela. Como el día que le pidió que metiera la mano en el bolsillo de su pantalón para que encontrara una sorpresa. ¡Y vaya susto! Se trataba de una culebrilla roja, que aunque inofensiva, se le enroscó con fuerza en la muñeca.

Ese buen humor —muy a su manera— le sirvió para salir bien librado de aquellos que no compartían ni toleraban sus ideas políticas en un país dominado por la hegemonía conservadora y el temor que había impuesto en la región. Porque, pese al sectarismo, el abuelo no perdía oportunidad de hacerle propaganda a su partido. En su sangre corría el linaje liberal, la rebeldía de los Trujillo, familia que terminó dispersa y quién sabe en qué rincón del país debido a la persecución política.

La abuela recuerda lo emocionado que estaba su esposo con el cuento de la reforma agraria; dice que incluso se dedicó a recorrer los campos para arengar a los más obstinados, porque según repetía el abuelo, "por un voto se pierde una elección", y uno de los votos que se había prometido con fervor conquistar era el de su amigo Jacinto, quien no creía en nada ni en nadie; reacio como él solo a cualquier devoción política, labriego hasta el cogote y terco como las mulas. No obstante, el abuelo se empeñaba en *instruirlo*. Para

Jacinto, rojos, verdes y azules eran lo mismo, y tenía claro que lo único que deseaban todos ellos eran los votos para llegar al poder. Él estaba resignado a su condición de peón, y a diferencia de mi abuelo, el miedo a decir lo que pensaba se le había calado en el alma. Si por ventura un pensamiento crítico afloraba en su mente, lo eliminaba de raíz. Jacinto tenía claro que lo que menos quería era tener enemigos. Siempre que se tomaba unos aguardientes con el abuelo le decía que dejara esas pendejadas; que un día se le acabaría la suerte y terminaría flotando rio abajo. "Mire, Marco —lo aconsejaba—. Yo desde chiquito aprendí que uno no pelea con la cuchara. Así que mejor déjeme trabajar, que usted ya sabe que mi patrón es 'godo' y no vaya a ser que me haga echar o termine yo como los otros...". A todo esto el abuelo hizo oídos sordos, porque lo siguió acosando hasta el día en que lo mataron, tal como se lo dictaba su conciencia política.

Pero, ¿cómo no albergar renovadas ilusiones con cualquier liberal que se postulara, si la patria había estado durante cuarenta y cuatro años bajo el dominio y los intereses del partido conservador? Mi bisabuelo materno, conservador también, estaba hastiado de la hegemonía de su propio partido, pero se volvió un maestro en el arte del disimulo. A lo mejor, muchos de sus copartidarios pensaban como él, pero terminaban siempre dándoles el voto a los candidatos conservadores por temor a las represalias.

El abuelo Marco, en su ilusión de ver un cambio, acogió con entusiasmo el programa que enarbolaban los líderes de su partido, y se empeñó en darlo a conocer y promoverlo en los pueblos vecinos; abanderaba y defendía las reformas prometidas como si estuviese en su poder hacerlas realidad. Pero al final se cumplió el vaticinio de Jacinto, y el abuelo debió aceptar con dolor y frustración que tales promesas eran solo promesas, porque el programa nunca se concretó a pesar de que su candidato ganó las elecciones.

La contienda partidista era un cráter en constante erupción. Los colombianos vivían en permanente discordia, como si la guerra de los Mil Días no hubiese sido el colofón de las confrontaciones intestinas que habían desolado y desangrado al país desde los primeros días de su vida republicana. Esta guerra, la más cruenta que enfrentó a hermano contra hermano en nuestro territorio, librada en las postrimerías del siglo XIX y principios del siglo XX, duró tres años, dejó más de ciento ochenta mil muertos mal contados, entre ellos miles de niños combatientes, y sería el augurio de la violencia sin fin que desde entonces se ha apoderado de nuestro país. Al padre de la abuela le tocó vivir esa guerra. Es extraño pensar que mi abuela creció escuchando esa historia, así como yo he crecido escuchando la suya y que aún no termina. Lo curioso es que a veces parece que la violencia no existiera, o peor aún, que nos hubiésemos acostumbrado a vivir bajo su aciaga sombra.

—La tierra sobraba…, había para todos, pero los terratenientes no iban a cederla así porque sí —comenta la abuela, refiriéndose a esas tierras ubérrimas pero ociosas y enmontadas que eran un agravio para los campesinos porque les estaban vedadas por ser propiedad privada—. A nadie le constaba cómo la habían obtenido, y menos comprendíamos para qué tenían algo que ni necesitaban ni usaban —agrega, y levanta sus manos y las extiende hacia mí en un gesto dramático para indicarme que están abiertas y vacías—. De esto se trata la riqueza, ¿verdad?... Yo nunca he tenido nada que no necesite.

—Abuela —la interrumpo—, usted alguna vez me dijo que les tuviera miedo a los políticos. ¿Se refería a alguien en especial?

—Sí —respondió con contundencia—. A cualquiera que se parezca al demonio ese de Laureano Gómez.

En verdad yo también le hubiese temido. Su palabra tenía el poder de decapitar a mil hombres de un tajo. Como líder indiscutido del partido conservador y haciendo gala de un equívoco fervor religioso, le declaró una guerra a muerte al partido liberal. "Esta región hervía en la intolerancia y todo por los benditos discursos de este hombre —afirma la abuela—. Él arrasó con la poca paz que teníamos. No hubo rincón de la patria en donde refugiarse del miedo y huir del conflicto. Ese domingo, cuando bajamos al pueblo para asistir a la misa de las diez de la mañana, nos encontramos con los mismos vecinos de siempre, pero todo se sentía distinto... El país había cambiado y no para bien".

En medio de esa contienda de virulentos discursos políticos el pueblo de los abuelos se dividió. De ello se enteraron cuando al asistir a la iglesia sintieron el rechazo de varios vecinos que prefirieron quedarse de pie a sentarse junto con los liberales. Y en medio del sermón religioso el cura también calentaba los ánimos en apoyo a su aliado político, y conminaba a los feligreses a que pensaran qué clase de país querían para sus hijos, sino un país gobernado por Dios, aludiendo con ello a las propuestas de libertad religiosa que propugnaban los liberales. "¿Cuándo Dios ha gobernado un país?", preguntaba la abuela con sarcasmo.

El miedo se apoderó de ellos. El abuelo Marco se había ganado una legión de enemigos dispuestos a matar para preservar la primacía del reino de Dios entre los hombres y con ello el futuro de la patria. Laureano Gómez, y sus más fervientes seguidores, se sentían los depositarios de un destino mesiánico. Y como, pregonaban, los liberales renegaban de Dios, los conservadores tenían el derecho de matarlos. Y atraídos por sus estandartes, algunos de los vecinos que nunca se habían declarado ni liberales ni conservadores decidieron apoyar fielmente al partido conservador como si se tratara de un endoso de la Iglesia y un acto de conciencia, y enarbolando las banderas del partido y de la religión sembraban el terror por su extremismo e intolerancia. Y así, pueblos otrora tranquilos se fueron convirtiendo poco a poco en un infierno. La violencia se cocinaba entre hermosos ríos y montañas, y en los estrados políticos y en el púlpito las palabras eran látigos que azuzaban el conflicto. Cuenta la abuela que muchos campesinos consideraban que el peor error de los liberales fue haberse metido con la Iglesia. Los políticos se declararon la guerra y el pueblo de nuevo puso los muertos. "Tentaron al diablo", remata la abuela.

Acechados por sus enemigos del partido conservador, mis abuelos intentaron buscar el amparo del cura para evitar una desgracia. Ilusos, pensaron que él tenía el deber de protegerlos, pero ya existía un precedente que había impuesto sus distancias.

Mi abuela teje y teje... No sé para quién lo hace. Igual se teje la historia, en una cadeneta de días zurcidos que entre tanto vuelo y peso no hacen diferencia. Al recordar, ella siente que el pasado late aún con fuerza. Para mí es más de lo mismo, como si hubiese sucedido ayer y no hace más de sesenta años. Menciona nombres, frunce el ceño y aprieta su boca de labios delgados. Guarda silencio por unos momentos, mientras la aguja de tejer queda detenida en medio palote y sus ojos traspasan dimensiones. La siento naufragar perdida en las brumas de su memoria y en aquellas emociones que reviven en el recuerdo.

Sus confidencias me han transportado a su tiempo y veo en ella a la mujer que no conocí. Me pide que le alcance su álbum para enseñarme unas fotos. El tiempo se ha ido diluyendo en su mente. La abuela me recuerda a la cigarra, que prendida de un árbol de cerezo se alista para dar su mejor concierto mañanero. Poco a poco ha ido aflojando sus alas y dejándolas a merced del viento. Anquilosadas escamas cobrizas se desprenden de su caparazón liberándola de su mazmorra. Ha dejado escapar sus primeros cantos, cada vez menos pausados y taciturnos; en ocasiones se eleva en un ensordecedor *chirri chirri* que encuentra eco en mi vida. Necesita liberarse, necesita que la escuchen. Su dolor me inspira compasión. No es una historia anónima: es la historia de mi familia que vivió esos procelosos sucesos y se sintió atrapada entre los tentáculos del poder de otros. ¿Cómo no compartir la angustia de su tiempo? Ella me mira de reojo para cerciorarse de que estoy atenta a cada palabra, y desconfiada me pregunta: "¿Apuntó?"

En casa de la tía Amalia observo el reloj dorado en forma de sol que cuelga de la pared de la sala. En las delgadas manecillas del tiempo se nos va cada suspiro... en cada puntada también...

Cuenta mi abuela que las relaciones entre la familia y el cura no eran las mejores, y no precisamente a raíz de la política o de los discursos de los políticos, sino por lo que sucedió el día del sepelio del hermano de mi abuelo, que la gente aún recordaba como uno de los eventos más escandalosos sucedidos en el pueblo y muestra fehaciente de que ningún parroquiano podía desafiar al catolicismo.

Ese día el abuelo Marco se encaminó a la iglesia en unión de los familiares y vecinos del fallecido. Eran alrededor de las diez de la mañana y los rayos del sol ya empezaban a sofocar a las mujeres, que como era tradición vestían de negro y se cubrían la cabeza con mantillas de encaje. Los hombres, muy elegantes con sus sombreros de paja estilo gardeliano, poco caso le hacían al calor, pues estaban acostumbrados a trabajar de sol a sol todos los días. Al llegar a la iglesia encontraron cerrada la enorme puerta de nogal, y pese a que tocaron muchas veces, nadie salía a recibirles. El abuelo pensó que algo malo le había sucedido al cura, pues hacía dos días le habían enviado el recado de que Roberto había muerto y que lo necesitaban para que le administrara los santos óleos. En medio de su congoja, el abuelo se dispuso a ir a la casa parroquial para enterarse de lo que acontecía.

—Buenos días —saludó al monaguillo—. ¿Está el señor párroco?

—Buenos días, don Marco —musitó el joven—. Siento mucho la muerte de su hermano.

—Gracias, Luis. Pero, dígame… ¿Le pasa algo al señor párroco?

—No… no realmente, don Marco.

—¿Y entonces? —preguntó el abuelo—. Llevamos más de dos horas esperándolo en la puerta de la iglesia y nadie nos abre.

—Es que creo que no se va a poder, don Marco.

En ese momento se apareció el cura, quien dio un empellón al monaguillo.

—Buenos días, padre —dijo el abuelo—. Gracias a Dios que usted está bien.

—¿Y cómo no ha de estar bien un hijo de Dios? ¿Cómo se le ocurre haber venido? Yo pensé que el mensaje estaba claro.

—¿Cual mensaje, padre? —preguntó el abuelo con asombro.

—¡Esto es el colmo del descaro! —estalló el cura—. ¡Cuántas veces les he dicho en el sermón que ningún evangélico pondrá un pie, ni vivo ni muerto, en mi iglesia!

El abuelo se quedó de una pieza y solo atinó a replicar:

—Le juro que todo me imaginé, menos que usted le negara a nadie los santos óleos.

—¡No jure! —lo conminó el cura, alzando sus brazos en un gesto teatral para reforzar su admonición—. Si usted vino aquí fue por su voluntad.

—Padre, pero si usted sabe que mi hermano creía en Dios. Recuerde que usted mismo lo bautizó, le dio la primera comunión, lo confirmó y hasta lo casó con Matilde.

—¡Sí, pero yo no lo volví evangélico!

—Pero, padre…

—¡Ningún padre! ¡Eso es un pecado imperdonable don Marco! ¡Un acto inexcusable a los ojos de Dios! Si su hermano pecó, yo no voy a pecar contra Dios. ¡Las reglas son las reglas!

—Padre, mi hermano era un buen hombre que nunca le hizo mal a nadie —protestó el abuelo, y conteniendo su rabia agregó—: ¿Eso no cuenta?

—¡Don Marco, no me haga perder el tiempo y la paciencia! —le gritó el sacerdote, e intentó cerrar la puerta pero no pudo, atascada como estaba por el zapato número cuarenta y cinco de mi abuelo—. Yo no estoy jugando. ¡Mejor váyase a su casa y arrégleselas como pueda!

—Pero, padre, ¿cómo puede usted no perdonarlo? Usted, que tanto nos habla del perdón, de que si pedimos perdón Dios nos perdona... ¿Y entonces...?

—¡Pero esto es muy diferente! ¡No sea terco!

—Con todo respeto, padre —insistió el abuelo, que tenía acorralado al cura—, ¿pero acaso el perdón no es también un deber de nosotros los católicos?

—¡No blasfeme contra la santa madre Iglesia! —gruñó el cura, que no atinaba a rebatir la lógica del abuelo—. ¡Usted no es nadie para reclamar!

—Padre, mire, ya llevamos el ataúd a la iglesia y la gente está esperándolo para que le aplique los santos óleos y podamos darle cristiana sepultura. Además, el pueblo más cercano está como a dos horas y no creo que tengan párroco hoy miércoles. —El abuelo, a punto de llorar de coraje, le suplicó—: Por favor, haga una excepción.

Pero el cura, retrechero, sabía de memoria su argumento.

—Ya se lo dije, don Marco. ¡Ni qué perdón ni qué nada! Eso no tiene perdón de Dios. Yo no voy a darle los santos óleos a alguien que se ha condenado por haber ido en contra de la Iglesia. ¡Ni más faltaba! —Y el cura, al ver que, pese a sus invectivas, mantenía el abuelo el diálogo en un plano de respeto, se atrevió a zaherirlo con grosería—: ¡Ese maldito muerto es su problema! ¡Dígales a sus amigos liberales, a ver si lo ayudan!

—Padre —reviró el abuelo, a un tris ya de explotar—, esto no tiene que ver con política. Yo no lo puedo obligar a que le dé los santos óleos, pero al menos préstenos las llaves del cementerio para poder sepultarlo.

—¡¿Que quéee?! —gritó el párroco, desencajado por la furia, al punto que parecía que fuese a agarrar al abuelo a bofetones—. ¿Acaso se volvió loco? ¿Es que usted no entiende, don Marco? ¿Es bruto, o qué? ¡Ya le dije que no! Llévese su muerto a otra parte y asegúrese de que no me dejen basura ni porquerías en el andén de la iglesia.

Los alaridos del cura llegaron a oídos de los acompañantes al entierro, quienes optaron por regresar a sus casas para evitar verse envueltos en problemas con el cura y ser objeto de chisme de los vecinos. En cuestión de minutos todos se esfumaron, dejando solos a la familia y al muerto.

—Marco, ¿y si lo llevamos al pueblo vecino? —propuso al abuelo otro de sus hermanos.

—¿A pie, con este sol y esta barriga? —objetó la abuela Rosario, quien tenía seis meses de embarazo.

—Ustedes las mujeres se quedan aquí con el finado Roberto, mientras nosotros vamos por la carreta y las bestias —dijo otro de los hermanos del difunto.

El abuelo escuchaba las sugerencias de sus hermanos y callaba. Tenía la certeza de que el viaje sería inútil pues el cura del otro pueblo, si por ventura estaba allí, también se negaría a administrarle al muerto los últimos sacramentos. Ni ese, ni ningún otro cura, le haría tal favor a un liberal. Por otro lado, el cadáver, aparte de lo pesado, a causa del endemoniado calor empezaba ya a oler maluco. Entonces mi abuelo tomó una decisión.

—¡Qué cuento de caballos y carretas! —rugió—. Rodrigo, vaya y consígase un par de palas.

—¿Qué va a hacer, Marco? —preguntó el aludido.

—¡Lo que debí haber hecho desde un principio, y no dejarme humillar!

—Mejor traigamos los caballos y no nos metamos en líos con el cura y con la gente —insinuó Rodrigo, presintiendo que su hermano iba a resolver el asunto pasando por encima del cura.

—No, Rodrigo —negó furioso el abuelo—. Yo no voy a ninguna parte. Mi hermano es de este pueblo y tiene todo el derecho de yacer donde nació. El curita ese ni siquiera es de aquí y no me va a decir en dónde puedo enterrar a mi hermano —y para puyar a Rodrigo en su amor propio agregó—: ¿Es que acaso usted no tiene sangre en las venas?

—Marco, mejor déjeme a mí arreglar este problema —respondió el interpelado, sin mucha convicción, pues sabía que cuando al abuelo se le metía algo en la cabeza no daba el brazo a torcer—: Yo busco al alcalde para que hable con el señor cura. Tal vez él pueda convencerlo para que haga lo que le pedimos.

—¿Y es que usted no sabe que el cura y el alcalde son la misma cosa? —exclamó el abuelo, ya impaciente y malhumorado—. Lo único que nos falta es que traigan a la policía y al pueblo para que nos linchen.

—Pero, dígame —preguntó, resignado, Rodrigo—. ¿Dónde lo vamos a enterrar?

—¡Allí mismo! —le contestó el abuelo, y con su dedo índice señaló dónde.

—¡Ahora sí creo que usted se ha vuelto loco! ¿Allí, frente a la sacristía?

—¿Y qué?

—¿Pero usted por qué es así? —replicó Rodrigo contrariado—. Evítese y evítenos problemas. Busquemos otro lugar. Yo sí que no lo voy a seguir en semejante locura.

—Mire, Rodrigo, si usted quiere andar de pueblo en pueblo con el cadáver de nuestro hermano, pues agarre el ataúd y váyase de una buena vez. Si no tiene una mejor idea, le aconsejo que vaya por las palas y acabemos con esta desgracia.

Esto puso punto final a la polémica. Rodrigo se marchó y a poco regresó con las palas. Dicho y hecho: esa tarde cavaron una tumba frente a la casa cural y sepultaron el cuerpo, ante la mirada atónita de los pocos vecinos que se atrevieron a pasar por allí para evitar mostrar en público su solidaridad con los dolientes; y, por supuesto, frente a los ojos del cura, quien debió soportar impotente la afrenta y limitarse a mirar por alguna hendija el sacrílego acto, por temor a las consecuencias si osaba asomar la cabeza para protestar. Luego de recitar un par de avemarías echaron las últimas paladas de tierra, y sin dejar flores se marchó cada uno a su casa. El improvisado camposanto al parecer no tenía dueño, por lo que nadie legalmente podía reclamar nada, a excepción del cura, que cada vez que se topaba con el abuelo le espetaba por qué no había enterrado a su hermano en el patio de su casa. A esto respondía mi abuelo: "Pues, con todo respeto, si tanto le molesta, desentiérrelo usted y lo pone donde quiera".

El único pecado que había cometido el tío Roberto era haber leído la Biblia, lo que la iglesia católica tenía estrictamente prohibido a sus fieles. Pero nunca se había declarado evangélico o de cualquiera otra religión. Pero este pecado le costó la inquina de las autoridades, la excomunión de la Iglesia y ser segregado por una buena parte de los vecinos, que lo consideraban un desequilibrado mental, porque era creencia generalizada que quien leyese la Biblia se volvía loco, pues los curas eran los únicos mortales con la preparación y la autoridad celestial para hacerlo.

—Abra la página del medio, la que tiene la cinta roja —me pide la abuela—. ¿Ve la esquela con la foto? Su abuelo me trajo a Gaitán de una reunión del directorio, para que yo lo conociera. Léala en voz alta, por favor.

En ocasiones me sumerjo en el lago profundo de sus recuerdos, donde ella se sumerge y luego aparece en cualquier orilla trayendo otros retazos de su historia.

—Abuela, en el título dice: *Doctor Jorge Eliécer Gaitán: El único político del país que se pronunció en contra de los abusos de las multinacionales en las bananeras.* Y más abajo: *Apoyemos a Gaitán, el héroe nacional de las clases populares y sin duda un enemigo potencial para los intereses extranjeros.* Está muy borroso y no puedo leer lo que sigue, abuela —le digo, al tratar inútilmente de descifrar el contenido de esas letras desvanecidas.

—¿Lo ve? —me pregunta, señalándome con el índice el recorte de papel que hace decenas de años recibió de manos del abuelo—. Así supimos que Gaitán era uno de los nuestros —añade convencida. Se siente orgullosa de los héroes de su vida, Gaitán y el abuelo, ambos desliéndose del amarillento cartón que oculta las imágenes de sus rostros y un fragmento escueto de sus cortas vidas—. Para nosotros, la gente del pueblo, era como si la masacre de las bananeras hubiese ocurrido hacía solo pocos días. Si no fuera por los impresos que repartió el directorio a los líderes de las veredas, no nos hubiésemos enterado del genocidio —comenta, mientras desanuda un rumazo de cartas del abuelo y recortes de periódico, que al sentirse libres del hilo que los ata se desparraman sobre la mesa de madera.

Según la abuela, Gaitán hizo que los liberales brotaran de las piedras y que los conservadores se volvieran gaitanistas, unidos por la flama de su arenga: *¡El hambre no es ni liberal ni conservadora!* Pero ni con esto ganó las elecciones, y el poder quedó de nuevo en manos de otro conservador, fotocopia del temido Laureano. Desde ese momento se desató la guerra y el nuevo Presidente ordenó la república con el expediente a que acuden los regímenes despóticos: exterminando a sus oponentes.

—¿Y qué pasó con Gaitán y con el abuelo?

—Su abuelo y Gaitán eran uno solo —responde—. Si usted los hubiese visto hablar me creería. Ambos querían ser presidentes.

Su tono es dulce. Su rostro, ahora plácido, se viste de primavera. Imagino a un hombre con el rostro de Gaitán y el cuerpo y la estatura de mi abuelo pronunciando discursos a lo largo y ancho de la geografía patria. Cómo me hubiese gustado haber escuchado esta historia cuando yo era niña y crecer con la imagen épica de este abuelo inventado. ¿Por qué esperaste tanto para hablar, abuela?

La abuela Rosario se dio cuenta de que a ella le habían negado un derecho fundamental cuando sintió deseos de votar por Gaitán y no pudo hacerlo, porque lo que ella y el resto de nuestras mujeres pensaran era algo que no le importaba al país.

—Así, pues, en tanto Gaitán se batía en la plaza pública para defender los intereses de las masas, su abuelo arriesgaba la vida en las montañas respaldando a su héroe —señala la abuela con voz apagada, dejando entrever el dolor en su mirada.

Posa su mano temblorosa sobre la mía y la aprieta con ternura. Se levanta con cuidado de la mesa y rezonga que en lo que le queda de vida no quiere saber más de políticos. Se aleja y deja sus cartas y recortes de prensa desteñidos junto al viejo álbum, al que faltaron hojas para guardar tantos recuerdos. Por primera vez en sabe Dios cuántos años se desdoblan esos pedazos de papel manchados por el tiempo y cartas que se rompen a pedazos por las cicatrices de sus dobleces, y aunque las abro con extrema delicadeza terminan casi deshechas entre mis manos. Los rayos del sol de la mañana encandilan mis ojos y atraviesan las moribundas hojas de papel haciéndolas casi invisibles. Una sensación de despedida me invade y siento de nuevo aquel vacío gélido que en ocasiones me atribula. Permanezco en silencio. Impongo mis manos sobre los restos de papel y me pierdo por completo en el eco de aquellos mensajes que se vaporizan en el aire y las tenues voces de seres como el abuelo, que no vivieron para contarlo.

¿Qué hay entre cada segundo? Ese tic tac almacena los recuerdos; en ellos consigna las estaciones del viacrucis de esa violencia que muta, que posee, se transforma, se adueña y cambia a su gusto. Junto a ellos están unos pocos intervalos de paz y los clamores de justicia. Las mismas palabras de paz, que iban y venían del alma, estaban cargadas de sangre y enajenaron a una población ignorante, ávida de esperanza y llena de necesidades. Los sempiternos discursos impregnados de miedo, retaliación, demagogia y fanatismo incitaron a la división y a la masacre entre hermanos. Esas nefastas palabras, las verdaderas y las falsas, fueron la antesala al purgatorio de los justos. Con sus oscuros designios y sus ansias de poder, esos caudillos hicieron su *tiempo*, escribieron con terror y con zozobra las páginas con las que serán recordados por la historia.

ESTACIÓN
CRUZADA DE PÁJAROS

D esde hace algunas semanas los cielos de Miami han estado cubiertos por miríadas de aves negras, que anidan en los pocos árboles frondosos de las zonas verdes. Desde allí emprenden desordenado vuelo miles de ellas, en medio de una gran alharaca, y luego tornan a posarse en las ramas, mientras otra bandada parte a surcar los aires. Custodian las calles posadas en los semáforos y en las cuerdas del tendido eléctrico, que se ondulan por su peso. Me entretengo viéndolas y las espero cada año. No sé de dónde vienen ni hacia dónde se dirigen, pero su llegada me anuncia la necesidad natural del cambio ante un ciclo que ha terminado. Admiro su plumaje anochecido que brilla con un aura de misterio. Osadas, temerarias, se enfrentan a las violentas corrientes de viento que doblan las palmeras y desvisten los árboles... No las amilana el ominoso domo gris que las cobija, ni sus oídos parecen sufrir con el estruendo de la más recia tormenta. En este momento algunas se posan en las rejas de mi balcón. Me observan con sigilo... Otras llegan y hacen lo mismo. La ventana del balcón está abierta y respiramos el mismo aire. Me alegran la vida. Son otras aves, otros *pájaros*, los que me ensombrecen. Duele escribir sobre ellos, los otros *pájaros*, los malignos, porque las cicatrices de muchos de nosotros son la huella indeleble de su vuelo siniestro sobre nuestras vidas y la herencia de sus culpas.

Cuando mis aves sigan su camino al sur volverá todo a la normalidad, como si no hubiesen estado aquí. Yo me distraigo viéndolas, pero mi vecina del piso de abajo siempre se queja porque la obligan a limpiar el balcón todos los días. Dudo que a mi abuela le gusten mis pájaros, pues para ella serían una tortura permanente. Más de una vez me ha dicho que por desconocer la verdad he podido vivir libre de odios, creyendo y confiando en el *sistema*; hasta el cansancio me ha repetido que la ignorancia es una bendición, porque cuando uno se entera de la verdad se da cuenta de que muchos llevan la cruz que otros deberían estar cargando.

Así es la verdad: cada quien tiene la suya y no todo es tan liviano como el paso de unos pájaros negros... La verdad llega como una oleada de pájaros, para refrescarnos la memoria y hacer que ardan de nuevo las heridas. Todos podemos decidir no indagar por la verdad y adaptarnos a lo que nos ha tocado en suerte vivir, porque el precio de afrontarla o ignorarla es, en ambos casos, muy alto. Conociendo la verdad ¿qué haríamos?, ¿cómo pensaríamos?, ¿seríamos capaces de tolerar, de perdonar, de cambiar...? O preferiríamos ocultar la verdad, desconociendo que el silencio es una forma de mentir. ¿No es acaso el silencio otra cruz que a muchos les ha sido impuesta?

Siendo tan obstinada desde niña, era obvio que algún día trataría de hallar respuesta a tantas preguntas con las que crecí, pero nunca imaginé que una de ellas sería saber los nombres de los asesinos de mi abuelo. Siempre me enseñaron que la paga del pecado es la muerte; pero, ¿a qué muerte se referirían si estos asesinos nunca pagaron por sus culpas?

Exploré los testimonios escritos de personas que han hablado sobre los mismos hechos que me entristecen; pero la historia es un epítome que no palpita, y sus líneas son insuficientes para consignar el dolor que causaron esas muertes en los hogares y en la sociedad. ¿Cuántas páginas necesitaría la historia para registrar los nombres de los millones de seres humanos que mueren injustamente cada día? ¿Y es que acaso la causa de esas muertes importa al mundo? No es posible expresar con cifras ni con palabras el eco de la barbarie, porque la tragedia no termina al enterrar los muertos o al juzgar a los criminales.

En mi historia familiar los muertos no eran unos más: eran mi abuelo, sus amigos, su descendencia. La Biblia dice que "lo que ahora existe, ya existía, y lo que ha de existir, existe ya". Si esto es así, ¿podrá la humanidad zafarse de las cadenas que la aprisionan a su destino? Pareciera que para los seres humanos es difícil sembrar con éxito el legado del mañana, y que cada quien ignora lo que significa vivir y dejar huella.., o lo entiende de modo diferente. ¿Qué, si no herencias, son todos esos apellidos que siguen a mi nombre: Corintia Zuluaga Trujillo Reyes González Santos Cruz?

Por ser muy niña no comprendía quién era quién. Veía en Gaitán a mi propio abuelo: ambos eran soñadores y valientes, y aunque de vidas muy diferentes, ambos entendían también la necesidad de hacer cambios para mitigar la pobreza. Por eso no puedo escaparme a escarbar en los anales de una historia tan ligada a la mía y quizás la más heroica de la familia. ¿Cuál fue el legado de mi abuelo y de tantos como él vilmente asesinados?

—Abuela, ¿y usted recuerda el día que mataron a Gaitán?

—¿Y quién no se acuerda de El Bogotazo, mijita? Cientos de miles de personas se volcaron a las calles de la capital, matando a muchos inocentes y destrozando todo a su paso. Y en los pueblos ni se diga… Las montañas ardían en sangre.

Ese nefasto nueve de abril el abuelo se encontraba en Tuluá. Muy temprano en la mañana había salido de la vereda con el ánimo de comprar unos insumos para la finca y de paso disfrutar la tarde con sus amigos gaitanistas. La efusiva plática fue interrumpida por las noticias de la radio que informaban que el 'caudillo del pueblo' había sido vilmente asesinado de tres balazos. Una turba enardecida se había tomado las calles de Bogotá, rompiendo y arrasando cuanto hallaba a su paso. En pocas horas el desorden y el vandalismo cundieron a lo largo y ancho del país, y hubo centenares de muertos. Y, por supuesto, la vorágine envolvió también a Tuluá, cuyas gentes se volcaron enardecidas y enajenadas a las calles, y rugiendo de indignación buscaban en quién o en qué descargar su frustración. Ante las crudas noticias y el bullicio que resonaba como un trueno, el abuelo y sus amigos salieron de la cantina, botella de aguardiente en mano, para unirse a la muchedumbre arrolladora que profería insultos y "mueras" a los conservadores, a los que tildaba de "godos asesinos", "militares asesinos" y cuanto epíteto le dictaba su dolor. En minutos la angustia y el vandalismo se tomaron las calles de la tranquila y progresista Tuluá, destruyendo e incinerando a su paso sus íconos más significativos. Espoleado por violentas consignas y esgrimiendo palos y machetes, el populacho buscaba vengarse de algo o de alguien, pero sin saber de qué o de quién.

Me contó la abuela que esa noche su esposo no llegó a casa, y que al día siguiente se apareció diciéndole que de la hermosa Tuluá lo único que había quedado en pie era el colegio de los salesianos.

Hace algunos años visité el lugar donde nació mi madre, y el corazón se me oprimió al encontrarme con un pueblo fantasma donde se pueden contar con los dedos de una mano las casas que quedaron después de que desaparecieron los minifundios. Si no fuera por los recuerdos de la abuela, nadie sabría que la familia de mi madre habitó estas tierras por casi dos siglos. Es como si un tornado hubiese arrancado las cercas, los establos, las torres de las iglesias, los techos de las casas y las lápidas y sus muertos. Solo algunos muros que el tiempo no ha terminado de derruir y el planchón que atraviesa el río son testigos mudos de la historia del pueblo. Tras unas cuantas indicaciones de algunos familiares me interné por la polvorienta carretera. Caminé largo rato sin encontrar el sitio en que alguna vez estuvo el hogar de los abuelos, o al menos algún indicio de dónde podría haber estado. A punto estaba ya de abandonar la búsqueda, cuando por entre la espesura de un cañaduzal alcancé a entrever lo que me parecieron las paredes de una pequeña vivienda. Me fijé más detenidamente. Por el estado de deterioro en que se encontraba dudé de que alguien viviera allí, pero al no divisar otra casa cerca decidí aventurarme. Con expectación me encaminé hacia allí y toqué a la puerta, que estaba entreabierta. Me llamó la atención que no tenía cerradura; parecía sostenerse en el aire. Esperé un par de minutos, pero nadie respondió a mi llamado. Decidí entonces empujarla con suavidad y di unos pasos adelante.

—¡Siga! —me asustó una voz que provenía de una pieza.

Al entrar al cuarto vi a un anciano sentando en el borde de una rústica cama.

—¡Perdóneme, señor, por entrar sin permiso! —le dije—. Creí que aquí no vivía nadie.

—Así es, señorita. ¡Aquí ya no vive nadie! ¿Qué hace aquí?

—Estoy buscando la casa de mis abuelos; quizás usted los conoció. Mi abuelo se llamaba Marco Trujillo.

—¿Y usted quién es?

—Yo soy Corintia, la nieta de Rosario González y Marco Trujillo.

Mi sorpresa fue mayúscula cuando el anciano me preguntó:

—¿Y Rosario…? ¿Ya murió?

—No. La abuela está en Cali, porque ni ella ni mi mamá quisieron venir conmigo.

—Las entiendo —convino el anciano, y esbozó una triste sonrisa—. ¿Y quién es su mamá?

—Violeta.

—De ella sí no me acuerdo.

—Y dígame, ¿conoció usted bien a mis abuelos?

—¿Que si los conocí? Su abuelo Marco fue como un hermano para mí. Cuando vea a Rosario, dígale que se encontró con Julio Rengifo. Quédese un rato y le diré dónde era la casa de sus abuelos.

—¿Y usted, don Julio, ha vivido aquí toda la vida?

—No, no siempre. Por varios años trabajé como profesor en Bogotá, de donde debí fugarme cuando mataron a Gaitán y se desató la Violencia. Logré que me transfirieran a Tuluá y desde entonces me quedé en el Valle. Su abuelo me dio posada en la finca.

—Mi abuela me ha contado un poco sobre la época de Gaitán —le dije, con la esperanza de que me hablara sobre el tema.

—Pregúntele a Rosario si recuerda cuando los conservadores estamparon las cédulas para las elecciones, y como los liberales que no votamos nos quedamos sin el sello. Ella debe acordarse muy bien. A mí me detuvieron y me pidieron la cédula, y como no tenía el maldito sello, tres hombres me encendieron a golpes. No me mataron porque estaba en plena plaza de Tuluá y un cordón de madres que me conocían les gritaba que por favor no fueran a matar al profesor. —Sonríe con sorna—. Un muerto menos de esos trescientos mil que dejó la Violencia desde 1946 hasta 1965.

Don Julio se queda en silencio. Tiene una mirada extraña: parece que sus ojos traspasasen las cosas. Observo la pequeña habitación. Al lado de la cama hay una mesa empolvada y una banca de madera. Me siento a unos pasos de él y espero con paciencia a que hilvane sus recuerdos. No tengo que esperar mucho tiempo. El tema parece entusiasmarlo, y más aún tener tan atenta interlocutora.

—¡A este país lo han asesinado muchas veces; por eso es que no se levanta! —rezonga—. ¿Qué clase de país es este en el que uno le tiene miedo a encontrarse con un policía? En ese tiempo ellos eran el brazo armado del Gobierno, al punto de que uno ya ni sabía quién era quién, porque tan sanguinarios eran como 'Los Chulavitas' y 'Los Pájaros', esas bandas privadas de asesinos a sueldo de tan triste recuerdo. Investigue y comprobará lo que le digo. Esos matones *limpiaban* de liberales, masones, comunistas y ateos y de la gente que les estorbaba las zonas agrícolas del país... Da risa cuando quieren hacerle creer a la gente que el paramilitarismo es un mal de esta época. —El tono de su voz es pausado; no parece importarle el tiempo. Me da la impresión de que solo vive para recordar su historia—. A su abuelo y a mí nos tocó enfrentar esa chusma de Los Pájaros. ¿Quiere que le cuente de qué huevo nacieron esos pajarracos asesinos? No lo va a creer, pero esta tragedia se la debemos a los tres jefes del directorio conservador de Cali, que viajaron a Tuluá para organizar el plan de limpieza. El macabro mandato recayó nada menos que en León María Lozano, el ungido, un católico fanático, conservador hasta la médula y con fama de héroe por haber evitado la destrucción del colegio salesiano tras el magnicidio de Gaitán. —Calla un segundo, me mira con fijeza, y finalmente me pregunta, para cerciorarse de que conozco el escenario de que habla—: ¿Usted ya fue a Tuluá?

—Sí, claro. —asiento distraídamente. Mis pensamientos van por otro rumbo—. ¿Sabe? Es curioso lo que me cuenta. Quizás por eso la abuela siempre se negó a recibir los mercados que repartían los conservadores en mi barrio en vísperas de elecciones.

A mi memoria vienen las largas filas de señoras y niños frente a los camiones para hacerse a una de esas remesas.

—Por eso le digo —y el anciano deja traslucir su tono profesoral—: cuide su memoria. No vaya a ser como una de esas viudas que olvidaron el rostro y los nombres de los responsables de su desgracia. Ayer fueron los de ese partido, pero mañana pueden ser los de otro. Es que el poder corrompe a quien lo tenga —filosofa.

Don Julio afirma que ese día luctuoso para la región nacieron Los Pájaros —Comandados por el ungido, alias 'El Cóndor'— que salidos de las profundidades del Tártaro iniciaron su cruzada de muerte y desolación. Comunidades enteras sufrieron el flagelo de una guerra civil no declarada. Gran parte de la familia de don Julio abandonó, al igual que tantos otros, lo poco que tenía y emigró a las montañas para salvar su vida, pero hasta esos confines llegó la mano asesina que los segó sin piedad.

—¿Y qué paso con el señor Lozano y con esos hombres?

—'El Cóndor' reunía a su chusma de matones para planear incursiones a los pueblos vecinos. Todo estaba calculado: las masacres, los chantajes, los cobros a los conservadores, porque ni ellos podían dormir tranquilos. Llevaba minuciosa cuenta de quienes incumplían con su cuota con el directorio del partido, e indefectiblemente les enviaba a sus cobradores o les hacía llegar los temidos sufragios. Si no pagaban, el castigo era la muerte. No había medias tintas: o se estaba con él o contra él. Ese maltrecho hombrecito, que tantas ínfulas se daba y que se mantenía de mano cogida con el Gobierno, era un demonio suelto con una caterva de secuaces tan sanguinarios como él, y llegó a coger tanto vuelo que hasta se les envalentonó a sus mandantes.

Según los testimonios de los tulueños y de las zonas aledañas, los muertos aparecían en cualquier sitio, arrojados allí en horas de la madrugada. Algunos en los basureros, otros en las calles y los más en cualquier vereda; todos sin documentos y muchos de ellos irreconocibles. Por la facilidad con que los asesinos desaparecían sin dejar rastro los apodaron 'Los Pájaros'. Pero con el tiempo se volvieron más osados y ya no se preocuparon por encubrir sus crímenes.

La abuela siempre me previno de los ardides del demonio, que se disfraza de oveja, de virgen y de lo que sea para lograr sus perversos propósitos. Eso fue lo que ocurrió en Tuluá y a todos tomó por sorpresa. El líder de 'Los Pájaros' tenía una figura de piedra, mediana estatura y complexión robusta, y por sus cortas piernas se veía forzado a balancear su cuerpo de manera peculiar al caminar, lo que le valió que algunos se burlaran de él porque lo asimilaban al andar del armadillo..., por supuesto, a espaldas suyas. Si fue que el diablo se le metió, o si ya lo tenía dentro y solo encontró la oportunidad de revelarse cuando su partido lo puso al frente de la cruzada antiliberal, nadie lo sabe. Lo cierto es que ese hombrecito de voz gangosa y cara de tubérculo, pómulos abultados y ceño fruncido, con esposa devota y padre de dos hijas, infaltable en la misa de las seis de la tarde, quien atendía con rigurosa puntualidad su puesto de quesos en la plaza de mercado de Tuluá y saludaba con decoro a su clientela y vecinos, era el más tenebroso personaje que habían parido estas tierras.

Ese demonio *Tengu* de la mitología japonesa, mitad hombre, mitad pájaro, llegó a predios de mis bisabuelos maternos, me contó la abuela Rosario un día que dialogábamos sobre las raíces de mi familia y supe que mi bisabuelo se llamaba Emilio. El nefasto encuentro sucedió una noche en que mis abuelos Marco y Rosario estaban en casa de mi bisabuelo Emilio, y salidos de la penumbra aparecieron 'Los Pájaros'. La chusma llevaba varios días recorriendo la zona en su misión de cobrar las "vacunas", y no perdonaban que mi agonizante bisabuelo se atrasara un día en pagar el chantaje, lo que le garantizaba seguir con vida. Ese día la cuadrilla andaba de cacería de liberales, y mi abuelo Marco, que ya no encontraba dónde esconderse, pensó que la casa de sus suegros era un lugar seguro, pero el ruido de los cascos de los caballos en cercanías de la casa lo puso en alerta. Tres de los visitantes empujaron la puerta, mientras otros dos inspeccionaban los alrededores. Mi abuela, que se encontraba en la cama contigua a la de don Emilio, durmiendo en compañía de su madre, dice que uno de los sujetos pateó las mesas y las sillas y cuanto halló a su paso, e irrumpió con violencia en el cuarto. El hombre, que hedía a alcohol y a sudor agrio, le dijo a mi bisabuelo con una desagradable voz nasal: "Ando buscando un liberal para quitarme este sueño". Mi bisabuelo, que era muy valiente, levantó la cabeza de la almohada y le contestó sacando voz de sus deshechos pulmones, que bien podían revolver toda la casa; que él jamás alojaría a un liberal en sus predios, y que si por ventura uno de tales se hubiese colado, sacaría él fuerzas de donde no tenía y lo echaría a bala, aunque fuese lo último que hiciera en esta vida. Esto complació al pájaro, quien prosiguió la conversa y con su extraña voz dijo: "¿Ve usted mi mano? Abra bien los ojos... ¿La ve cómo tiembla? Se pone así si no mata al menos a un par de rojos cochinos por día". Esa noche mi familia se salvó, pues el haber escondido al abuelo en el pequeño galpón donde se guardaban pesticidas y aparejos pudo haberles costado la vida. Pasado el susto, don Emilio rogó a mis abuelos que se cuidasen y que le hicieran el favor de no volver.

El campo era una selva infestada de fieras y la ciudad no se quedaba atrás. Me contó don Julio que a él le tocó ver pasar, en horas de la madrugada, las volquetas recolectoras de basura recogiendo los muertos de las calles antes de que la ciudad despertara, solo para evitar el escándalo, porque el pánico que generaba ver los cadáveres era asunto que a 'Los Pájaros' los tenía sin cuidado. 'El Cóndor' llegó a tener tanto poder, que el jefe de policía seguía sus órdenes, tenía voz y voto en las decisiones del alcalde, se reunía con altos dirigentes políticos del departamento y recibía condecoraciones por sus contribuciones no solo al partido sino al país. Se pasó por la faja el sistema judicial y nunca se le pudo condenar por alguno de los crímenes que se le achacaban, pues todo lo resolvía amenazando y ordenando más muertes.

El abuelo sabía que su turno para ajustar cuentas le llegaría de un momento a otro, pues su nombre estaba en la lista de los opositores al partido de gobierno, pero ni él ni don Julio declinaron sus convicciones. 'Los Pájaros' desplegaron su campaña de violencia y exterminio en los departamentos con mayor presencia liberal. "Por eso es que uno no puede juzgar a los pueblos que han sido sometidos con violencia. La gente tiene esa mala costumbre de criticar cuando no ha sufrido el mal de otros", dice don Julio con su voz pausada, y me asegura que mi abuelo Marco y él eran hombres valientes pero vivían como prófugos, escondiéndose de la muerte.

—¿Tiene tiempo para que le cuente lo que fue una vez esta tierra? —me pregunta. ¡Por Dios!, si para encontrarme con el pasado he hecho este viaje—. ¿Quiere un café? —me invita, y sin esperar mi asentimiento alza la voz y llama—: ¡Etelvina, traiga café para la nieta de Marco!

Me asombro. Pensé que vivía solo.

—Los que acompañaban a 'El Cóndor' eran otros demonios igualitos o peores que él. En esta vida o se es bueno o se es malo; no existen diablos a medias... Recuerdo a los hermanos Beltrán. Cada uno de ellos *manejaba* una región a lado y lado del río, bajo las órdenes de 'El Cóndor'. ¿Y habrá usted de creerlo? Un día ese diablo le ordenó a uno de los hermanos matar al otro... y lo increíble es que fue capaz de hacerlo: ese engendro mató a su hermano. Yo no me creo ese cuento de que el disparo fue por error. Hay gente que nace mala y punto. Pero como unos llevan la cruz que otros deben cargar, como se lo habrá dicho su abuela, el maquiavélico plan le costó la vida no solo a ese Beltrán, por quien, soy sincero, no guardo pesar, sino a un jefe de la policía que era liberal y a quien le achacaron esa muerte. Eso sí me dolió. Se cebaron en la triste humanidad del policía con todos los oprobios de que fueron capaces, para que escarmentáramos los pocos liberales que aún quedábamos escondidos debajo de las camas. Recuerdo cómo arrastraron el cuerpo mutilado del pobre policía... Y no lo vi solo yo: todos lo vimos. Le puedo jurar que todos los vecinos sabían que ese hombre no era culpable, pero ninguno de nosotros tuvo el coraje de defenderlo... Ese policía es una de las cruces que llevo yo a cuestas...

—¡Cállese, Julio! —le grita la mujer desde la cocina—. ¡Usted no debería estar contado esas historias! Uno nunca sabe quién puede estar oyendo detrás de las paredes.

—Discúlpela, niña —replica don Julio—. Lo que pasa es que mi hermana Etelvina cree que 'El Cóndor' todavía anda revoloteando por estos parajes. Y así como ella, muchos nunca superaron el miedo. A la gente del campo le tocó la peor parte. En la ciudad ellos decían "matamos a este y a este otro", pero en el campo eran genocidios. La sevicia llegó a la insania.

—¡Eran crímenes horrendos! —dice Etelvina a viva voz mientras cacharrea en la cocina—. Esos infames me mataron al único novio que tuve y después de eso no se me volvió a arrimar nadie.

—Sí, Etelvina —replica don Julio también en voz alta—. Pero recuerde que su novio no fue el único que murió, y menos mal fue a balazos, no como tantos otros infelices que aparecían con la garganta abierta por la que asomaba la lengua y descansaba en el pecho: el macabro "corte de corbata". Y ni qué decir del "corte de franela", infame procedimiento que consistía en degollar a la víctima y dejarla tirada con los brazos en cruz. Y el más espantoso de todos, el "corte florero", cuando los verdugos cortaban los brazos y las piernas al cadáver y se los incrustaban en el torso como si fuese un macabro arreglo floral... —El anciano hace un gesto indefinible, se pone la mano en el pecho y prosigue—: Y no vaya a creer que las mujeres eran inmunes a esta barbarie. Violarlas era nada. A las embarazadas les rajaban el vientre y les sacaban el feto para exhibirlo como una enseña de terror, porque no les perdonaban que trajeran más liberales al mundo. Yo supe de asesinatos de familias enteras, a las que obligaban a salir de sus casas, las formaban en fila india, y amarradas de pies y manos terminaban con sus vidas con una sola ráfaga de plomo. Esas tenebrosas aves de rapiña podían hacerlo todo; al fin y al cabo creían tener el permiso del Altísimo... —Recapacita. Su mirada se pierde en el vacío. Guardo silencio. Al cabo de unos segundos declara con congoja—: Lo único que me queda son las cruces que me acompañan.

La muerte llevaba años rondando la casa de mis abuelos, y dejaba sus huellas entre las matas de café, donde aparecían botellas de aguardiente vacías, extremidades humanas y cadáveres. Abatidos a bala y a machete en aquellas masacres, o individualmente, fueron desapareciendo los familiares y los amigos liberales del abuelo. A otros los sacaron de sus casas rumbo a una muerte segura, pero nunca pudieron velarlos o darles cristiana sepultura porque jamás aparecieron sus cadáveres. Cuenta la abuela que una noche tocaron estrepitosamente a la puerta de la casa de mis abuelos. Era Virginia, la esposa de don Jacinto, el amigo del abuelo.

—Doña Rosario, perdone que la moleste a esta hora —le dijo la mujer, apenada de interrumpir el sueño de sus vecinos.

—Pero, ¿qué hace usted por acá a estas horas, doña Virginia? Usted sabe lo peligrosas que están estas tierras, y usted andando por ahí solita. ¿Le pasa algo?

La mujer no atinaba a articular palabra. Temblaba como una hoja y se veía descompuesta. Por fin hizo un esfuerzo y habló con voz entrecortada.

—Es que mi marido no aparece, y como él es tan amigo de su esposo vine para saber si está aquí o si don Marco sabe algo de él.

—¡Ay, cómo va a ser! —exclamó la abuela—. Marco ha estado aquí toda la tarde. Con esta situación ni se atrevió a salir a trabajar hoy. Déjeme lo llamo. —Y tomando de la mano a la mujer la urgió a que entrara, temerosa de que la hubiesen seguido hasta la casa.

Mi abuelo, que estaba a punto de acostarse, oyó la voz de doña Virginia y se apareció de inmediato en la sala, temiendo recibir malas noticias.

—¿Cómo es eso que Jacinto no aparece? —le preguntó el abuelo a la angustiada mujer, tratando de ocultar sus propios temores.

—Pues fíjese que no aparece por ningún lado, don Marco. Yo pensé que a lo mejor usted sabía algo. Salió desde la madrugada a pastear un ganado de don Elías Mejía.

—¿Y qué dice don Elías? —insistió el abuelo.

—Pues, preocupado también, porque ni el ganado aparece. Aunque pa' mí el ganado es lo de menos. Lo único que he podido averiguar es que anoche estuvo rondando por la tienda una cuadrilla de hombres armados preguntando por Jacinto. Según dicen, tenían una lista en la que también está el nombre suyo y el de otros hombres de El Guayabo y El Mestizal.

—¿Preguntaron también por Marco? —dijo la abuela con voz trémula. Los tres cruzaron sus miradas, sintiendo el pánico de una muerte advertida.

El río Cauca se había convertido en la línea divisoria de los dos bandos políticos. Y a lado y lado los campesinos, inermes, estaban a merced de la violencia. El abuelo, a quien ya no le quedaba ni un grano de esperanza en la justicia, había logrado esquivar la sombra de la muerte durante varios años, y pese a la sentencia que pendía sobre su cabeza, por el poco orgullo que aún le quedaba seguía declarándose liberal y gaitanista a sabiendas de que era una confesión que se pagaba con la vida.

—Yo creo que es muy tarde y ahora con la oscuridad es difícil buscarlo —dijo el abuelo, y agregó en un intento inútil de calmar a las atribuladas mujeres, pues ni él se lo creía—: Jacinto debe de haberse quedado dormido en alguna de las fincas vecinas. Ya sabe usted que a él le gusta tomarse sus traguitos y quizás le agarró la noche.

—Yo no creo eso, don Marco, pero no quiero ser ave de mal agüero —replicó la esposa de Jacinto—. Todos saben que Jacinto nunca se mete en política y mucho menos con nadie. —Hizo ademán de dirigirse a la puerta, al tiempo que decía—: Mejor me regreso a mi casa; hasta de pronto me lo encuentro en el camino, ¿verdad?

—¡Ni se le ocurra, doña Virginia! —exclamó la abuela con voz firme—. ¡Usted no sale de aquí! Por favor, quédese esta noche, que juntos nos hacemos compañía. Déjeme la acomodo en una cama de los muchachos y mañana tempranito nos madrugamos a su casa, no vaya y caiga en manos de los chusmeros que ahora no solo roban, sino que matan niños y mujeres.

Dicho esto, se la llevó casi a rastras hacia uno de los cuartos.

Esa fue una de las tantas noches en que mi familia no concilió el sueño. Temían por la vida de don Jacinto y esperaban que en cualquier momento derribaran la puerta a escopetazos y los mataran a todos, como decían 'Los Pájaros', "para acabar con la descendencia liberal". El abuelo sabía que sus enemigos no descansarían hasta acabar con él. 'Lamparilla', uno de 'Los Pájaros', había visitado esa noche la vereda, y en la mañana habría que ir a recoger sus muertos.

Días después apareció el cadáver de Jacinto al lado de los de otros hombres. Estaban desnudos, atados de pies y manos y acuchillados, mutilados y desfigurados, por lo que fue difícil identificar a la mayoría. Doña Virginia reconoció a Jacinto, porque uno de los torsos que habían encontrado llevaba el escapulario que ella misma había entretejido meses atrás para su esposo.

En ese panorama sombrío las parcelas iban quedando abandonadas por la partida de familias enteras que lo dejaban todo para huir sin rumbo. Solo cruces, muchas sin nombre, quedarían como testigos de quienes no pudieron huir o, como el abuelo, no quisieron hacerlo.

Tuluá, que en lengua indígena significa "tierra del más allá", fue precisamente eso: una tierra que nadie quería habitar por su pestilencia a muerte. La Violencia se enseñoreó de todos, sin distingos políticos. Muchos de los pacíficos y emprendedores tulueños, que habían sufrido lo indecible por tener el diablo en casa, cansados de batallar alistaron maletas y se fueron. Mi abuelo se empecinó en que él no iba a abandonar lo único que tenía, y a todo aquel que le aconsejaba que se fuera le replicaba: "¿Y qué va a hacer un campesino en la ciudad? Si a donde vaya seguiré siendo liberal. Además, si me voy será admitir que tengo miedo, que no soy hombre y que no valgo nada. ¡En tan poca cosa han convertido a los hijos de la patria! ¿Usted sabe cuánta sangre ha costado conseguir esta tierra? La misma sangre que voy a derramar cuando me vaya".

Me dice don Julio que mi abuelo, a más de intransigente, era sagaz y atrevido y por ello logró burlar las redadas de 'Los Pájaros' más de una vez. Fueron varias las noches en que se aparecieron en la casa hombres armados preguntando por el abuelo, y como no daban con él, amenazaban a la abuela Rosario diciéndole que si mi abuelo no se entregaba, ella pagaría las consecuencias. Escabulléndose como un animal huyendo de los cazadores, a cualquier hora del día o de la noche, el abuelo se perdía en el monte por varios días y dormía en cualquier madriguera o en la copa de un árbol para que no dieran con él. En otras ocasiones tuvo que sumergirse en las oscuras aguas del río Cauca, amarrado con una soga a la cintura para que la corriente no lo arrastrara y poder evadir a 'Los Pájaros'. Más de una vez él y mi abuelo debieron cubrirse el cuerpo con buchones de agua y hundirse en los viscosos fangales que se formaban alrededor del cauce del río, para esconderse de las cuadrillas que los buscaban por cielo y tierra. Varios de sus amigos lograron salvarse internándose en las montañas, dejando atrás tierras y familias, para jamás volver. Así, muchos niños crecieron en el monte, entre el miedo, el sobresalto permanente y el sentimiento de desesperanza y dolor de sus padres; herencia que a su vez dejaron a sus hijos.

En ese escenario de sangre, miseria y odios partidistas creció la generación de los cincuenta. Niños que vinieron al mundo a enfrentar la cruda realidad de haber nacido en una mala hora…, o con mala suerte, en palabras de la abuela. La Violencia dejó muchas viudas, pero también muchos huérfanos que deambulaban de finca en finca en busca de un hogar, pero a lo sumo tuvieron que conformarse con un techo pasajero y un trozo de pan cuando lo había. Mi madre y sus hermanos supieron que ellos también estaban condenados a esa suerte colectiva el nefasto día en que el abuelo no pudo burlar más al Destino.

—¿Usted cree que a Etelvina se le olvidó el café? —digo, por decir algo.

—Con Etelvina nunca se sabe. Ella va y viene cuando le place.

—¿Está cerca la casa de mis abuelos, don Julio? —creo necesario preguntarle al ver que la tarde va cayendo y me siento exhausta, más que por la larga conversación, por el cúmulo de encontradas emociones que bullen en mi interior, aunado a las imágenes de esas barbaries que comienzan a cobrar vida en mi mente.

—Sí, queda cerca —me responde. Nota mi cansancio y adivina mis pesares, porque agrega—: Era importante que supiera todo esto, para que comprenda que estos caminos tienen una historia y que usted también es parte de ella. Cuando salga, siga la carretera hasta que pase el cauce de lo que antes fue una quebrada. Un poco más adelante, al lado derecho, verá lo que queda de la casa de sus abuelos.

—Muchas gracias, don Julio. Fue una suerte que lo encontrara.

—Suerte no —me corrige—. Un milagro, niña.

Abandoné la casa, y sin volverme a mirar atrás seguí las indicaciones que me dio el buen hombre. Crucé una pequeña zanja de piedras menudas, evidencia de la quebrada que mencionó, y me concentré en el lado derecho de la carretera, hasta que distinguí unas piedras de diferentes tamaños; las únicas en el verde que bordeaba el camino. Supe de golpe que ese era el lugar que buscaba. Las piedras estaban a unos veinte pasos de la carretera en medio del espeso plantío de caña de azúcar de por lo menos un metro de altura que lo cubría todo. Una profunda punzada hirió mi corazón. Sentí lástima por la gente y por las cosas que ya no estaban. Todo había desaparecido vuelto polvo. Del hogar de los Trujillo González solo quedaban tres infelices piedras. Me quedé perpleja, muda. Hubiese querido traspasar la muralla natural que tenía frente a mí y encontrar algo más que esa densa marea de cañadulce. Por primera vez el verde brillante de las hojas me molestó. ¿Qué hacer ahora?, me pregunté. Sentía un taco avinagrado en la garganta. ¿Debería acaso colocar una cruz sobre el montículo? Pero, ¿quién se iba a molestar siquiera por echarle una ojeada, si no se veía una casa hasta donde divisaba la vista? Solté mi tempestad al aire: agarré dos palos secos e improvisé con ellos una cruz, caminé en dirección a las piedras atravesando el cultivo y con la fuerza que da el coraje la clavé entre las piedras. Es la única cruz que he clavado en mi vida, y lo hice por aquellos que no estaban, por aquellos que fueron desarraigados de allí inmisericordemente. ¿Dónde estaban los perros que alegres correteaban tras sus amos? ¿Dónde estaba la gente que presurosa caminaba por las sendas polvorientas rumbo a sus parcelas? Hasta las chicharras marcharon al exilio. No se respiraba ya el humo de la madera que alimentaba las hornillas del hogar campesino. ¿Y los árboles de mango, de limón, de papaya? ¿Cuánto hacía que no se escuchaba el repicar de las campanas? Solo caña y polvo quedaban. Y aun así ese lugar insistía en llamarse pueblo. Sentí pena por ellos, por el vacío…, y también por mí.

Pensé en mi madre y la vi a ella como a ese lugar: su historia se percibe a través de sus ojos oscuros, ausentes y su sonrisa tímida, igual que esas rocas que se asoman medrosas por entre el verde encendido, sobreviviendo a las inclemencias del tiempo y temerosas de que alguien las arranque y esparza sus pedazos. Hasta que tal cosa suceda seguirán allí atestiguando el tiempo. Permanecí en el sitio unos minutos, dejando que el aire dulce e inocente de la caña penetrara mi alma... Me llené de tiempo, de ese tiempo que vigila el bien y el mal, y me alejé reconociendo en mis pasos los pasos de aquellos que me antecedieron. Dejé mi cruz a merced del viento y la maleza. Busqué el amparo del cielo, en un intento por liberarme del dolor que me agobiaba, y entonces observé la bandada de negras aves que volaban en círculos como vigilando el cañaduzal.

Al día siguiente le comenté a la abuela que había dado con el lugar donde estaba nuestra casa, pese a su advertencia de que no perdiera mi tiempo porque de ese hogar solo quedaba mi rebelde obsesión.

—¿Y cómo lo hizo? —me preguntó con curiosidad—. La vez que fueron sus tíos no encontraron nada.

—Pues me encontré a don Julio Rengifo y estuve platicando con él toda una tarde. Fue él quien me dijo cómo llegar al sitio.

—¡Eso sí está raro! Usted debe de estar confundida.

—¿Por qué lo dice, abuela?

—Porque a Julio Rengifo lo mataron 'Los Pájaros'.

"**A** don Marco lo mataron porque era liberal, ¡y harto que se lo dijimos! Que se arrepintiera y se declarara conservador, o de lo contrario, que se fuera bien lejos con su familia si quería seguir con vida". Ese fue el comentario generalizado de un acontecimiento que no sorprendió a nadie, pues todos sabían que sucedería uno u otro día. De la chusma conservadora no había forma de salvarse. La otra versión del motivo de su muerte la guardó la abuela "para salvaguardar la familia". Colige ella que el asesinato tuvo que ver también con el robo de café al que mi abuelo había estado sometido por mucho tiempo. Fuese uno u otro el motivo, hoy, cuando finalmente ha decidido abrirme el cofre de su memoria, me cuenta la verdad, con nombres y apellidos y me pide que la escriba, con excepción de algunos de estos. Tiene miedo de que la zaga de la muerte caiga de nuevo sobre nosotros, porque ella, al igual que Etelvina Rengifo, no ha podido superar el temor y cree que si no son 'Los Pájaros' los que resucitarán, será su malévola descendencia la que recogerá su infame legado.

La violencia en el Valle del Cauca y el robo de café son páginas de la misma historia. Si bien el diabólico jefe de 'Los Pájaros' había sido ultimado a balazos, esto no le impidió proseguir ensartando sus muertos con su afilado tridente. Sus fieles lacayos 'Pájaro Azul', 'El Pollo', 'Lamparilla' y 'Pájaro Verde', graduados ya de asesinos profesionales, se encargaron de recoger el legado de su mentor e infundir y propagar el terror con sus propias cuadrillas de matones.

Solo en dos ocasiones he escuchado a la abuela Rosario hablar de lo que sucedió el día del asesinato del abuelo. La primera vez nos cogió a las dos por sorpresa. Llegamos a la casa de la tía Mercedes, una de sus hermanas, quien vivía enseguida de nosotros. Pese a que nos separaba solo una pared a medio levantar, me tenían prohibido ir sola a visitarla desde el día en que instalaron una cantina en la sala de su casa. Esa tarde, fastidiadas por un calor infernal, debimos abrirnos paso por entre los caballos anudados al poste de la luz, las colosales y olorosas boñigas y los enormes latones llenos de picadura de caña con miel de purga colonizados por miles de moscas que en su éxtasis por tan suculento banquete, emitían un zumbido ensordecedor que podía escucharse a varios metros. Los clientes, carretilleros casi todos, más los borrachitos del barrio, se daban cita allí todas las tardes para jugar al sapo y beberse lo poco que habían ganado en un día de duro trabajo. Al cruzar el umbral de la casa, mi abuela me tomó de la mano y se apresuró conmigo a atravesar la pequeña sala en la cual sus cuatro o cinco mesas de madera estaban atiborradas de botellas de cerveza y de aguardiente. La luz que se colaba por una de las ventanas iluminó la mesa que estaba frente a la barra, en la que un grupo de hombres departía en medio de una efusiva alharaca. La abuela, que me llevaba en rastras, disminuyó su marcha, y sin musitar palabra alguna clavó su mirada en uno de ellos, el más corpulento, en cuyo rostro reconoció a uno de los asesinos del abuelo. Al verla, el hombre soltó de inmediato la cerveza que tenía en la mano y casi llevándonos por delante se marchó del lugar.

Conmocionada por el impacto, la abuela perdió el sentido y se desplomó en el piso. La tía y su esposo Paco la alzaron y la llevaron de vuelta a nuestra casa. Pensaron que el desmayo se debía a un bajón de la presión o a un soponcio causado por el calor. Sin embargo, para desconcierto suyo, el vahído no se debía a una enfermedad del cuerpo sino del alma. A los pocos minutos aparecieron las vecinas con agüitas de tilo y valeriana para calmarle los nervios. La abuela reaccionó, pero nada parecía calmarla. Lloraba a mares sin encontrar consuelo. Solo al tercer día tuvo fuerzas para levantarse de la cama y revivir su luto por el abuelo, a quien lloró como el día de su fallecimiento. Debilitada por el quebranto, dejó escapar las perlas negras de esa fatídica noche en que la vida le quitó el último amor de su vida, y que yo recogí una a una. Al ver a la abuela en pie, supuse que todo había vuelto a la normalidad y decidí pedirle permiso para salir a jugar; pero su negativa fue concluyente:

—Usted no sale a ninguna parte, porque 'Los Pájaros' nos están rondando y todos estamos en peligro.

—¿Cuáles pájaros? —pregunté con extrañeza. Pensé que la abuela estaba desvariando.

—¡Que no sale, le dije! —fue su respuesta—. Hoy sí que no tengo alientos para lidiar con usted. —Y dicho esto trancó la puerta.

El que no me dejara salir era ya lo usual, pero sus intrigantes palabras me dieron a entender que sentía temor, y que fuera quien fuese el hombre cuya vista la había conmocionado a tal punto, era alguien de quien yo debía cuidarme. Durante mucho tiempo la sombra de ese hombre me siguió en mis caminatas hacia la escuela o cuando debía cumplir con algún mandado... La imagen de un pájaro solitario y asesino me acechaba.

El asesinato del abuelo y el tiempo que transcurrió antes de que mi familia se mudara finalmente a la ciudad quedaron cubiertos por un manto de silencio, como si sus protagonistas y testigos hubiesen hecho un pacto para dar de baja esa parte de sus vidas. Hace poco le pregunté a mi madre la fecha en que mataron al abuelo, y esto me contestó: "Súmele seis meses a la edad de su tía Amalia. Ese es un año que yo no quiero recordar".

Entonces, seis meses antes de que naciera la última de los Trujillo González, un nefasto día de octubre de 1957, don Marco Antonio llegó a su casa arrastrándose moribundo por la tierra polvorienta, la misma que labraba todos los días. Un disparo fatal le perforó el corazón. Esa noche había decidido ir a la tienda de don Jacobo y doña Edelmira, prima del abuelo, que quedaba en inmediaciones de la finca y era punto de encuentro de los vecinos, que aprovechaban para cruzar unos paliques al tiempo que se abastecían de granos, abarrotes, implementos de aseo, herramientas y licor, destilado clandestinamente por el dueño del abasto. Era viernes, y los hombres estaban reunidos allí como de costumbre. Una vieja vitrola transformaba el ambiente y relegaba a segundo plano las estanterías llenas de cachivaches y alimentos, las empolvadas herramientas que se apiñaban en las esquinas del lugar y los trastos viejos que colgaban del techo. El abuelo, luego de tomarse unos cuantos aguardientes, se levantó de la silla, dejó unos billetes en la mesa y se caló el sombrero. Dos hombres que estaban departiendo en una de las mesas le preguntaron como si tal cosa si ya se iba, a lo cual respondió él que solo por un momento, pues iba a recoger a su mujer y ya regresaba. Los hombres volvieron a preguntarle lo mismo y el abuelo a reafirmar su respuesta, sin saber que estaba confirmando la hora de su muerte.

Trece años de matrimonio y una familia bien formada eran el orgullo del abuelo, que no perdía oportunidad para exhibir a su mujer al pasear por el pueblo. La abuela asevera que él era el marido perfecto, un hombre maduro, pues le llevaba diecisiete años y sabía lo que era una obligación familiar ya que recién había enviudado de su esposa, que le dejó cinco hijos, tres de los cuales, Leticia, Carmela y Eustaquio, se unieron a la nueva familia. La abuela, quien a su vez se había casado a los quince años y enviudado a los veinte, había tenido cinco hijos en su primer matrimonio, de los cuales solo dos habían sobrevivido. Cada cónyuge hizo su aporte en especie al patrimonio familiar, y el hogar se inició con cinco hijos a los que se les sumaron nuevos nacimientos.

Ese día macabro, tan anunciado y tan temido, llegó. Eran alrededor de las siete de la noche. El cielo lóbrego se vestía de una densa capa gris oscura por la que celosamente se asomaba la sombra de la luna, y el canto de los grillos se intensificaba a medida que los abuelos, tomados del brazo, se alejaban de la casa camino a la tienda. "Quiero que escuches unos discos nuevos que han traído. Apenas los escuché pensé en ti y en que te iban a gustar", le dijo el abuelo, que acostumbraba entonarle boleros al oído para acaramelarla. Eso entusiasmó a la abuela, quien expresó: "Qué bueno sería, Marco, tener una vitrola en casa. ¿Será que cuando venda la cosecha de café, nos hacemos a una?". De repente la conversación se vio interrumpida al escuchar un ruido entre los matorrales.

—Marco... ¿escuchó? —le preguntó la abuela, con aprensión—. Alguien anda por entre los arbustos.

No bien terminó de decir esto el sonido de un disparo les estalló en los oídos.

—¿Estás bien, Rosario? —exclamó el abuelo, angustiado, al tiempo que encendía la linterna para alumbrarse y corroborar si alguno de los dos estaba herido. Con alivio, al ver que ambos estaban ilesos, pero sin poder ocultar sus temores, comentó—: ¡Esa bala pasó por encima de tu cabeza y me rozó la camisa!

Pero la luz de la linterna sirvió para que los asesinos afinaran la puntería. Al instante un segundo disparo atronó la noche, y el abuelo se desplomó en el suelo.

—¡Marco..., Marco! —gritó la abuela, al ver cómo se estremecía su esposo—. ¡Dios mío, lo mataron!

La repentina claridad se extinguió al caer la linterna, y todo quedó en tinieblas. Un manto de silencio los cobijó como un sudario, y los grillos enmudecieron. Mi abuela se tiró al suelo y se arrastró por entre la hierba y los arbustos palpando para hallar al abuelo y recoger la linterna. Y, pese a que lo sintió caer, no lo hallaba. "Era como si se lo hubiese tragado la tierra ante mis propios ojos", recuerda aún incrédula.

117

Observo sus manos temblorosas y sin fuerza. Dejo el lápiz sobre la mesa y miro su rostro pálido. Sus pequeños ojos, otrora encendidos, destilan amargas lágrimas que se acunan en los pliegues de su rostro. Mi corazón se agita punzante, y cada latido sacude mi cuerpo. Arropo sus manos con mis manos y le digo que está bien llorar, que lloremos juntas. Ella no sabe de mi sufrimiento.

Con el alma en un hilo, conmocionada por la magnitud de la tragedia y temerosa, al no hallar a su esposo, la abuela decidió dar la vuelta y regresar corriendo a la casa. El ruido amedrentador de los disparos hizo que la gente que estaba en la tienda saliera despavorida pensando que se trataba de otra masacre. Los gritos desesperados de la abuela se cruzaron con los de la tía Leticia, la hija mayor del abuelo, quien desde la puerta de la casa clamaba por ayuda.

Los dos hombres que estaban en la tienda se aseguraron de que el abuelo regresaría con su mujer. Lo siguieron, esperaron a que oscureciera y agazapados entre la maleza aguardaron el momento propicio para darle muerte. Gracias a su corta estatura, la abuela se libró de recibir en su cabeza el impacto del primer disparo. Cumplido su cometido y sabiendo que el postrer balazo había dado en el blanco, los asesinos desaparecieron en la espesura, tal como lo hacían en días no muy lejanos, cuando mataban y volaban sin dejar rastro.

Pero el abuelo aún no había muerto. Apelando a sus últimas fuerzas se arrastró por entre el platanal para acortar la ruta y, casi exánime, llegó a la casa, encontrándose en el portón con la tía Leticia, que con el estruendo de los disparos salió de su cuarto temiendo que se trataba de su padre. Apenas si tuvo tiempo para reaccionar, pues al abrir la puerta de la casa, por poco el abuelo le cae encima; jadeante y sin habla, dio unos cortos pasos y se desplomó sobre una cama, en la que solía dormir cuando no amanecía junto a la abuela, ubicada en un rincón de la pequeña sala.

Cuando la abuela ingresó a la semipenumbra de la sala lo escuchó resoplar y con mano trémula encendió una bujía de aceite que iluminó la fatídica escena. "¡Ay, santo Dios! Pero ¿qué le hicieron?

—gimió—. ¡Sagrado Corazón de Jesús! ¡Si está bañado en sangre! ¡Mijo, por favor, dígame algo! ¡Por favor, no se me vaya! ¡Respire profundo, que ya vamos a ir por ayuda!".

Le alzó la cabeza para acomodarle la almohada con una mano, mientras con la otra sostenía la lámpara. Con esfuerzo logró levantarle la ruana para localizar la herida y vio manar a raudales la sangre de su pecho. Le suplicó que aguantara, y depositando la bujía en la mesa de noche trató de taponarle la herida con un trapo. Pero la vida se le iba. El abuelo no respondía ni abría los ojos. Poco a poco su respiración se fue extinguiendo y los espasmos que sacudían su cuerpo se fueron distanciando cada vez más. La cama se tiñó de sangre. Sabiendo que la muerte de su esposo era inminente, le sostuvo la mano hasta que la luz de la lámpara se apagó.

Como era costumbre, la abuela acostaba a todos sus hijos a no más tardar a las siete de la noche. A modo de pijama, los vestía con un mameluco enterizo hecho en tela de costales de harina de trigo, que ella misma confeccionaba sin mucho detalle. Las prendas tenían forma de saco, con dos mangas añadidas para cubrir los brazos y una abertura para la cabeza, y se anudaban por detrás para que los muchachos no pudieran quitárselas y si se descobijaban no los picaran los insectos. La algarabía de las dos mujeres despertó a los niños, que llamaban con desespero a la tía Leticia para que los fuese a desamarrar. A brincos y tropezones, con sus mamelucos puestos, buscaron a mi abuela y a Leticia, sin imaginar lo que les esperaba.

—Guillermo, vaya usted, mijo, y busque ayuda —le pidió mi abuela a su hijo mayor, al tiempo que le desanudaba la incómoda prenda.

—Mamá, dígame —le suplicó Guillermo—. ¿Usted lo vio? ¡Dígame! ¿Vio al que disparó?

—No, no lo vi. ¡Corra, mijo, corra a la tienda! —lo urgió—. Dígales que su papá se nos está muriendo.

La oscuridad se acentuaba con el paso de los minutos. Como todas las fincas de la región, la nuestra no tenía luz eléctrica y menos teléfono. El medio más rápido de transporte era la mula, que siempre se rehuía a caminar después de la cinco de la tarde. Cuando llegaron los primeros vecinos era muy tarde. En cuestión de minutos mi abuelo se desangró y no hubo salvación. Leticia, Guillermo, Juan y Rodolfo lloraban desconsolados mientras abrazaban el cuerpo de su padre aún tibio pero sin vida. La abuela, viuda por segunda vez a causa de la violencia y la codicia, sintió cómo de un tajo la vida la sumía de nuevo en la tragedia.

—Doña Rosario, ¿y dónde está Violeta? —le preguntó doña Edelmira.

—¿La buscaron en su cama? —respondió la abuela.

—Sí, mamá, pero allí no está ella —respondió el tío Rodolfo.

Ninguno se había percatado de que la niña, como era su manía, había esperado a que sus padres salieran y dando saltos en su mameluco de costal había llegado hasta la cama del abuelo para acomodarse en un rincón. Y allí la encontraron, arrunchada a su lado, enfundada en su mameluco color habano desteñido que la cubría de pies a cabeza y cubierta por una sábana hecha del mismo material. Cuando la abuela encendió de nuevo la bujía alcanzó a ver la larga cabellera de mi madre, medio cubierta por la almohada, lo que la conmoción de los momentos anteriores le había impedido observar.

—¡Pobrecita! —exclamó, confundida y sin poder presentir todavía lo que significaría para su vida aquella luctuosa noche. Y pidió a Leticia, que se hallaba a su lado—: Ayúdeme a sacar a su hermana de aquí antes que se despierte —y con dificultad trató de alzarla en brazos.

Al moverla, la niña se despertó y buscó ponerse en pie pero no pudo, aprisionada por el cuerpo del abuelo y el ajustado mameluco.

—¡Está empapada en sangre! —dijo Leticia, con un tono de repulsa en la voz—. Si parece que estuviera herida. No, Rosario, yo ya no soy capaz… —Y Leticia, que sufría de hematofobia, se desmayó.

Entonces, la abuela y doña Edelmira, luego de levantar a Leticia y recostarla en una silla, movieron el cuerpo del abuelo y liberaron a mi madre. Solo entonces pareció percatarse Violeta del llanto desolado de sus hermanos, que en el entretanto habían irrumpido en la habitación y estaban alrededor del lecho. Al acercar hacia ella la luz se vio su mameluco manchado por un intenso rojo escarlata que expelía un olor metálico que le penetró los poros y borró la paz de su mirada. Adormilada aún, fue sacada de la cama y formó al lado de sus hermanos.

Dicen que levantó sus manitos y las llevó a sus ojos: las vio manchadas de sangre, que corría en hilos por sus brazos, y aterrada, creyendo que algo le había sucedido mientras dormía y que estaba herida, miró angustiada el cuerpo ensangrentado de su padre. Se acercó a él, le limpió la cara con sus manitas y lo llamó: "¡Papá! ¡Papá¡ ¡Despierta!… Algo me pasó… ¡Mírame! ¡Mírame, papá!… ¡Despierta! ¡Despierta!". Al darse cuenta de que su padre no respondía y que sus hermanos trataban de alejarla de él, comenzó a gritar sin consuelo hasta enmudecer y así quedó por días. Desde entonces la tempestad se acunó en su mirada y el dolor, mutilándole la vida, se enclaustró en su mente en la que habitan esas sombras que no quieren ser recuerdos. Mi madre, la niña, buscó otra dimensión donde sobrevivir y se amparó en su desierto emocional para enfrentar la realidad.

… Es ahora, cuando el secreto se devela, que reconozco la mirada de mi madre reflejada en el cristal de la ventana, queriendo huir en el Expreso del Sol.

Es septiembre 6 del 2009. Vuelo rumbo a Vancouver. Llevo varios días estancada en esta estación. He tenido que cerrar el libro que traje para leer en el viaje, porque a pesar de releer tres veces el mismo párrafo mi mente se resiste a desentrañar su mensaje. Decido desenfundar el lápiz y la libreta y concentrarme en las imágenes que concitan mi atención, y pese a encontrarme a más de treinta mil pies de altura, cansada, soñolienta y con dolor de espalda, sus voces no me abandonan.

Con sutileza he abordado a mi madre más de una vez para que sea ella quien me cuente, con sus propias palabras, lo que recuerda de ese día y de los días que siguieron. Trato de no tocar sus heridas. Me siento como quien quiere abrir el botón de una rosa sin lastimar sus pétalos. Tras muchos rodeos le pregunto si recuerda lo que le pasó y lo que sintió ese día, pero resulta imposible. Tiemblan sus labios, palidece y su mirada es un cubo de hielo desvaneciéndose en mis manos... no suelta palabra porque están prisioneras en algún rincón de su memoria. Su verdad, que no conozco pero intuyo, me duele tanto como a ella. Desisto. ¡No más! No puedo verla así. Me juro que no volveré a intentarlo. No quiero iniciar un alud impetuoso de lacerantes recuerdos y emociones que no estoy segura de poder contener, ni avivar el dolor de un pasado que mucho debe haberle costado superar. Consciente de lo que pudo haber sido y no fue, mi cruz es la herencia nefasta que ese día me dejaron 'Los Pájaros'.

Mi madre, con escasos ocho años de edad, contempla anonadada el cuerpo ensangrentado de su progenitor. Había saltado de su cama para refugiarse entre los brazos cálidos y fuertes de su padre, y dormida se quedó en ese rincón a la espera del abrazo protector que jamás volvería a recibir. Aunque la sangre que la manchaba no era de ella, había recibido una herida letal. El mismo disparo que mató a su padre le partió a ella el alma.

Tan pronto asimiló la terrible verdad salió corriendo del cuarto, descalza, en sus calzoncitos sin color y su cuerpo teñido de escarlata, dando aullidos desesperados que apagaron los inútiles gritos de la madre, que corría tras ella para detenerla. En medio de la oscuridad cruzó por la puerta y desapareció entre los matorrales. Al ver que no regresaba, sus hermanos salieron a buscarla, pero en vano.

Al amanecer la hallaron escondida en una madriguera de la cual empecinadamente se negaba a salir. Dijo que su padre y ella la habían construido juntos para esconderse de los hombres que lo perseguían. Y se ranchaba en salir de su agujero, porque aseguraba que su papá le había dicho que si lo herían o si los bandidos entraban a la casa, ella debía correr y refugiarse en ese escondite, donde él iría a buscarla una vez pasado el peligro. Por eso fue tan difícil sacarla de allí. Nada de lo que decían sus hermanos la hacía entrar en razón. Insistía en que su papá vendría por ella y que debía esperarlo. "Violeta, eso no puede ser; a papá lo mataron anoche", le repetían, pero ella se negaba a creerlo. "¡No!... —gritaba—. ¡Eso es mentira! Yo lo vi dormido en la cama. ¡Él está vivo! ¡Está vivo!". Pero las palabras de sus hermanos revivieron la escena de la noche anterior y empezó a emitir gemidos guturales, como si una fiera le estuviera arrancado pedazos de piel. Ante su renuencia de abandonar el agujero por su propia voluntad, y recordando la advertencia de mi abuela de que no regresaran sin su hermana, mis tíos decidieron apelar a la fuerza y la sacaron a rastras, pese a que se resistió con brazos, piernas y dientes; e igualmente a rastras la llevaron a la casa.

No obstante haber crecido con la muerte a su alrededor, nadie en mi familia estaba preparado para enfrentar el anunciado fallecimiento del abuelo..., si es que alguien puede estar preparado para recibir una noticia de tal magnitud. Mi madre no sabía entonces que ya jamás volvería a escuchar un cuento antes de dormir de labios del abuelo: ya no tendría sentido cambiarse de cama en las noches, porque su padre no estaría allí para besarla y abrazarla. Desconocía también que no comería más los dulces que el abuelo traía del pueblo especialmente para ella, y que ya nadie la esperaría al salir de la escuela, y peor aún, que ya no habría escuela. Su árbol encantado, que respondía con generosidad a las palabras de su padre —"Te ordeno que le des monedas a Violeta"—, ya no obedecería porque el mago había partido para no volver.

El amor de aquella casa había muerto con el abuelo. Era tal la desolación de todos que ninguno tenía alientos para consolar al otro. Cada uno se tragó su propia pena. Una oscura nube se posó sobre el hogar; un vil balazo truncó sus sueños e ilusiones y la desesperanza se instauró en donde reinaba antes la alegría. Ese día amargo se inició la diáspora de los Trujillo González.

—Doña Rosario, reciba mi sentido pésame por su pérdida.

—Gracias, don Jacobo —respondió mi abuela, entre sollozos.

Los vecinos del pueblo y sus alrededores no cesaban de llegar.

—Una pérdida más...—agregó don Jacobo, ya resignado a asistir al entierro de sus mejores amigos—. Usted sabe que don Marco y yo éramos amigos y que lo estimaba mucho. Siempre se aparecía por la tienda, se tomaba unos aguardientes, los pagaba y se iba tranquilo. Era un hombre recto y generoso.

—Así es, don Jacobo —asintió la abuela, quien agregó con un rictus de amargura—: Recto, solidario..., y lo mataron. Me imagino que mi marido le habrá contado que nos estaban robando gran parte de la cosecha de café, ¿verdad?

—Pues sí, para qué se lo voy a negar. Lo estaban robando a él y a varios más de este pueblo. —Miró con aprensión a un lado y otro y prosiguió en tono más bajo—: Pero, doña Rosario, usted sabe que es mejor quedarse callado si es que uno quiere salvar el pellejo. Yo no conozco al primer liberal al que le hayan perdonado la vida.

Don Jacobo miró de nuevo a su alrededor con sigilo, tomó a mi abuela del brazo, entró con ella en la casa y ambos se dirigieron a la cocina.

—Bueno, don Jacobo, ahora que estamos solos —dijo mi abuela, impaciente—. Acá nadie puede escucharlo. ¡Hable, por Dios! ¿Sabe usted quién mató a Marco? ¡Dígame nombres! —Solo quería confirmar lo que ya sabía.

—¡Ay, doña Rosario, yo no sé si contarle para que no vaya usted a meterse en líos. Es más, yo tampoco quiero arriesgarme a que me velen mañana. —Recapacitó. La mirada entre severa y angustiada de la abuela lo hizo susurrar—. Bueno…, es mejor que usted lo sepa y no se ponga a hacer averiguaciones que solo nos van a traer más desgracias. Pues verá usted, doña Rosario. Don Marco arrimó el viernes pasado a la cantina y me contó que había descubierto quiénes eran los que le estaban robando el café. Y es más: me dijo que después de que lo roban lo llevan a la finca de don Cipriano, donde lo secan, lo revuelven con el de ellos y luego lo sacan en bultos al mercado.

—¡Así que todo fue por el maldito café!—exclamó la abuela, indignada.

La mayoría de los minifundistas se endeudaban hasta el cuello para poder sacar sus cosechas, y mi abuelo no era la excepción.

—No, doña Rosario, no fue solo el café, porque como le dije antes, a Dios gracias lo dejaron vivir horas extras. Al finado le ajustaron todas las cuentas de una, porque usted sabe que aquí se

pueden contar con una mano los liberales que quedan vivos. —
Dijo esto último al oído de la abuela.

—Pero dígame: ¿Quiénes son esos infames? —preguntó la
abuela con el corazón preñado de ira y de dolor.

—Don Marco se los encontró anoche cuando fue a la tienda
de Edelmira. Pero como estaba tomado, le dije que era mejor que
dejara las cosas así. Que diera ese asunto por perdido, que en estas
tierras la única forma de arreglar los problemas es echándose un
muerto encima.

—Pero, ¿quiénes son, por Dios? ¡Hable, don Jacobo, por favor!

—Teodomiro también se lo advirtió —dijo don Jacobo, eludiendo
dar a la abuela una respuesta directa—. Ya sabe usted lo mucho que
él estimaba al finadito. Yo estaba con él cuando Teodomiro le dijo
que lo tenían en la lista y que lo iban a matar; que era mejor que
se marchara por un buen tiempo, pues esa gente era peligrosa. Para
ellos no había lazos de sangre que valieran y que era imposible tratar
de recuperar lo que ya estaba perdido. Don Marco afirmó que no
la iba a dejar a usted sola con todo ese problema y Teodomiro le
prometió que usted no le iba a pasar nada.

—Bueno, ¿y cómo es que Teodomiro sabía todo eso? —inquirió
Rosario—. ¿Y es que él sabe quiénes son los asesinos, o es que
él mismo hizo la lista? —Y la abuela, en un arrebato de coraje,
confrontó al hombre—: ¿Y usted por qué viene a hablar ahora y
no fue capaz de avisarme lo que tramaban?

—Porque don Marco me hizo jurarle que no le diría a usted ni
una sola palabra para no preocuparla. Esa gente sabía muy bien
que él no tenía pelos en la lengua y que como fuera reclamaría
justicia para defender su tierra.

—Bueno, bueno —dijo Rosario, en tono conciliador, y de
nuevo preguntó—: ¿Usted sabe quién fue?

—Doña Rosario, no me ponga en apuros, que a mí no me
gusta mentir.

—Por lo que más quiera dígamelo, por favor, don Jacobo —le suplicó mi abuela, y por la ventana miró cómo iban llegando más vecinos y parientes.

—Tan pronto don Marco se fue para la casa a recogerla a usted —relató don— Jacobo—, los tipos salieron de la tienda y dijeron que ya regresaban. A los pocos minutos de que todos oímos los dos disparos volvieron y me pidieron que les sirviera otra botella de aguardiente, porque tenían que celebrar. Los sentí nerviosos, con la mirada atravesada. Enseguida confirmé lo que temía.

—¡Por Dios! ¡No dé más rodeos y hable!

—Yo no sé si deba...

—¡No sea cobarde y hable! —aulló la abuela, ya completamente fuera de sí.

—Usted los conoce, doña Rosario. Por eso no le quería decir. No solo son vecinos, sino que dos de ellos son parientes lejanos de don Marco. Usted los ha tenido comiendo en su mesa y son los mismos que le estaban ayudando a sacar la cosecha.

Mi abuela no salía de su asombro, pues supo de inmediato de quiénes se trataba. Ya el abuelo le había dado los nombres de los ladrones y solo necesitaba confirmar si además de robarlo con descaro, eran también ellos los asesinos. Unas pocas palabras unieron los cabos sueltos de su desgracia.

Cuando alguno de los presentes interrumpió la plática en la cocina, ya la abuela sabía lo que quería saber. La codicia, la impunidad y la resignación eran pan de cada día en esas martirizadas regiones campesinas. Entre los visitantes estaba don Fernando, el señor notario, primo hermano del abuelo y tenido como una eminencia en el pueblo por la importancia de su cargo. Entró a la casa y al pasar por la cocina paró un minuto para dar el pésame a la abuela; luego, sin hacer comentario alguno, se dirigió al cuarto donde se encontraba el cuerpo, echó un vistazo al cadáver y luego sacó su maquinilla de escribir, la puso sobre la mesa y se dispuso a redactar el acta de defunción.

La verdad salió a la luz solo después de más de cincuenta años. El secreto había sido preservado junto con la foto color sepia del abuelo y el recorte de periódico con la foto de Gaitán. Los nombres y apellidos de los responsables, que resultaron ser familiares lejanos del abuelo, habían vendido su alma al diablo y formado filas en la mismísima cuadrilla del 'Pájaro Azul'. Conocían de sobra a mi abuelo como para saber que él jamás abandonaría su tierra y que muerto, igual que Gaitán, era la única forma de sacarlo de allí.

Todos asistieron a las honras fúnebres, incluidos los homicidas, que trataban inútilmente de camuflarse entre la gente. En la capilla el cura, que por confesión o por chisme lo sabía todo, recitó el bien sabido sermón de los difuntos, pero esta vez había un tono inusual de irritación en su voz. Poco faltó para que abandonara el púlpito y se dirigiese a la banca donde estaban sentados los criminales y sus familias. Pero bastaron su mirada encolerizada que se centró en los sujetos, y su manoteo alebrestado en dirección a ellos, para dejar claro a los presentes lo que nadie se atrevía a decir en palabras. Y así, sin mencionar nombres, pero seguro de que los asesinos habían captado el mensaje, en repetidas ocasiones los exhortó a que se sometieran a la ley y se entregaran a las autoridades. "¿Pero a cuál ley?", dice la abuela, si no hay leyes para castigar tanta maldad.

El calor irresistible del mediodía y las dos horas de liturgia terminaron por agotar al pobre cura, que terminada la santa unción se dispuso a salir junto con el monaguillo para encabezar la procesión al cementerio. Una nube de incienso y agua bendita para bendecir tanto a las víctimas como a los asesinos enmarcó los últimos pasos de aquel gran hombre que se atrevió a soñar y a creerse inmune a los violentos.

Mi abuela quedó viuda a los treinta y tres años, con ocho hijos: los dos hijos mayores del primer matrimonio del abuelo —el tío Eustaquio, de dieciocho años y quien prestaba el servicio militar obligatorio cuando mataron a su padre, y la tía Leticia— y los seis hijos del matrimonio con el abuelo, de los cuales el tío Guillermo, con diez años de edad, era el mayor, seguido por mi madre, Violeta, de ocho años y medio; luego el tío Juan, de siete; el tío Rodolfo, de cinco; el tío Marco Antonio, de año y medio y la última, la tía Amalia, que venía en camino con solo dos meses de haber sido gestada.

La abuela hizo caso omiso a los consejos de los vecinos y a los fundados temores y exhortaciones de don Jacobo, quien le advertía hasta el cansancio sobre los peligros que la acechaban a ella y a sus hijos. Estaba resuelta a denunciar el crimen y a sus autores, aquellos asesinos y ladrones, así fuera lo último que hiciera. Don Jacobo, como era de esperarse, se negó en forma rotunda a atestiguar en la indagatoria, y a los pocos días se inventó un imprevisto viaje del que nunca regresó, con el fin de evitar que le hicieran preguntas y terminaran por matarlo a él también. Al no haber testigos voluntarios y como el robo de café y de tierras involucraba a vecinos que eran gente peligrosa aliada con la chusma, la policía decidió cerrar el caso, no sin antes advertirle a la abuela que dejara las cosas así, que sin mayores pruebas ella nada podía hacer. En fin, le aconsejaron —por decirlo con suavidad— que se resignara a su pérdida y que abandonara esas tierras. "Al fin de cuentas —arguyeron con cinismo— los muertos no se resucitan por más denuncias o leyes que existan. No se complique más la vida y váyase. Agradezca que al menos no lo mató el mismo Cóndor". Dicho esto, cerraron en su cara y de un plomazo el libro de denuncias.

Esa era la triste y cruda realidad. De haberse obstinado mi abuela en su quijotesca cruzada, los familiares de los asesinos habrían jurado que todas sus denuncias eran una calumnia, que sus parientes no se metían con nadie y que eran tan piadosos y religiosos como el más puro de los mortales. Los que conocían la verdad callarían y se llevarían el secreto y su cobardía a la tumba, porque jamás admitirían ante nadie que uno de los suyos se dejó corromper por la ambición, por el poder o por el fanatismo político, y menos tendrían el coraje de reconocer que no una sino muchas veces alzaron su mano o apretaron el gatillo en contra de inocentes.

Pero los autores de esos actos de barbarie, la mayoría de los cuales quedaron impunes, tienen nombres y apellidos. Y la abuela, para evitar reabrir viejas heridas y desmoronar aún más la unidad familiar, se opone a señalarlos. Apretando los dientes, como si mordiera el polvo, "dejó así las cosas", tal como le aconsejó la policía, y calló para siempre. Pero la vida está llena de sorpresas y al fin y al cabo el mundo no es tan grande como a veces nos parece.

Ignorante de la identidad de los criminales, propicié el reencuentro con el pasado y sin proponérmelo lo traje un día a mi casa, con lo cual alenté la continuidad de las relaciones de familia desgarradas no por el asesinato, sino por el silencio. La sonrisa de una nueva generación lavó la miseria de la anterior y ningún miembro de las dos familias tuvo el valor de poner las verdades sobre la mesa. Realidades que aunque jamás se perdonaron, nunca se indagaron, y aunque se hizo un daño irreparable "se dejó así", como si nada hubiese pasado: simplemente mataron al abuelo como a otros cientos de miles.

Los criminales, como era la costumbre de 'Los Pájaros', no le dieron tregua a la viuda para que llorara su luto. A los pocos días del entierro empezaron a dejar en la puerta de la casa los ominosos sufragios, negros y morados, con el nombre de la abuela y el del tío Eustaquio estampados en letras góticas. Era la lúgubre advertencia de que si no se iban, tanto él como ella y sus hijos irían muy pronto al cementerio, y no precisamente de visita.

Los pensamientos que no tenemos el valor de expresar nos aprisionan. Son palabras que no llegan a ser voz ni a ser nada. Negado su derecho a nacer, quedan atoradas en la garganta, sumidas en un eterno proceso de gestación hasta que se descomponen. Forman nudos de carne y materia que se degradan en metástasis. Así muta la palabra que ha sido condenada a no brotar, confinada por el miedo. Comienza con un sentimiento o una expresión clausurada que se anida en el cuerpo. Reconocemos su irritante presencia porque sentimos un sabor salobre y corrosivo en la saliva que nos quema la lengua y hace arder la comisura de los labios. Insidiosas, viajan por la linfa hasta las entrañas del que calla. Se adueñan de todos sus espacios, se adhieren como una costra a las paredes de las venas, a las vísceras y a los huesos, se esconden en la retina y contaminan el aliento. Es el poder letal del silencio, porque las palabras no dichas martillan la mente y el alma. Son armas apuntadas en contra de nosotros mismos, que se disparan cada vez que respiramos, cada vez que pensamos y creemos ilusamente que existimos, y destruyen sueños y emociones; atraviesan el espíritu y quebrantan nuestra voluntad. Ante ellas, nuestro ser interior, como un espejo roto, se reduce a añicos y sus agudas aristas nos cercenan con cada palabra callada, con cada sentimiento amordazado... Por eso no existe peor muerte que la de morir de silencio. ¿Y quién no sufre de silencio?

Las visitas de los amigos cercanos que juraron ante el féretro del abuelo, entre lágrimas y manifestaciones de pesar, que no dejarían sola a la viuda y a los huérfanos se fueron espaciando y mermando; los auxilios prometidos nunca llegaron, y los amigos de lo ajeno, que no dan tregua, cuando la viuda pensó en vender las herramientas del abuelo, ya ellos se las habían birlado.

El tío Eustaquio, hijo mayor del abuelo, quien estaba prestando el servicio militar, había perdido la oportunidad de regresar al único hogar que tenía, al lado de su madrastra y hermanos. Los asesinos de su padre lo habían amenazado de muerte. El tío Guillermo y mi madre, unos chiquillos aún, tuvieron que dejar la escuela y emplearse en las fincas vecinas como peones para poder sustentar la familia. En casa no hubo tiempo para llorar, pues la comida escaseaba y había que pagar las cuentas del funeral, las deudas con los proveedores de insumos agrícolas, y la peor de todas y que nadie esperaba: la del Gobierno. Casi le da un soponcio a la abuela cuando le llegó el cobro de los impuestos prediales que, para su desconcierto, nunca se habían pagado. "¡Sabrá Dios si no se robaron los pagos que había hecho su abuelo y abusaron de mi ingenuidad también!", comenta la abuela, que con los años desconfía de todo y de todos. "Yo no creo que eso haya pasado —le refuto—. ¿Y qué tal que fuera cierto que el abuelo nunca hizo los pagos? Y si pagó, usted hubiera podido reclamar con los recibos". La veo cavilar. De repente se levanta, deja a un lado las agujas de tejer y cae al piso la bola de lana color canela, sin que ella haga el más mínimo ademán de recogerla, y me replica con acritud: "¡Qué va a ser! ¡Usted ni con todo lo que le he contado tiene idea de cómo eran aquellos tiempos!".

A los seis meses de haber muerto el abuelo Marco, la vida de mi familia era un caos. La tía Leticia decidió de improviso casarse con Renato Buitrago, el primer pretendiente que se cruzó en su camino. Hombre maduro y de porte distinguido, cabello engominado y un fino bigote delineado con esmero, Renato era la versión vernácula del famoso "manito" Jorge Negrete. Pero ni su imagen impecable y elegante, ni ese glamour que la tía Leticia encontraba adorable, hicieron que este adonis fuese del agrado de la familia. Había algo en él que a nadie le calaba.

—Mire que usted no lo conoce bien y que no es de este pueblo —previno la abuela a Leticia, cuando le notificó sus intenciones de maridarse con un desconocido—. Ese señor me luce mal.

—¿Mal, Rosario? ¿Por qué? Lo que sucede es que él es muy serio y callado, pero le aseguro que es buena persona. Ya verá que con el tiempo usted lo va a tratar y le va a simpatizar. Mejor partido no voy a encontrar.

—A mí me parece más bien que es un encantador de serpientes —farfulló Rosario—. Tres meses de amores no son suficientes para conocer a una persona, y además le lleva como veinte años de ventaja —agregó la abuela para tratar de hacerla entrar en razón.

—A mí la edad no me importa —replicó Leticia, alzando los hombros, y desestimando las prevenciones de la abuela añadió animosa—: No se preocupe tanto por eso, Rosario, que usted ya tiene bastantes problemas. Renato me dice que cuando nos casemos me llevará a vivir con él a Andalucía y que ustedes me podrán visitar cuando quieran.

Pero cuando a la abuela se le metía algo en la cabeza no había poder humano que la hiciera cambiar de opinión. Por lo demás, he de confesar que para algunas cosas tenía un olfato envidiable. Decidió, por tanto, insistir una vez más.

—Leticia, le voy a hacer un último pedido: ¿Por qué no espera a que llegue su hermano del Ejército para que él le dé su aprobación y al menos conozca a su prometido? Estoy segura de que usted está tomando esa decisión presionada por la pobreza que vivimos.

Sus exhortaciones y súplicas eran sinceras, pues quería a Leticia como a uno más de sus hijos.

—¡No se engañe, por Dios, Rosario! —le respondió Leticia con ardor—. Usted bien sabe que mi hermano no puede volver por estas tierras. Y si usted y yo en realidad lo queremos tenemos que pedirle que no regrese, así no lo veamos nunca más. Y yo…, yo no tengo ya tiempo para ponerme a esperar. ¡Quiero irme de este infierno! —añadió con vehemencia, y dejó atrás a la abuela con su costal de palabras y consejos no pedidos.

Inútiles fueron, pues, ruegos y objeciones, porque Leticia veía en Renato un lado angelical que nadie más veía. Así, empecinada en que Renato era el hombre ideal para ella, presionada por la asfixiante situación económica, cada vez peor, y en ausencia de un padre, un hermano o una madre propia que pudieran detenerla, Leticia terminó por casarse con el hombre que había logrado conquistarla y llenarla de ilusiones. Conocí a la tía y a su seráfico esposo por la única fotografía que de él conserva la abuela, y es precisamente la del día infortunado de su boda.

"Más sabe el diablo por viejo que por diablo —sentencia la abuela, recurriendo a uno de sus trillados pero siempre vigentes refranes, y continúa—: Yo no me equivoqué con Renato, aunque créame que hubiese querido. Ese hombre resultó ser un rufián y un salvaje, y su pobre tía vivió un calvario durante los quince años de matrimonio, en que la mantuvo encerrada bajo llave la mayor parte del tiempo".

La tía Leticia tenía prohibido recibir visitas, y se le había impedido a la familia ir por su casa. En contadas ocasiones se la veía en la iglesia o en el pueblo; nadie podía acercársele porque el hombre, enfermo de celos, agredía a quien lo hiciera, sin importar que fuesen sus vecinos o sus propios hermanos. "¿Puede creer que eso era vida para esa pobre muchacha?" De seguro no lo fue, pues Leticia desapareció del mundo desde que se casó hasta el día de su muerte, a sus treinta y un años. Pese a que todas las personas que conocían la pareja sabían de las brutales palizas que a menudo le propinaba Renato, y que sin duda se adujeron como causa de su muerte, no hubo denuncia ni investigación oficial del caso. Por ello fueron pocos los que se atrevieron a darle las condolencias al desdichado viudo. "El remordimiento y la culpa se encargaron de cobrarle tanta maldad, mortificándolo hasta el día de su muerte. Y que Dios y sus hijos me perdonen, ¡pero era lo menos que ese infame merecía!". La abuela dice esto con un dejo mezcla de rabia y amargura y menea a un lado y otro su cabecita blanca y pelona, para dar a entender que no, que las cosas no deberían ser así. Titubea un poco, me mira a los ojos y añade: "Aunque sea que se haga la justicia divina... ¡No lo olvide!".

De esa unión quedaron cinco hijos, a los que debe dolerles esta historia. Ignoro quién se hizo cargo de ellos cuando faltaron sus padres y sus abuelos. Cuentan que después de la muerte de la tía Leticia el viudo se encerró en su casa, y a quienes una que otra vez hablaban con él les confesaba que la tía se le aparecía y que no lo dejaba en paz ni siquiera para dormir. A los pocos meses, Renato no pudo más con la vida y le puso fin a su locura. "Yo no creo ese cuento de que se volvió loco y que por eso se mató —reniega la abuela, y aclara—: ¡Eso decían sus familiares para no reconocer que más bien lo carcomía la conciencia por haber sido un villano!" —asegura ella, que sabe por qué lo dice.

Y así debió de haber sido. A Renato Buitrago un día le dio un ataque de conciencia y se descerrajó un balazo en la sien. De la malhadada pareja solo quedaron los cuentos que recrearon los vecinos sobre un par de sombras que se paseaban por las calles del pueblo, la casa encantada, y la venganza de Leticia. Pero, ¿cómo se venga una mártir?

Cuentan los que lo vivieron, que la casa estaba embrujada y que en las noches se escuchaban los alaridos de una mujer y el restallar de lo que parecían ser latigazos, seguido del ruido de golpes y de pasos que provenían de los corredores de madera.

"¡Así mismo era y no le miento, porque de que las hay las hay! Yo oía ese tun-tun-tun del caminar en talones toditas las noches, y también sentía el retumbar de las paredes como si alguien se estuviera dando azotes contra ellas", comenta una anciana, amiga de la abuela Rosario, que se nos ha unido a la conversación.

—Mamá, ¿pero cómo oía usted eso, si usted es sorda? —le grita al oído su hija Aurora.

—Bueno, pero es que en ese tiempo yo todavía oía… —aclara la anciana, disgustada, y protesta—: ¡Y no me grite que me aturde! —pero se ve que está deseosa de proseguir su relato—. Igualito se lo informamos al señor párroco, quien tres veces acudió a ver lo que pasaba, no sin antes aperarse de tres garrafones de agua bendita y los crucifijos más grandes de la iglesia. Recuerdo que solo a empujones podía hacer que sus dos monaguillos lo acompañaran en tan temida faena, pues eran los encargados de regar con el agua sagrada cada rincón de la vivienda. Es que sacar espíritus es cosa de valientes y en el pueblo había pocos… mejor dicho, no había —rectifica.

Doña Gertrudis Palacios viuda de Palacios era en esa época muy joven, pero según ella, cómo olvidarse de los sustos que la abrumaron toda su juventud y que por poco la dejan beata, pues los terríficos ruidos le espantaron a más de un novio, dado que vivía en la casa de en seguida.

—¿Y lograron sacarlos? —le preguntó con curiosidad su hija, lo que me hizo pensar que a ella también la criaron, como a mí, con esos cuentos que cobran vida y se multiplican.

—Tan pronto los monaguillos terminaban de vaciar el agua bendita salían corriendo de la casa y no volvían a poner un pie en ella —narra la anciana, y aprovecha para alardear de su experiencia en cosas tan profundas—. ¡Imagínese! Así no se sacan los espíritus. Por eso nada podía calmarlos. Decidimos entonces dormir más de una noche en casa ajena porque el pánico no nos dejaba conciliar el sueño, y cada vez eran más los testigos de las apariciones.

—¿Apariciones? —le preguntó su hija, abriendo tamaños ojos—. ¡Yo les tengo terror a esas cosas!

—Así mismo, mijita: a-pa-ri-ciones —silabea la mujer, quien me mira como para que yo también las vea en sus cansadas pupilas, y prosigue su historia—: Decidimos entonces acudir donde el señor obispo, quien al recibir tantas quejas sobre la incapacidad del párroco para exorcizar los espíritus decidió encargarse en persona del asunto. Elevando oraciones e imprecando conjuros, con el obispo a la cabeza, los vecinos fuimos en procesión desde la iglesia hasta el frente de la casa. Allí estuvimos rezando desde tempranas horas de la mañana hasta que un inusual aguacero con granizo incluido, cosa que casi ninguno de nosotros conocía, nos hizo retirarnos despavoridos. Eso dio pie a que se especulara que fue su tía la que mandó el granizo para dejarles claro a los vecinos que no se iba de su casa porque ese era el castigo de todos los que fueron indiferentes a su sufrimiento. —Doña Gertrudis levanta con lentitud su tasa de café, lo bebe a pequeños sorbos, con deleite, y al ver que me dispongo a abandonar la habitación me dice—: No se vaya, que esto no se acaba. ¿Por dónde iba? —me pregunta, y sin esperar respuesta retoma el hilo de un relato que se sabe más que de memoria, no sin antes anotar—: Escuche y no me interrumpa, Corintia.

"Pasaron los meses y no se tuvo más noticias del obispo, pese a una comisión que viajó a la ciudad para informarle que los espíritus no se habían ido de la casa de su finada tía. 'Haga algo, señor cura', le decían. A lo que el cura respondía: '¿Yo? Si no pudo el santo obispo, ¿qué quiere que haga yo?' Mi madre, que en paz descanse, reunió en varias ocasiones a los vecinos para hacer cartas a la iglesia y financiar, entre todos, misas cantadas, que eran inútiles. Entonces empezaron a aparecer en las casas contiguas a la vivienda de sus tíos, y así mismo en las de enfrente, letreros de 'Se vende esta casa', 'Vendo casa por motivo viaje'. Estos hechos de ultratumba se hicieron tan célebres en el pueblo, que la gente evitaba caminar por la acera de la casa, aunque más de uno pasaba por su frente mirando de reojo a ver si atisbaba a los fantasmas a través de las ventanas. Algunos, los más temerarios, se plantaban en la puerta de la vivienda y se atrevían a preguntar: 'Espíritu de Leticia, ¿qué te tiene atormentada?', y hubo uno de los tales que juraba que el espíritu se le había revelado.

"Transcurrió el tiempo y los letreros de 'Se vende'... empezaron a caerse, otros terminaron por tapar el roto de alguna ventana, y a otros simplemente se les borraron las letras por el paso de los años. Ningún vecino pudo vender su propiedad. Mi madre tampoco, y como no teníamos a dónde ir, terminamos por acostumbrarnos a vivir con los espantos, y más de una vez reímos al recordar las tantas veces que vimos al par de monaguillos corriendo calle arriba. Esos sí que parecían fantasmas salidos de ultratumba. ¡Si los hubiera visto, niña! Un par de larguiruchos esqueléticos y pálidos, que entre zancada y zancada, como tratando de emprender vuelo cada vez que terminaban de ungir con el sagrado líquido cada rincón de la fantasmal vivienda, terminaban enredados en sus túnicas rituales".

Doña Gertrudis me pide una segunda taza de café, desestimando con un elocuente gesto los reparos de su hija quien le ruega que no tome más café porque la va a desvelar y de seguro pasará mala noche, lo que a la anciana parece no importarle. Ante la mirada de reproche de su hija recibe la segunda taza en su mano, igual de temblorosa que la de mi abuela Rosario, y antes de darse el primer sorbo nos regala una sonrisa cómplice de su boca a la que faltan la mayoría de los dientes, pero que resplandece por el gozo de los recuerdos y lo mucho que aún le queda por contar.

Mi abuela, que no ha dicho palabra en todo este tiempo, cree necesario intervenir para soltar esta bomba:

—Doña Gertrudis, a que usted no sabe que ese infeliz violó a una de sus propias hijas.

Sus palabras lograron el efecto que deseaba en su parlanchina vecina, quien exclamó:

—¡No me diga eso! ¡Con razón la pobre Leticia era un alma en pena!

A los pocos días del entierro de mi abuelo su hermano, el tío Fernando, visitó a la abuela. Su presencia en casa fue motivo de alegría para la abuela, quien presumió que la familia de su difunto esposo iba a ofrecerle ayuda, y de esta forma se presentó él mismo: "Mire, Rosario, yo he venido porque quiero ofrecerle ayuda". Palabras venturosas. Su apoyo en ese momento era vital. Mi abuela, pensando que él ya estaba enterado de la terrible situación económica y de las amenazas que pendían sobre la familia, le agradeció su gesto. "Ya era hora, Fernando —le dijo—. Con la muerte de Marco han aparecido todos los problemas, y para completar ya son dos los sufragios que nos han mandado… y usted ya sabe que no nos llegará un tercero. Yo les he dejado que se lleven todo el café y lo que quieran, para que nos dejen tranquilos. También intenté poner el denuncio. ¿Quiere saber qué me dijeron?", le preguntó. Pero vaya sorpresa la que se llevó cuando el tío Fernando le respondió cortante que no, que él no quería saber nada de esos problemas y que él había venido a hablarle de otro tema. "¿Y entonces a qué vino?" —inquirió la abuela, contrariada.

Cuál no sería su asombro cuando el tío contestó que venía por los muchachos, porque a él le preocupaban de verdad. "¿Mis muchachos?... —balbució la abuela—. ¿Cómo es eso, Fernando? Explíquese". El tío, sin vacilar, expuso la razón de su visita: "Yo he estado pensando en que usted no puede sola con tantos hijos, y que la única solución es que alguien le ayude con la crianza de algunos de ellos". La respuesta de la abuela fue contundente: "¿Me ayuden con qué…?", preguntó frunciendo el ceño al comprender el porqué de la inesperada visita. El tío Fernando, hombre de letras, lo tenía todo calculado y así se lo hizo saber a la abuela. "Escuche, Rosario. Yo ya he pensado muy bien en todo. Yo creo que a Violeta se la podemos dar a Esperanza Patiño y a Juan se lo podemos dar a la señorita Segismunda Manzano. Usted sabe que ellas son nobles damas y que, al igual que están criando a Anatilde y a Dominga, las dos hijas del primer matrimonio de Marco, se pueden hacer cargo de dos muchachos más. Si yo hablo con ellas, seguro que aceptarán sin problema".

El tío, sinceramente convencido de que lo que proponía era una gran obra de caridad, esperaba los agradecimientos de la abuela.

Pero tal parece que había olvidado el orgullo y el carácter fuerte de la abuela, que salieron a relucir no tanto por la inesperada propuesta, cuanto por escuchar el nombre de las benevolentes damas a quienes conocía de sobra, en especial a la señorita Segismunda, quien fue la única maestra que ella tuvo en su vida. Cómo no recordar los correazos que le atizó y el timbre de su voz chillona que al son de los golpes cantaleteaba que ella los educaba tal como la habían educado a ella, y que estaba comprobado que la letra con sangre entra. Mi abuela, que no se escapó a ninguna tunda, ni en la casa de sus padres, ni en la escuela, ni en sus matrimonios, cuenta que después de recibir las palizas de Segismunda, esta le decía: "Rosario, recuerde que esto usted me lo agradecerá mañana". Y ni qué decir las miles de veces que trató inútilmente de volverla diestra, amarrándole con fuerza el lápiz a la mano derecha para que llenara planas y planas de dictados en apiñada caligrafía durante los dos únicos años en que la abuela asistió a la escuela. Por su baja estatura, la sentaba en el primer lugar de la fila para vigilar que ninguno de los estudiantes se acercara a ella para aflojarle la cabuya.

De su paso por los pupitres no solo le quedó una letra torcida y enredada, sino desapacibles recuerdos que se avivaban cuando se topaba con su antigua maestra en la misa o en cualquier calle del pueblo, y entonces debía hacer grandes esfuerzos para no demostrar su rencor, por educación y respeto. Ya era suficiente su traumática experiencia con esa mujer, como para tener que agradecerle algo en la vida. Por ello, al escuchar su nombre la abuela montó en cólera de inmediato y su rostro cremoso y suave se tornó tan ardiente como el tronco de un árbol de guácimo que lleva dos siglos en la hoguera. El tío Fernando, que poco conocía del temperamento volátil de la abuela, ignoró la inequívoca señal de que debía callar y prosiguió con su perorata: "Violeta está en una buena edad para dejarse guiar y debe saber cocinar, lavar y planchar. Seguro le puede servir en los oficios de la casa. Con Esperanza Patiño ella podrá ir a la escuela. Usted sabe que acá solo hay hasta tercero de primaria". Dijo esto en un tono de gracia que exasperó aún más a la leona, que ya estaba herida.

La abuela respiró profundo y luego explotó: "Mire, Fernando, mis hijos no son racimos de plátanos como para repartirlos, ni perros para regalar, y si solo tenemos un plato de sopa para comer, pues lo compartimos de a cucharada y punto. Entienda usted que mis hijos no se van para ninguna parte. Y que yo sepa, la mamá no se les ha muerto todavía. Así que si esta es toda la ayuda que usted me viene a ofrecer, es mejor que se vaya y no regrese", remató en tono de soberbia, para dejarle en claro que su ofrecimiento era, a más de indignante, una verdadera afrenta. Con seguridad el tío Fernando no se esperaba tan erguida actitud en una mujer ignorante, sin recursos económicos, viuda y con un paquetón de hijos por criar. Las contundentes palabras de la abuela fueron como un bofetón para el dadivoso pariente, que sin decir más tomó su sombrero y se marchó para jamás regresar. A partir de allí se tornaron casi inexistentes las relaciones de mi familia con la familia del abuelo, a excepción de las contadas ocasiones en que se encontraban por accidente en el pueblo, y por cortesía intercambiaban saludos. Yo nunca conocí al hombre que quiso llevarse a mi madre.

Si algo tenía claro Rosario González viuda de Trujillo era que no iba a repetir los pasos del abuelo, que al enviudar de su primera esposa decidió entregar a dos de sus cinco hijos, Anatilde y Dominga, al cuidado de personas que sin tener parentesco alguno con él se encargaron de su crianza. "Si mis padres que eran tan humildes pudieron sobrevivir sin regalar a un solo hijo, menos yo a quien la vida y sus designios ya me había quitado por lo menos una decena", señaló la abuela. No faltó, por supuesto, el vecino entrometido que la aconsejó que hiciera caso, que el tío Fernando estaba en lo correcto, que con menos hijos que arrastrar iba a poder irse más pronto de esas tierras; ella no sería la primera ni la última viuda en tomar tal decisión. Luego, cuando las cosas mejorasen, ella podría volver por sus hijos. Razones no faltaban a quienes abogaban por tal cosa, pues no era extraño que muchos hogares que se veían acosados por la miseria, y muchas viudas desprotegidas, optaban por repartir a sus hijos entre gente pudiente del pueblo para evitar que murieran de hambre, quienes los ocupaban como peones o sirvientes en sus fincas. Los huérfanos con suerte eran cedidos a familiares y amigos, como fue el caso de mis dos tías. Pero la gran mayoría terminaban como trashumantes yendo de pueblo en pueblo pues a nadie pertenecían.

Mi madre, que siempre aceptó a ciegas la voluntad de la abuela, tuvo un día el coraje de reprocharle por no haberla dejado irse con la señorita Esperanza Patiño. Recuerdo que le reclamó: "Tal vez yo hubiese tenido un mejor porvenir con ella y hasta habría sacado un título de algo, así como todos los parientes de la familia de mi papá que son gente educada y no como nosotros. Usted solo quería que yo me quedara para que trabajara y trajera dinero a la casa. A usted no le importó que yo fuera una niña y me mandaba a trabajar de sol a sol como un peón". El rostro de mi madre estaba teñido por la amargura de un tórrido sentimiento que se había incrustado en su pecho por tantos años, y que por fin se había hecho grito. Sus grandes ojos tenían una luz extraña mientras su alma destilaba sus pesares. "¡Egoísta¡ —le espetó—. ¡Sí, usted fue muy egoísta! ¿No ha pensado alguna vez en que quizás esa fue la única vez que alguien de verdad me ofreció la oportunidad de una vida diferente? Mamá, míreme a los ojos y dígame: ¿Qué era lo que usted quería para mí?"

Yo no salía del asombro por lo que presenciaba y escuchaba. Mi abuela, que ni siquiera le permitía a uno terminar la frase para caerle encima con un bofetón, con un chancletazo o con lo que tuviera a mano, había consentido que mi mamá le alzara la voz y peor aún, que le hiciera semejantes reclamos y confesiones en mi presencia. Pensé, consternada, que si esto no era un sacrilegio por el cual la reventaría a latigazos, de seguro la excomulgaría sin derecho al perdón y nos echaría a las dos de su casa.

"¡Todo me imaginé, menos que tendría que vivir para oír esto de mis hijos! —se lamentó la abuela, y decidió que era el momento de aclarar ciertas cosas. Hizo una pausa para enhebrar cada una de las palabras de fuego que saldría de sus labios, y así contestó a mi madre—: ¡Mire que usted ha vivido todos estos años bien equivocada! Agradecida debería estar usted de que no la entregué ese día. Usted fue pobre, pero al menos libre de humillaciones y pudo criarse junto con sus hermanos. Si yo hubiese hecho lo que muchos me aconsejaban habría ido a parar de sirvienta. ¿Es eso lo que usted llama un futuro lleno de oportunidades? No se le olvide lo que hicieron con Pedro y Julio, que se los llevaron a punta de mentiras, prometiéndoles que les pagarían un sueldo y hasta que los pondrían a estudiar. ¡A estudiar! ¡Já…! A los dos meses vinieron como perros muertos de hambre diciendo que nunca les habían pagado nada; que les habían restregado en la cara que se dieran por bien servidos, porque al menos habían tenido techo y comida. ¿Es eso es lo que usted me reclama por no haberla entregado? ¡Usted es una desagradecida!

Pedro y Julio eran dos hermanos que habían quedado huérfanos y sin familia. Su padre había sido asesinado por 'Los Pájaros' en la espantosa masacre de Ceilán en 1949, en la que exterminaron a los liberales de la región "porque los muertos no pueden ir a las urnas y los fantasmas no votan, por miedo", comenta la abuela con su característico humor negro. Si no fuera porque la conozco bien, no comprendería que esa mezcla de sátira y burla con que adoba su relato es solo un recurso al que apela para paliar la hiel de su aflicción.

"Eran varios los hermanos, que se desperdigaron como animales de monte al no tener una familia que los acogiera, cuenta la abuela—. No sé qué pasó con los otros muchachos, pero a Pedro y a Julio los seguía la desgracia. Antes de que yo los recogiera habían estado con una familia liberal de Tuluá; pero mataron al marido y la mujer les dijo que ella no podía hacerse cargo ni de sus propios hijos, y que buscaran otra familia que los recibiera. Y entre tanto deambular, esos dos chiquillos llegaron a mi casa pidiendo trabajo a cambio de comida. Estaban sucios, hambrientos y enfermos de tosferina. Me contaron que como estaban enfermos nadie se atrevía a darles posada pues temían el contagio. Yo no pude rehusarme al verlos en condiciones tan lamentables. Sin pensarlo dos veces, los acogí de inmediato".

Haciendo gala de su régimen militar, la abuela los levantaba desde tempranas horas de la mañana y les ordenaba que salieran a la finca a que se empacharan de mango viche hasta que sintieran que el estómago se les iba a reventar, y que regresaran al medio día para tomar el almuerzo. En las noches los obligaba a bañarse y les daba a beber cocimientos de cogollos de mango viche antes de dormir. Con esta terapia, en cuestión de semanas curó a los enfermos y previno el contagio de los demás. Después de varios meses los dos hermanos se habían recuperado a plenitud. "Ya no eran los muchachos escuálidos y sin carnes que había recogido —evoca la abuela como si los tuviera al lado de su cama—. Eran dos jovencitos muy simpáticos, que se habían convertido en parte de la familia. Hasta que un día, por su propia voluntad, decidieron aceptar una oferta de trabajo y se marcharon con la promesa de volver y socorrer a la familia con el dinero que les pagaran, lo que nunca sucedió".

Muchos años más tarde la abuela se enteró de que poco tiempo después de que ella emigró a la ciudad, los dos muchachos regresaron a buscarla. Se quedaron varios días deambulando por las fincas aledañas esperando que regresara. Al ver que los días pasaban y que la gente les decía que la familia Trujillo no había dejado su nueva ubicación y que ni de riesgo retornarían, los jovencitos se fueron del pueblo. ¡Jamás nadie volvió a saber de ellos!

El campo recibía sin distingos a cualquiera que tuviera brazos y quisiera trabajar, como había sucedido con aquel par de huérfanos, y como le tocó a mi madre luego de la muerte del abuelo, para ayudar al sustento de la familia. Cargó su pesada cruz con esfuerzo y sudor, y siendo aún muy niña su espalda se encorvó por el peso de los atados de leña, de los bultos de carbón y de las enormes tinajas de agua que debía llevar varias veces al día desde el río hasta su casa y las de algunos vecinos a cambio de unas monedas. Y si bien el tiempo se encarga de restañar las heridas, el cuerpo guarda las cicatrices del pasado entre los pliegues arrugados de la piel. Al oírla hablar entiendo que el pasado sigue ahí, pese a que ella se obstina en dejarlo ir. Mi madre, que huye del ayer, ha aprendido a vivir con esos rastros indelebles del daño que la vida infligió a su cuerpo y a su alma. A medida que escribo estas páginas e indago sobre vidas de las que nadie quiere hablar, me encuentro con las voces del silencio. Pero prosigo mi búsqueda pertinaz porque sé que en los días idos subyace lo que afrontamos en el presente. Es bien sabido el aforismo: "Quien no conoce su historia corre el riesgo de repetirla".

Pasaron las semanas y los meses después del asesinato del abuelo Marco. Un buen día mi bisabuela materna le pidió a su hija que se fuera con ella para la ciudad, donde contaría con el apoyo incondicional de sus hermanos. Atrapada entre la pobreza y las deudas, y lo peor, amenazada de muerte, la abuela vendió lo poco que pudo para reunir el dinero de los pasajes y viajó a Cali en compañía de sus hijos; pero allí las cosas también eran difíciles para sus hermanos, que trataban de abrirse paso en una ciudad que a duras penas conocían y entendían. Estaban en edad de casarse y con aprietos se sustentaban a sí mismos, como para poder apechar con otra obligación. Era una verdad de a puño que la bisabuela, guiada solamente por su instinto maternal, no supo reconocer. Convenció, pues, a su hija para que abandonara la finca de inmediato, porque lo primero era salvar la vida. A ciegas y llena de ilusiones, mi abuela aceptó la única mano en la que confió. A su llegada a la metrópoli tuvo que enfrentar la amarga realidad: ninguno de sus hermanos le daría una mano ni a ella ni a sus huérfanos. Un techo pasajero y ajeno fue todo el auxilio que recibió. En una habitación de una casa de inquilinato del barrio San Antonio vivían mi bisabuela y cuatro de sus hijos; número que se vio acrecentado con la inoportuna llegada de la abuela Rosario y sus cinco hijos, que apiñados unos sobre otros debieron dormir todos en una sola cama. Si bien es cierto que con la salida del pueblo habían quedado atrás los sufragios y las amenazas, nuevas heridas aparecerían: las del destierro y el rencor.

En una noche helada el llanto de un bebe interrumpió el sueño apacible de quienes vivían en la humilde morada. Era mi abuela, que luego de soportar por horas los dolores de parto decidió tenderse en el piso en plena oscuridad, y apretando con fuerza un trapo entre los dientes, para evitar que los gritos despertaran a sus hermanos, dio a luz a una niña hermosa y saludable. La tía Amalia, ignorante del mundo y sus vicisitudes, se abrió paso y anunció su llegada a pleno pulmón.

ESTACIÓN
✦✦✦✦✦
LOS DESPLAZADOS

Desde la muerte del abuelo mi familia basó su existencia en sobrevivir a la miseria. En un abrir y cerrar de ojos mi abuela pasó de campesina pobre a mendiga citadina. Su viacrucis empezó a los pocos días de llegar a la ciudad. Ella era responsable de alimentar seis bocas a más de la suya. Bajo el sol o la lluvia, acarreando en sus espaldas a la criatura recién nacida, caminaba durante horas para llegar al convento de La Milagrosa llevando una lata vacía de galletas de soda en la que las monjas le vertían generosas raciones de sopa o de frijoles. Pero más de una vez la multitud menesterosa que clamaba por comida era tal, que esta no alcanzaba y la abuela tenía que devolverse con la lata vacía. Y ocasión hubo en que el hambre y el cansancio por las tres horas de caminata causaron que se desmayara en la calle, y algunos piadosos transeúntes tuvieron que socorrerla. La vida en la ciudad había desleído con facilidad los valores de la familia y acrecentado el cúmulo de sus necesidades. Pero el dolor de los recién llegados era uno más entre el de los miles de desplazados de ambos bandos, liberales y conservadores, y el de otros que sin profesar ningún partido, arribaban a la gran urbe en busca de pan y el cobijo de una vida en paz.

A los cuarenta días de dar a luz a la tía Amalia, su última hija, la abuela recibió los trescientos pesos que le debían por la venta de un caballo, un ternero y una vaca, y sin pensarlo dos veces invirtió ese dinero en la compra de una mejora en el barrio La Múcura, a la que sin reparos llevó consigo a sus cinco hermanas y a su hermano mayor para que tuvieran un techo donde vivir y dejaran de pagar renta. Con ese gasto volvió a quedarse sin recursos y de nuevo tuvo que salir a mendigar. Con profunda aflicción me comenta que la indiferencia del mundo por las penas ajenas fue una de sus más dolorosas desilusiones. Al fin de cuentas ya no le importan los reclamos o las culpas, sobre todo si estas no son suyas. "Ya es hora de que cada uno cargue lo suyo, ¿no le parece?", me dice, y detiene el vaivén de su silla mecedora. Busca mi mirada como retándome a que la descifre y le evite articular las palabras que ha tenido aprisionadas entre sus labios por más de cincuenta años. Respondo a su gesto pausado y misterioso. Me acerco a ella con sutileza porque no quiero profanar su secreto, y le pregunto: "¿Qué me quieres decir, abuela?". Su voz se quiebra y sus palabras destilan hiel cuando rememora la terrible realidad que debió enfrentar. "Que ni siquiera la familia tuvo compasión con nosotros… ¡y recordar duele que usted no tiene idea! Sufrí su mezquindad y su egoísmo. Les ofrecí un techo donde vivir, y en vez de gratitud respondieron con humillaciones… eso nunca lo he podido olvidar. Me enterraron un clavo que traspasó mi alma. Esa no era la familia que levantaron mis padres y que yo quería encontrar".

La abuela nunca imaginó lo que implicaba vivir en la ciudad y ser viuda o huérfano en un país carente aún de una política pública de ayuda a los más necesitados, por lo cual la asistencia de quienes nada tenían era brindada por la Iglesia y sus órdenes religiosas. Por supuesto, estas manifestaciones de caridad eran una gota de agua en ese mar de desgracia que alimentaba la pobreza y la violencia.

Contar con un techo era ya para la familia una ganancia, pero ni remotamente suficiente para sobrevivir. Los únicos ingresos con que contaban era lo poco que traían a casa los dos hijos mayores: el tío Guillermo con su trabajo como ayudante de construcción, y mi madre, que se ofrecía para los quehaceres domésticos y el cuidado de niños. La finca había quedado casi en pleno abandono. "La casita estaba en pie y yo no quería venderla", dice la abuela. Pero el hambre los forzaba a regresar por breves temporadas a la finca, afrontando la inseguridad y el peligro que ello representaba. Entonces la abuela se armaba de valor y reunía el dinero de sus dos hijos para costear los pasajes. Una vez allí sembraban lo que podían, mientras mi madre y mi tío volvían a jornalear en las fincas vecinas. Al menos, como decía la abuela, allí podían cultivar el alimento que se llevarían a la boca. Lo demás lo resolvían intercambiando una cosa por otra, sin que nadie los humillara por su condición.

En las pocas temporadas en las que la abuela regresaba al campo tornaban las confrontaciones, el miedo, la incertidumbre y los sentimientos encontrados, pero de manera misteriosa la situación fluía y de una u otra forma encontraban acomodo y salidas a sus problemas más imperiosos. En uno de esos viajes mi abuela trajo consigo a la familia a un nuevo miembro, don Jesús, el cual apareció por sorpresa en la vida de todos como el último compañero sentimental de la abuela justo tres años después de haber quedado viuda. El enamorado era un señor ya entrado en años que vivía en la misma vereda y según cuentan, había dejado a su mujer e hijos por irse tras de la abuela. Don Jesús trató de imponer un orden que no era necesario, y si brindó algún tipo de auxilio económico, también arremetió contra los hijos mayores, que no le reconocían su condición de padrastro y lo consideraban un impostor. Su presencia dio pie a un ambiente de represión y desamor en la familia, convaleciente aún de los recientes sucesos. La abuela, para infundir en sus hijos respeto y obediencia por su nuevo compañero, les administraba castigos desmedidos, en especial a Rodolfo, que no era del aprecio de don Jesús. En muchas ocasiones mi madre se enfrentó a ella por las injustas torturas a que sometía a su hermano, y la abuela, obnubilada por la ira, tan pronto terminaba con su hijo arremetía contra ella.

Los años pasaron y los niños se iban haciendo hombres en medio del trabajo arduo, los constantes y desmedidos castigos y una metrópoli que no terminaba de acogerlos. Hace poco me enteré de que el clima en casa era tan opresivo que en la mente afligida de algunos pasajeros de esa desolada estación anidaron más de una vez ideas e intentos de suicidio.

En una de esas periódicas estadías en la finca, ya no tan felices, conoció mi madre a don Alejandro Zuluaga, veterinario de prestigio, que venía de cuando en cuando donde un primo suyo hacendado y ganadero, con el que se la pasaba correteando a las muchachas bonitas de la región. Una de esas jóvenes doncellas resultó ser mi madre. A esta relación se opuso rotundamente la abuela, porque como dice ella, "yo no me equivoco, y más sabe el diablo por viejo que por diablo".

—¿Cómo se le ocurre? Ese hombre es muy viejo para usted. Treinta y ocho años y usted apenas dieciséis. Eso es toda una vida, y que yo sepa, usted ni novio ha tenido.

—...

—¡Y no llore, que le estoy haciendo un favor! Sangre es lo que usted va a llorar si se casa con ese hombre.

—Mamá, dele la oportunidad de conocerlo —le rogó su hija—. Él es un hombre muy preparado.

—Que sea estudiado no es lo que importa —objetó la abuela, y decidida a sembrar la duda en la mente de mi madre añadió—: ¡Quién sabe de dónde habrá salido! ¿No ha visto usted que siempre viene borracho? No ha habido una, una sola vez que venga en sano juicio a hacerle la visita. Si eso es ahora, ¿cómo será después?

—No, mamá. Él no estaba tan borracho.

—¡Bonita cosa! En los años que vivió su papá, jamás se vio que llegara a casa en ese estado, para ahora tener que aguantarme un yerno borrachín.

—¡Usted está exagerando! —casi gritó mi madre, y se atrevió a desafiar a la abuela—: Alejandro va a hablar con usted y tiene que recibirlo.

—¡¿Que tengo que qué?! —aulló la abuela—. ¡Que ni pierda su tiempo! Usted no ve más a ese tipo. ¿Le quedó claro?

—Pues lo voy a ver, así a usted no le guste. Yo siempre he hecho lo que usted ha querido, pero esta vez no.

La abuela estaba como un tomate, roja de la ira, al ver la inusual actitud de rebeldía de su hija, y conteniéndose para no emprenderla a sopapos contra ella, esto dijo:

—¡Oiga bien lo que le voy a decir, porque no se lo voy a repetir: mientras usted viva en este techo, usted hace mi santa voluntad! ¡Y no me retuerza los ojos! Yo ya pasé por este dolor una vez y no voy a permitir que otro desgraciado me arrebate a otra hija. Si a usted se le olvidó la tragedia de su hermana, a mí no.

Los infaustos ingredientes familiares que corrían por las venas de mi madre produjeron una reacción química que se manifestó en rebeldía y abierto desafío a las imposiciones de la abuela. Agraviada en su amor propio y consciente de su estéril vida a causa de la pésima relación que sostenía con su padrastro, sumado al conflicto que esto generaba con la abuela, la negativa de Rosario a permitirle el noviazgo incubó en mi madre el deseo de escapar a cualquier costo. El novio, quien sabía que jamás lograría convencer a la suegra de sus buenas intenciones, pese a las cajas de dulces que le llevaba los domingos, le pidió a su doncella que se fugaran al escondido. Pero mi abuela, que olfateó las sucias intenciones del enamorado, decidió decretar a mi madre un encarcelamiento forzoso como medida de precaución. Vanos resultaron, sin embargo, el encierro, las palizas y los consejos, porque mi madre estaba decidida a fugarse, cosa que logró después de varios intentos fallidos.

La suerte, empero, nunca estuvo del lado de las mujeres de la familia, y tal como se lo había profetizado la abuela, mi madre sufrió una de las peores desilusiones de su vida y corroboró que la abuela, como siempre, tenía toda la razón. Después de huir, la pareja se estableció en un pequeño poblado cafetero enclavado en las montañas. Los años transcurrieron, y agotadas las mieles del amor, mi madre empezó a padecer en carne propia lo que la abuela le había vaticinado. Los estragos que el alcohol hacía en su compañero la convencieron de que había escogido mal y que eso que él llamaba "unos traguitos sociales" ocultaban su crónico alcoholismo. Inútilmente se empeñó en ser feliz con lo que Dios le había destinado: un hombre que le juraba que ella era lo que más amaba en la vida, pero que, enajenado por el licor, borraba de un trazo sus buenas intenciones y la zahería de mil terribles modos.

En este hombre convivían dos personalidades diametralmente opuestas. En sus momentos de sobriedad, Alejandro Zuluaga se comportaba como el personaje distinguido y respetable que la región conocía, no solo por ser hijo de una familia ilustre sino por su fama de excelente veterinario, al que nunca le faltaban el trabajo ni la "buena suerte". Y así se lo decían: "Don Alejandro, ¡pero usted sí tiene suerte en esta vida!". ¡Vaya si era cierto! Recibió varias herencias, se ganó un carro en una rifa, más de una lotería, y casi mensualmente se veía favorecido con un "chance", lo que unido a sus ingresos como veterinario y por la venta de insecticidas que él mismo preparaba para combatir la roya y otras plagas del café, hacía que el dinero le lloviera, lo que por desgracia malgastaba en alcohol.

Durante gran parte de su vida no tuvo que preocuparse por conseguir dinero para cubrir una necesidad, pues todo se le daba. Y así lo recuerdan quienes lo conocieron: un caballero amable, desprendido y excelente conversador. Yo también guardo esa imagen de él, porque es la que más me gusta. El otro Alejandro, el borracho, era un ser grotesco y belicoso. A menudo llegaba a casa con sus amigos, otros borrachos, y obligaba a mi madre a que se levantara y los atendiera, y se lucía ante ellos maltratándola. Luego, en uno de sus intempestivos arrebatos, le daba por regalar todo con lo que se tropezaba su mirada: la máquina de coser, la estufa, los platos, hasta vaciar la casa en lo que duraba una caneca de aguardiente. Sus amigotes, que no eran tontos, se lo llevaban todo sin ningún reparo, incluidas las pertenencias de mi madre. Y ella, despojada del derecho al reclamo, se plegaba al atropello para evitar los acostumbrados maltratos físicos y psicológicos.

Prisionera en un laberinto de promesas rotas, mi madre seguía adelante. Abrigaba la ilusión de que un hijo lograría rescatar a su marido del vicio y que el hombre a quien se había prometido amar por el resto de su vida se convertiría en el esposo amoroso y responsable que juraba ser cuando estaba sobrio. Después de varios años de intentos frustrados la naturaleza se rindió y permitió que yo viniera al mundo. Pero los sueños de mi madre siguieron siendo sueños, porque papá siguió bebiendo, tratándola mal y apostando y jugando sin parar. A su ausencia le debo mis dos fechas de nacimiento, el día que vine al mundo y la fecha con la que fui registrada. Supe luego que mi padre me conoció varios días después, cuando lo dejaron salir de la cárcel adonde había ido a parar por haber girado un cheque sin fondos.

Mi madre había mantenido permanente contacto epistolar con la abuela, y cuando nací le mandó una foto para que me conocieran. En el reverso de la fotografía escribió: "Querida mamá, aquí le envío la foto mía y de Corintia. Ya cumplió los siete meses". Yo fui la primera nieta y la primera sobrina de mi familia materna. Dado el marasmo emocional de mi familia, no sé si a alguien le importó o se alegró por ello. Quizás la abuela pensó que ahora su hija sí se había desgraciado sin remedio.

Tenía dos años cumplidos cuando mis padres se mudaron a Cali, y esa fue la primera vez que pisé la casa de mi abuela. En aquella casa se originaron todas mis memorias, y lo primero que viene a mi mente es que nunca me gustó estar allí. Inexplicablemente, mi padre dejó la veterinaria y como todo buen paisa, emprendedor y comerciante, montó su propio negocio: una tienda que en pocos meses se convirtió en una de las más populares del barrio. No había quien compitiera con su surtido de carnes, granos, panadería, frutas y vegetales, todo a los mejores precios, y por supuesto, mucho menos con su simpatía y generosidad. Esa largueza de que hacen gala todos los borrachos, que regalan hasta lo que no tienen y prometen milagros como si fueran santos. De otra parte, en su alicoramiento se equivocaba en las devueltas y a todo el mundo le fiaba. Por supuesto, muy pocos le pagaban. Debió de ser a punta de magia que se las arreglaba para mantener la tienda surtida y llena de gente. Especialmente los domingos en la mañana, cuando sacaba a relucir sus dotes de panadero y preparaba sus inigualables buñuelos, grandes, esponjosos y mantecosos. La gente hacía cola para comprarlos. Hasta que un día no pudo hacerlos más porque estaba tan borracho que se quedó dormido dejando la freidora encendida. La tienda estaba abarrotada de gente comprando lo del almuerzo dominguero, cuando las llamas asaltaron las paredes y por poco se quema la tienda con los clientes dentro.

Y tales conatos de incendio sucedieron más de una vez, y no porque mi progenitor se hubiese vuelto pirómano, sino porque cada vez que se emborrachaba le daba por cocinar y se quedaba dormido en plena faena. En otras ocasiones su torpeza etílica hacía que se enredara con los cables de la estufa y tumbara los calderos de aceite hirviente, lo que causaba que pronto surgieran llamas que a Dios gracias, porque no hay otra explicación, no ocasionaron pérdidas humanas que lamentar.

Así pues, esa tienda que frecuenté casi a diario hasta mi adolescencia, y en la que solía comprar nuestras provisiones, fue de mi padre y todavía existe. Igualmente fue suyo el supermercado más grande del barrio, localizado en una esquina de la calle principal y que creció con los años hasta convertirse en un almacén de varios pisos. Las personas que le compraron el negocio, siempre que me veían preguntaban por mi padre y me decían: "¡Saber que esto pudo ser suyo!". En ese tiempo yo no comprendía lo que encerraban esas palabras, pero con los años entendí que resumían todo aquello que mi padre dejó ir de sus manos... y de las mías.

L a madre de una de mis amigas perdió la razón cuando su único hijo varón fue secuestrado por la guerrilla. Pasaron varios años buscándolo hasta que tuvieron compasión y le dijeron que estaba muerto. A esto siguió la búsqueda del cadáver, del que nadie daba razón; las amenazas, los viajes de extremo a extremo del país, y la casa fantasma…, porque en eso se convirtió ese hogar en el que antes todo era alegría. Me pregunto si en esa familia sucedería lo mismo que pasó en la mía al morir mi hermano, y si acaso ellos también decidieron no hablar más del joven que dijeron que había muerto, para no lastimar el alma al reabrir viejas heridas; o si, por el contrario, durante todos estos años ese ha sido el tema de conversación en la mesa, en la celebración de las navidades y en los cumpleaños, cuando la silla vacía acusa su ausencia. Me pregunto si la foto de Farid cuelga en la pared de la entrada de la sala, o en un altar, o si acaso guarda las noches de la madre, que lo despide con un beso antes de cerrar los ojos.

En mi casa nada de esto sucedió. Mi hermano ni siquiera llegó a ser fantasma. Su presencia empezó a importunar a mi madre cuando, a causa de estas reminiscencias, levanté la alfombra para hallar lo que había escondido bajo ella. No niego que en varias ocasiones la noté curiosa por saber los detalles de este libro, y a sabiendas de que la historia es una cuerda de nudos, me soltaba algunos de cuando en cuando, pero ciertos temas eran tabú, y entre ellos lo que tocaba con mi hermano. No recuerdo ya cuantas veces la abordé con esa inquietud. Quería saber si todavía tenía aquella foto suya, para verla y reconocer en ella una vida que se fue.

Esa tarde no aguanté más y solté la pregunta: "Mamá, ¿dónde tienes la foto de mi hermano?" Era la única de él que había visto en mi vida: él y yo sentados sobre el mueble color rosa. Al escuchar esto mi madre se conturbó. "¿Cuál foto?", dijo, con una nota indefinible de fastidio en la voz. Su respuesta me indignó. Imaginé su mente como si fuese una estantería a media luz, repleta de libros empolvados. ¿Era posible que no supiera ella de lo que le hablaba? La consabida actitud irracional que adoptaba la abuela cuando no tenía una respuesta salió a relucir: me gritó no sé qué y salió furiosa del cuarto. Temí que el recuerdo la martirizaría hasta sumirla en uno de sus habituales y prolongados silencios, y me sentí culpable. Permanecí en su habitación no sé por cuánto tiempo, rebuscando entre los cajones de su guardarropa. Esculqué en cada una de las cajas metálicas donde guarda sus collares y trebejos. Me creí con el derecho de violar su privacidad pues ella tenía algo que me pertenecía: la evidencia de tu vida. Busqué con desespero, pero no tuve suerte. Un frío desolador me invadió al saber que lo único que quedaba de esa historia era mi memoria y que el polvo se encargaría de cubrir cualquier otro rastro.

Ahora te escribo, hermano, desde los entresijos de la memoria, antes de que yo también sea polvo. He decidido contarte cómo eras antes de ser fantasma. Ahora somos tú y yo conversando en diferentes dimensiones: yo contándote algo que necesito recuperar del olvido, y tú vagando en alguno de esos cielos que imagino. Dios te permitió nacer cuando yo tenía dos años y medio de edad. Mis padres decidieron llamarte igual que mi difunto abuelo materno: Marco Antonio. No me preguntes por qué. Como si ya no tuviéramos varios muertos en la familia con el mismo nombre. Desde tu partida me he jurado no bautizar a ningún hijo o mascota con el nombre de algún difunto que conozca... ¡Y luego digo que no soy supersticiosa!

Como todos los recién nacidos, tú eras una criatura angelical, llena de gracia, demasiado hermoso para ser real. En la foto que busco, tú y yo estamos juntos, tu sonrisa ilumina la sala y tus ojos de mago son grandes uvas moscatel que estallan en sus mieles. Yo tengo sobre tu hombro mi mano de pequeños dedos abultados y miro hacia arriba, quizás buscando la cámara o el rostro de papá.

Cuando era niña y me sentía sola rebuscaba en las cosas de mamá tu fotografía. Hoy me siento igual y mi tristeza es un abismo al saber que para verte tengo que buscarte dentro de mí. El olvido es una marejada de viento que me arrastra, que brega por apartarme de estas páginas, cuando lo que yo quiero es ver ese rostro que tanto admiraban las vecinas e imaginar que desde algún lugar emerge un eco que trae las voces que te adulaban y repetían que tú eras más bonito que yo. Y eso me hizo pensar que hubiesen preferido que fueses tú y no yo quien sobreviviera. Sin saber por qué, siempre agradecí el comentario. Mi madre repite lo mismo en las pocas ocasiones en que me ha hablado sobre ti. Tu fama es de ángel, y como un ángel aprendí a verte.

Alguien me contó que mi padre estaba muy orgulloso de ti y que te exhibía a todos sus amigos. Para mi madre, tú representabas su última esperanza, pues ya no sabía qué hacer con el alcoholismo de nuestro padre. Pero un día tú te enfermaste de gravedad, y a pesar de que papá te llevó a cuanto doctor le recomendaron, no te aliviabas. Tenías una aguda infección estomacal que en cuestión de días te dejó al borde de la muerte. La gente del barrio insistía en que era "mal de ojo", y urgían a nuestro padre para que te llevara a la curandera cuanto antes. Pero papá no accedía; ya sabes que él no creía en esas cosas. Como veterinario le era inadmisible aceptar que la mirada de alguien tuviese el poder de enfermar a otro. Ante la presión de mi madre y la insistencia de los vecinos y al ver que las prescripciones médicas no te sanaban, declinó sus convicciones y decidió llevarte adonde la curandera del barrio, a la que muchos juran que le deben la vida.

Cuando papá llegó contigo a casa de la mujer, esta te dio una mirada y dijo que ya era tarde, que el "mal de ojo" que alguien te había hecho estaba muy avanzado. Sin embargo, te hizo una curación con hierbas y le dijo a papá que si acaso llegabas vivo a casa, tal vez te salvarías, pero que no lo aseguraba. Sus años de experiencia lidiando con la muerte en sus más exóticas manifestaciones avalaban su diagnóstico. Aun así, mi padre ignoró sus premoniciones y supuso que todavía le quedaba una esperanza.

La abuela me dice que papá corría como un loco contigo en brazos, y a gritos rogaba a Dios que no te arrebatara de su lado, que te permitiera llegar vivo hasta la casa, pero faltando pocos metros exhalaste tu último suspiro, y con él se fue nuestra postrera esperanza de tener un hogar.

Nada ni nadie pudo detener a nuestro padre en su caída libre hacia el precipicio, arrastrado por la desesperación de haberte perdido. Si antes bebía por placer o por vicio, ahora lo hacía como excusa para ahogar su pena. No solo te enterró a ti, hermano, sino también a mi madre y a mí. Se dedicó a beber día y noche durante semanas, sin salir de la casa. El hedor a alcohol apestaba y las botellas vacías estaban por todas partes. Recuerdo que mi abuela me mandaba a recogerlas y apilarlas en un rincón del patio. Se quedaba dormido en cualquier sitio y a cualquier hora, pero siempre botella en mano. No pudiendo castigar al mundo por su pérdida, la emprendió contra mi madre. A veces la confundía con sus fantasmas y la perseguía a gritos, lanzándole botellas que ella lograba esquivar y corriendo se encerraba por horas en su cuarto. En ocasiones la abuela intervenía con valentía y lograba desarmarlo. Más de una vez nuestro padre por poco me deja huérfana. De esos penosos episodios recuerdo especialmente una de las últimas tundas que le dio a mamá, pues de no ser porque la abuela, al escuchar su llanto, salió corriendo con el sartén de hierro en la mano y sin vacilar se lo acomodó en la cabeza, él la hubiera matado a machetazos. Yo adoraba a nuestro padre, pero desde ese día hubo entre nosotros una muralla intangible pero infranqueable, de esas que el miedo erige.

Recuerdo que vi llorar a nuestra madre muchas veces. Nunca se defendía. Escondía la cabeza entre los hombros y aguantaba el ultraje. Procuraba pasar lo más inadvertida posible entre los vecinos, para que nadie se enterara del calvario que vivía. Y, como la tía Leticia, tenía prohibido hablar con la gente y hasta vestirse bien, pues si algún hombre la miraba o la saludaba, papá lo convertía en su amante secreto. Los enfrentamientos entre mi abuela y él eran constantes. Hasta que puedo hacer memoria, siempre usamos en la cocina el mismo cucharón esmaltado de color blanco con una gran peladura negra en su parte posterior, estigma de la violencia de nuestro padre, porque se había desconchado del brutal golpe que la abuela le asestó con él a papá uno de esos días en que atacó a mamá con especial saña. Con orgullo cuenta la abuela que no una, ni dos, sino muchas veces tuvo que esgrimir la improvisada macana para defender a mamá de las muendas que sin ninguna razón él le propinaba. Y no es de dudar que papá se llevara los airados palazos, chancletazos, sartenazos y hasta patadas de la abuela. ¿Te imaginas? Presencié muchas de esas escenas, y para cuando mi abuela decidió contármelas la historia ya estaba escrita en estas páginas. Sus palabras solo refrendaron lo que mi memoria había registrado. Nuestra madre, pese al tormento que vivió, nunca habló ni bien ni mal de nuestro padre. Él era un tema enterrado, como tú. Pero un día ella se armó de valor para escapar de una muerte anunciada y huimos a la Costa, donde el tío Eustaquio, el hijo mayor del abuelo. Tú alcanzaste a conocerlo. Era el señor alto y fornido que estuvo con nosotros el día en que te bautizaron... Quizás no te acuerdas, pues estabas muy pequeño.

He querido contarte algo de nuestra vida, para que la imagen perdida de tu fotografía tenga una historia y no seas solo un pedazo de cartón descolorido, como muchas de las fotos que reposan sin nombre ni apellido en el álbum de la abuela o en la morgue, muriendo cada día, porque sin el recuerdo pierden lo que una vez significaron.

Una rumazón de memorias que vagan y se van desgastando con los años son piezas de un rompecabezas que nos sirven para entender por qué se tiene una vida y no otra. Nadie tuvo que contarme las vivencias de mi infancia, porque las pesadillas se instalaron en lugares insondables de mi mente. Nunca le reclamé a mi madre por haber abandonado a mi padre, muy a pesar de mi anhelo de vivir en un hogar. Comprendía de sobra las razones de nuestra huida a ese paraíso recóndito en el que estuvimos a salvo durante dos años, los más felices de mi niñez. Todo lo que se vino después de allí lo acepté con resignación, aunque no por ello me doliera menos. Lo que el ángel se llevó fueron páginas de una historia que a lo mejor debieron olvidarse.

Me recuerdo de niña subida en una silla, esculcándole el cajón a mi madre. Sacaba mis primeros zapatos y junto a ellos, anudados, había dos antiguos visores de diapositivas, uno en el que estaba con mi hermano y otro en el que aparecía de la mano de mi padre. En un pequeño tetero de vidrio se encontraban algunos dientes, y envuelto en una gasa con esparadrapo, lo que había sido un pedazo de cordón umbilical. Sí, no lo había soñado. Allí estaba tu ombligo... fuiste real.

Mis ojos vuelan en busca de la luz del sol que penetra alegre por la ventana, y me imagino que es tu luz la que me toca, la que me habla. Escribo tu nombre junto al mío, y te sonrío desde mi alma, que se ilumina como un campo de girasoles.

L a finca, patrimonio familiar, sudado gota a gota y defendido con la propia vida, había logrado sobrevivir a 'Los Pájaros' pero no a la mano invisible del Gobierno. Esa fue la noticia que recibió mi madre cuando llegamos de la Costa. La finca estaba a punto de perderse a causa de un embargo fiscal que se le venía encima, muy a pesar de que la abuela había seguido pagando cumplidamente los impuestos en nombre del difunto. Sin embargo los registros nunca aparecieron y el Gobierno decía estar imposibilitado legalmente para hacer las correcciones y efectuar la devolución del dinero. Además, como lo explicó el abogado que ella contrató, la abuela había cometido un error garrafal e irreparable, pues lo primero que debió hacer como viuda, fue informar a las autoridades sobre el fallecimiento de su esposo para después efectuar los trámites para el traspaso de la finca a sus herederos. La única salida legal que aconsejaba para evitar perderlo todo era vender la propiedad cuanto antes y pagarle al Gobierno hasta el último centavo que se debía.

Los hijos varones ya habían dejado el hogar materno para organizar sus propias familias, por lo cual, ante la falta de recursos y de un hombre que se encargara de la finca y la hiciera producir, porque ninguno de la familia quería regresar, la única alternativa viable fue seguir la recomendación del jurista.

Don Jesús, el compañero de la abuela, la ayudaba de a poco, pues él no era un hombre adinerado como para sostener a una familia que no era la suya, dado que seguía viendo por la esposa y los hijos, de quienes se alejaba por temporadas para convivir con la abuela. Esta, entonces, en un voto de confianza o quizá por desespero, le encargó concretar la venta de la finca, entenderse con el abogado y pagarle al Gobierno. Cada vez que don Jesús regresaba a Cali le llevaba a la abuela algún dinero y le llenaba la despensa. Después de pasar unas semanas en casa se regresaba a su pueblo a pasar otra temporada con su verdadera familia. Lo que nadie sospechaba era que durante meses él había estado recibiendo a cuotas el dinero por la venta de la finca. Por ello, la sorpresa fue mayúscula cuando un día apareció don Jesús con seiscientos pesos en el bolsillo, diciendo que eso era lo único que había quedado del dinero de la venta luego de pagar los impuestos y los honorarios del abogado. A cada hijo le correspondían cien pesos, una suma irrisoria que estaba muy lejos de llamarse herencia. El tío Rodolfo le dijo a la abuela que eso era muy poca plata, pero mejor algo que nada, y tomó sus cien pesos sin vacilar. El resto del dinero se invirtió en una tienda-bar —que tenía más de bar que de tienda—, que el tío Guillermo organizó en la sala de su casa. La abuela pensaba que con el producido del negocio podría devolverle los cien pesos a cada hijo, más las utilidades que resultaran. Para completar el plan de negocio, mi tío le sugirió a la abuela que nos mudáramos a su nueva casa, ubicada en el mismo barrio donde vivíamos, para que mi madre y ella pudieran trabajar atendiendo la tienda. Así lo hicimos. Nos mudamos a un pequeño cuarto contiguo al patio, que compartíamos las cuatro mujeres de la familia: la abuela, la tía Amalia, mi madre y yo.

Mi abuela y mi madre trabajaban de día en la tienda, y en la noche se hacía cargo de ella mi tío tan pronto salía de su trabajo como vigilante. Todos los días a las seis de la tarde el tío se encargaba de *prender* el bar con "La copa rota" y "La cárcel de Sing Sing", canciones a las que no había tímpano alcohólico ni tripa aguardientera que se resistiera. Uno a uno iban llegando los mismos clientes de siempre. En su papel de cantinero, el tío repartía cervezas aquí y allá, y una que otra se bebía mientras atendía a los hombres que iban a jugar al sapo. En contados minutos la casa hervía de música, risas y el sonar metálico de los aros estrellándose en el piso o deslizándose entre los laberintos del cajón ahuecado de madera al ser tragadas por la boca del sapo.

Se me tenía prohibido salir del cuarto después de las seis de la tarde, y menos utilizar el sanitario, pasadas esas horas, porque era el único de la vivienda y, como es de suponer, era usado permanentemente por los clientes. Por ello, cuando me daban ganas de orinar me tocaba pedirle a la abuela o a algún adulto que me acompañara al patio mientras me arrodillaba debajo del árbol de mango. A resultas de eso, en más de una ocasión terminé con las nalgas hinchadas y tuve que brincar dando gritos por haberme sentado encima de un hormiguero o peor aún, de un gusano "pelo de indio" que me clavaba sin compasión sus venenosas espinas. Sus dardos se me incrustaban en las nalgas y me los tenían que sacar uno a uno con un depilador de cejas.

Los meses pasaban y el ambiente se tornaba insufrible para todos. La música hasta altas horas de la madrugada, el olor a cerveza y a tabaco, amén de los borrachos pendencieros que por cualquier motivo se encendían a puños o a pico de botella, terminaron por hacer que mi abuela desistiera de obtener alguna ganancia con el negocio y menos recuperar lo invertido. Mi madre empezó a desmayarse repetidamente y yo, en mi ignorancia, decía a mis vecinos que iba a tener un hermanito. El experimento había sido un completo desastre: el tío bebía a la par de los clientes; el dinero para surtir la tienda se iba todo en comprar licor y no daba ninguna utilidad. Con resignación volvimos a casa de la abuela, dando por hecho que ninguno de los hijos recibiría ni un solo centavo de la herencia. Se había dilapidado el fruto del trabajo del abuelo. Quedábamos de nuevo a nuestra propia suerte y era del todo necesario que mi madre olvidara sus achaques y se empleara cuanto antes.

Recuerdo que estaba yo semidormida cuando oí un ruido debajo del catre. Me desperté de inmediato y vi, con los ojos aún legañosos y dormidos, que mi madre sacaba una pequeña caja de cartón. La luz del cuarto me encandiló y cerré los ojos por un segundo.

—¿A dónde vas? —le pregunté. Estaba lista para salir y no me había despertado para ir con ella, como era lo habitual.

—Vuélvete a dormir, que todavía no ha amanecido —me dijo en voz baja, pasando su mano suave por mi frente.

—¿A dónde vas? —le pregunté nuevamente—. ¿Por qué estas empacando tus cosas? ¿Ya nos vamos de aquí?

Mi madre permaneció en silencio. Me levanté de la cama y me calcé las chancletas. De ninguna manera iba a dejar que se fuera sin mí. Me hizo un gesto para que bajara la voz y se sentó en el filo de la cama.

—Corintia, tú no puedes venir conmigo —me dijo al oído.

—¿Por qué? —le pregunté, confundida.

—Tengo que ir a trabajar y no te puedo llevar.

—¡No, mamá, por favor, no me dejes aquí! —le supliqué.

—No puedo llevarte, ya te dije.

—¿Y a qué horas vuelves? —le inquirí con desánimo.

—Tu abuelita y tu tía te van a cuidar —me dijo, a modo de respuesta—. Vas a tener que portarte bien.

—Mi tía sí… —acepté con resignación—. Pero, ¡por favor!, no me dejes con la abuela —le supliqué en voz baja.

—Vuélvete a dormir, que me coge la tarde —me pidió, no sin antes advertirme—: ¡Obedece a tu abuela! Y que no me den quejas sobre tu comportamiento.

—Sí, mamá, pero dime: ¿cuándo vuelves?

—Más tarde...

Y sin más explicaciones se marchó ese lunes en la madrugada.

Por más que mi abuela me repetía que mi madre se había colocado de interna en la casa de una familia adinerada al norte de la ciudad, yo no le creía. Pensaba que me había abandonado a mi suerte y que me lo ocultaban para que no llorara. Mis días transcurrían con profundo dolor, me resistí a comer y me aislé; pero la abuela no tenía paciencia para mis remilgos y a trancazos me embutía la sopa. Era la primera vez que me separaba de mi madre. El corazón me volvió a palpitar de alegría ocho días después, cuando el domingo la abuela me ordenó que me bañara y me vistiera temprano porque mi mamá vendría a verme. Este fue el inicio de mi crianza en manos de la abuela, quien se encargó de mí como si se tratase de uno más de sus hijos.

Cuando mi madre recibió los primeros sueldos le solicitó a la abuela que me matriculara en la escuela pública. Yo estaba bastante adelantada pues tenía en casa a los mejores profesores: la abuela y don Jesús, quienes se esmeraban en mi educación. Aprendí a leer con los libros de agronomía que con orgullo me prestaba don Jesús y con los minicuentos que me compraba la abuela cuando iba al centro de la ciudad. Me pasaba horas enteras leyendo los libros de don Jesús y acosándolo con miles de preguntas sobre los dibujos de plantas de café, de caña de azúcar y tantas otras, y tratando de asimilar en vano los nombres de especies y tipos de suelo que él insistía en enseñarme y que jamás se registraban en mi cabeza. El buen hombre perdía la paciencia y después de un rato me decía: "Ya está bien por hoy, muchachita. No lea tanto que eso no es bueno tan seguido". Y se llevaba su libro y lo ponía en un lugar bien alto para que yo no pudiese alcanzarlo. Mi abuela, por su parte, me sentaba al lado de su máquina de coser y me ordenaba que llenara el cuaderno de planas de escritura, que me hacía repetir hasta que, según ella, me quedaran perfectas; es decir, con letra cursiva retorcida, igual que la suya, pero que a mí me llenaba de orgullo.

Tal como se lo había pedido mi madre, la abuela me llevó a la escuela con la firme intención de que empezara a estudiar desde ese mismo lunes.

—Señorita profesora —le dijo a la directora—: Aquí le traigo a mi nieta para que, por favor, la reciba en primer grado.

—No estamos en tiempo de matrículas.

—¿Y eso qué significa?

—Que ya empezó el año escolar, y usted puede ver que tengo cincuenta y cuatro niños en la clase.

Y era verdad: allí no quedaba espacio libre para un alumno más, al punto que con dificultad se podía caminar entre las filas de pupitres viejos y destartalados, pintados de verde oscuro, y los morrales de los niños tirados en el piso.

—Yo tengo aquí el dinero de la matrícula y traje a la niña con cuaderno y lápiz —insistió la abuela, haciendo caso omiso de las objeciones de la directora—. ¿Será que usted la puede recibir desde hoy para que no pierda más tiempo?

La profesora la miró enfadada por la testarudez de mi abuela; suspiró, y dirigió su vista al último rincón del salón, como buscando un lugar libre.

—¡Por favor! —rogó la abuela.

—Déjeme ver qué puedo hacer —se rindió la maestra—. Este salón está habilitado máximo para cuarenta niños, y como puede ver estoy pasada de sobrecupo. Pero no tengo corazón para negarle a un niño la oportunidad de estudiar. —Dicho esto, entregó a la abuela la lista de libros que debía comprarme.

—Gracias, señorita. Dios se lo ha de pagar.

—El único problema es que no tengo dónde sentarla —anotó la maestra—. Como puede ver, en cada pupitre tengo dos niños, por lo que usted tiene que traerle el suyo.

—Ahora no podemos, señorita —objetó la abuela—. Mi hija a duras penas reunió lo de la matrícula..., y los pupitres son muy caros. Además, hay que comprar muchos libros. ¿No será que usted la puede acomodar en un rincón?

—Lo siento mucho, señora, pero usted entenderá que no la puedo sentar en el piso. Definitivamente, no tenemos cupo para su nieta. Es mejor que espere al próximo año y la registre con anticipación, así no tiene que preocuparse por comprarle pupitre.

Dicho esto, la maestra dio por terminada la plática, acompañó a mi abuela hasta la puerta del salón de clases y se despidió de ella.

Volví la mirada hacia la abuela para ver su reacción, pues me había llevado a la escuela decidida a matricularme ese día y no iba a regresarse a casa con los crespos hechos. Para mi desconcierto, no tenía el rostro alterado ni habitaba en sus ojos la expresión de guerra que la delataba cuando estaba dispuesta a armar algún lío. Por el contrario, se quedó perpleja y no dijo una palabra; me haló del brazo, y como me resistía a abandonar la escuela, me sacó a empujones mientras yo gritaba que no quería irme y me agarraba con fuerza de la baranda de las escaleras. En ese instante la profesora y los niños desaparecieron de mi entorno: éramos solo mi abuela y yo; ella forcejeando conmigo y yo llorando en plena pataleta, llevada a rastras por los escalones.

—¡Abuelita, por favor, dile que yo quiero estudiar! Que yo traigo la banca. Prometo que no voy a molestar. ¡Dile, dile, por favor! Yo quiero quedarme. Dile que yo hago planas de escritura bien bonitas. ¡Ve, ve y dile!

—¡Cállese, cállese ya! —bramaba la abuela.

—¡No me lleves, por favor, abuela! Yo quiero estar aquí como los otros niños. ¿Por qué yo no puedo ir a la escuela? ¿Por qué?

Mis preguntas no obtenían respuesta. Como era de esperar, mi lloriqueo y mi rebeldía fueron inútiles, pues nada la hizo echar pie atrás. Me dio un último y terrible sacudón y me ordenó no dar un berrido más, cosa que rubricó con esta advertencia:

—Si sigues haciendo escándalo en la calle, ¡te juro que nos la vemos en la casa!

Ya había aprendido que mi abuela no era persona de falsas amenazas, por lo que me resigné a llorar en silencio hasta que llegamos a casa. Me había ilusionado tanto con que ese día sería mi primer día de escuela, que casi ni había dormido esperando a que amaneciera. La escuela quedaba como a seis cuadras de donde vivíamos, por lo que me era inevitable ver desfilar en las mañanas a las niñas y en las tardes a los niños. Cada vez que pasábamos frente a la escuela me emocionaba oír cómo cantaban y jugaban en las horas de recreo. Soñaba con ser uno de ellos, y ya me veía vestida con el uniforme de cuadritos azules y blancos, los zapatos negros de cordón y las medias azules dobladas arriba de los tobillos. Pero ese día todos mis sueños se desmoronaron. Fue esa la primera vez de la cual tengo memoria, que comprendí lo que significaba ser pobre, necesitar algo y no tenerlo. Me sentí diferente de muchos de los niños que conocía. Lloré casi todo el día, a regañadientes me tomé la sopa, y me refugié en mi lugar favorito: el árbol de mango, donde podía aislarme de todo y de todos sin que nadie me reprendiera o me ordenara hacer algún oficio doméstico. A falta de un juguete o un salón de clases para entretenerme, Dios me había dado un árbol, y con él yo tenía un mundo. Pasaba horas enteras en el patio recogiendo hojas y ramas secas para construir nidos para las torcazas, las visitantes más asiduas de mi refugio. Con mucho cuidado ubicaba los nidos en las ramas más altas y firmes, cosa que estuvieran lejos de los gatos, y lo suficientemente frondosas para que no se mojaran o se cayeran al piso por las ventiscas y los fuertes aguaceros que llegaban justo cuando uno menos esperaba. Conocía cada ranura de mi árbol, podía pintar sus ramas de memoria y sabía cuáles eran las que más florecían y cargaban cada año. Desde mi trono veía cuándo y dónde las gatas se escondían para dar a luz sus crías; y por supuesto, también supe qué días los vecinos lavaban su ropa sucia. Gozaba con el desfile de gatos en los tejados y el estruendo de los ladridos de los perros, sus naturales enemigos, a lo que se unían los gritos de las amas de casa tratando de apaciguar tamaño pandemonio. A la sombra del árbol el patio se vestía de gala con el tendido de sábanas y colchas de retazos multicolores que jugaban con el viento mientras se oreaban al sol. El árbol se convirtió en mi puerta mágica: solo tenía que subir unas cuantas ramas para perder de vista los techos de las casas y otear el maravilloso azul del cielo e inventar figuras surreales en las nubes. Imaginaba que al otro lado de la casa quedaba el mar y que las olas se estrellaban contra sus muros; que mi tren de acero coronaba las verdes montañas, y que un día no lejano vendría por mí. Abajo, en la tierra, podía pasar de todo; yo estaba a salvo en mi árbol y mi árbol era el cielo.

Esa noche me acosté temprano. No quise hacer planas, ni pedir permiso para ir a la casa de mis vecinos a ver la televisión. Como en todo el día no le había dirigido la palabra a nadie, la abuela entendió lo que me afligía, y acercándose a mí me dijo: "No se preocupe, que usted va a aprender mucho más aquí en la casa que en la escuela. Ya verá todo lo que le voy a enseñar". La triste verdad es que no teníamos con qué comprar el pupitre, el uniforme y los libros que exigían en la escuela; razones de más para que la abuela desistiera de armarle un alboroto a la maestra. Todo había sido un mero intento. Leer, escribir y algo de sumar y restar era todo lo que ella sabía, pero lo enseñaba con paciencia y dedicación.

Mi madre siguió trabajando como empleada doméstica por varios meses, hasta que reunió el dinero para tomar un curso de manejo de máquinas planas, sacar el pasado judicial y hacerse los exámenes médicos que le exigían para emplearse como obrera en La Garantía, la fábrica más grande de confecciones de la ciudad. Al terminar el curso se presentó a la empresa y le dieron el puesto para trabajar en turnos rotatorios de ocho horas. Esto representaba para ella y nuestra familia un gran logro. Con ello mi madre, al igual que sus hermanos, se sumó a los millones de campesinos que dejaban el campo para engrosar las filas de trabajadores en las ciudades. Desde su perspectiva, laborar en una fábrica era ascender, al haber adquirido nuevas destrezas. Ahora mi madre hacía su propia "revolución industrial"; dejaba atrás el azadón, que jamás volvería a empuñar, y renunciaba al oficio de empleada doméstica. Ser operaria era escalar la pirámide. Su nuevo trabajo le significaba ganar un salario mínimo, lucir un uniforme y trabajar sentada durante ocho horas al día.

Éramos pobres, mas no de espíritu. Cuando se nace pobre, uno reconoce que solo se tiene a sí mismo y lo que trae por dentro, y cada cosa que logra aprender en el camino es un tesoro. Vivir del día a día, administrando cada centavo, estirando la remesa para que dure hasta que llegue el siguiente pago y rezando para que no ocurra ningún imprevisto o calamidad, es como vivir en el borde de un precipicio: solo de milagro se logra no caer. Tener un empleo, por humilde que sea, un medio fijo de sustento, así alcance solo para un techo y un pan en la mesa, es una riqueza, y eso fue lo que pensó mi madre. Inocentes de los grandes sacrificios que el nuevo trabajo le impondría, celebramos su victoria y dimos gracias a Dios por concedernos el milagro. Milagro sí, pues merced a ese trabajo pude ingresar a la escuela luciendo mi uniforme nuevo y mis zapatitos negros, y llevando al principio quince centavos diarios para comprar mi merienda. No importaba que el salario mínimo que le pagaban no alcanzara para todos los gastos y que mi madre tuviera que trabajar horas extras para sostener una familia que había crecido con un miembro más: mi primo, el hijo de mi tío Rodolfo, quien con solo cuarenta días de nacido había sido abandonado por su mamá luego de que intentó ahogarlo con una almohada. Yo me sentía dichosa, pues por fin marchaba como las demás niñas con mi maletín al hombro rumbo a la escuela.

ESTACIÓN
✦ ✦ ✦ ✦ ✦
SAN FRANCISCO

A l parecer Dios escuchó mis oraciones, y por habérselo pedido con tanta devoción me hizo el milagro: que a falta de padre, me mandara aunque fuese un hermanito para tener con quién jugar. Llegó, pues, a casa el regalo de un bebé para criar. De seguro si mi abuela me hubiese oído orar me habría encendido a chancletazos, a la par que me increparía: "¡Eso no es lo que uno reza!". Mi primo Francisco llegó moribundo. Recuerdo esa noche: mi tío Rodolfo se apareció en casa con el niño en brazos, diciéndonos que nos lo dejaba para que nos hiciéramos cargo de él. Bueno, en realidad se lo dijo a mi abuela, pero como yo estaba allí y también me tocó gran parte del encargo, por eso digo "nos lo dejó". Con mucho cuidado levantamos la cobijita azul que lo envolvía, y tremenda sorpresa nos llevamos: era un "marcianito" verde de ojos saltones y pestañas encrespadas, largas extremidades y prominente abdomen.

—Abuelita, déjeme cargarlo, déjeme que yo sé cómo —le rogué, entusiasmada.

Tan pronto me lo pasaron sentí un olor insoportable. Nada dije, pero enseguida le pedí a la abuela:

—Abuelita, no se enoje, pero mejor cárguelo usted, que pesa mucho, ¿sí?

—¡Téngalo ahí! —me ordenó, y me previno—: Y no lo deje caer mientras le desabrocho el pañal.

—¡Pero mire qué gordito está! ¡Qué panza tan grande tiene!

—¡No sea bruta! Esa barriga es pura desnutrición y mínimo la diarrea que tiene es una infección intestinal. Sosténgalo bien que voy a calentar agua y a buscar con qué bañarlo.

Al día siguiente mi abuela lo llevó al doctor para que evaluara su estado. Era muy extraño que el bebé ni siquiera llorara, y algo tenía que estar muy mal pues más nos demorábamos en darle el tetero que él en devolverlo por cualquier vía. Mi primer papel de hermana consistió en la noble tarea de mantener limpios los tres pañales de tela que trajo en su pequeña maleta.

—¿Es su nieto? —preguntó el doctor.

—Sí, doctor.

—¿Y los padres?

—Mi hijo está en el trabajo y la madre…, pues no sé…, ni quiero saber de semejante desvergonzada… ¡vaya uno a saber con quién anda!

—Este niño está grave —dictaminó el galeno—. Estoy casi seguro de que la madre no hervía el agua. A diario atiendo casos similares, pero su nieto se nota que lleva enfermo varios días; está muy deshidratado. —Tomó lápiz y garrapateó algo en una hoja de su bloc de recetas, la desprendió y se la extendió a la abuela—. Aquí están la fórmula y las instrucciones. Si el niño no mejora en cuarenta y ocho horas, llévelo al hospital.

—Gracias, doctor. ¿Y son muy caros los remedios?

El doctor la miró de arriba abajo y no tuvo que preguntar nada para darse cuenta de que mi abuela no tenía cómo comprar medicinas costosas y lo más seguro es que terminaría por darle cualquier hervido de yerbas. Era un buen hombre, e hizo lo que pudo.

—Señora —le dijo—, aquí están estas muestras gratis; lo único que tiene que comprar es el suero. A propósito, no le vaya a dar leche Klim ni leche de bolsa; tiene que comprarle la S26. Tenga en cuenta que es un recién nacido y si le da otra cosa en estas condiciones lo puede matar.

Con los medicamentos que prescribió el doctor le paró la diarrea al enfermito. Fue un alivio para él y para mí, porque el papel de hermanita ya no me estaba gustando. La abuela tuvo que sisar del dinero de la remesa para comprar los tarros de leche, y me advirtió tajantemente que ni de riesgos se me fuese a ocurrir tomar una sola pizca de ella pues tenía exactamente calculados los teteros que salían de cada lata...Así que si mi primo se quedaba sin su tetero iba a ser por mi causa. Me mantuve, pues, alejada de la leche..., aunque cuando podía me metía el dedo a la boca y luego lo sumergía profundamente en el tarro. Unos cuantos granitos de leche no se notarían tanto, pensaba yo.

Poco a poco Francisco se fue recuperando y superó finalmente la gastroenteritis; sin embargo, la anemia se resistía a abandonarlo y lo acompañó hasta casi sus dos primeros años. Unas grandes ojeras se habían anidado debajo de sus ojos y el color de su piel era de un amarillento opaco. Mi abuela volvió con el nieto donde el doctor, quien luego de auscultarlo le prescribió unos remedios para combatir la anemia, y esta vez, muy a su pesar, le dijo, no los tenía para regalárselos. Por tanto, igual daba tener la receta, porque mi abuela no tenía con qué comprar los medicamentos. Francisco quedó, pues, a merced de las mágicas pócimas de la abuela: generosas porciones de caldo, cada uno de cualquiera de tres diferentes ingredientes: caldo de pata de res, caldo de cabeza de pescado y el famoso caldo de ojo de vaca. De sobremesa, unas cuantas onzas de jugo de mora licuado en leche con un pedazo de hígado crudo y un poco de azúcar, y de manera permanente el cocimiento en litro y medio de agua de tres plátanos verdes. Por fortuna yo no estaba anémica... ¡y hubiese hecho cualquier cosa para no estarlo!

El tratamiento fue bendito. Al poco tiempo mi primo se transformó en un niño súper alentado, un barrigón que reía y gateaba por toda la casa. Siempre que nos veían juntos, las gentes nos decían que éramos hermanos, y que si no fuera porque conocían a mi mamá y a mi tío se atreverían a jurarlo.

Entre mis ocupaciones de cuidar a Francisco y los quehaceres de la casa me encargaba de lavar y planchar mi uniforme, embolar los zapatos, preparar mi desayuno y hacer mis tareas como podía o se me ocurría, tal como sucedió cuando cursaba segundo grado de primaria:

—La tarea de hoy es traer pintada la bandera de Colombia en un trozo de cartulina —anunció la maestra, y para animarnos añadió—: Los mejores proyectos se exhibirán en el pasillo de la escuela, así que hagan un buen trabajo.

—Abuela, ¿será que tú me puedes dar dinero para comprar unos colores? Tengo que pintar la bandera de Colombia en una cartulina y mi mamá no me los ha comprado todavía. Lo único que tengo es una cartulina negra y un color morado.

—Yo no tengo plata para esas cosas ni tampoco soy banco —me respondió con brusquedad—. Su mamá dejó solo lo de la comida, y ese dinero no se toca.

—Pero, abuela, no me puedo aparecer mañana sin la tarea porque me van a castigar.

—Dibújela en el papel que tiene y explíquele a la maestra que no le hemos podido comprar los colores todavía —me dijo, como si tal cosa.

Inconforme pero resignada, me dispuse a pintar el pabellón tricolor sobre el cartón de color negro y delinearlo de morado. Pensé en que al menos llevando, así fuese mal hecha, la tarea, evitaría el castigo. Al día siguiente la profesora empezó a llamar a lista a los alumnos por orden alfabético de apellidos para que entregaran la tarea, y eufórica felicitaba a los niños por su excelente trabajo. Cuando llegó a mí, que era la última, temblorosa me levanté del pupitre y le extendí mi cartulina negra. No alcancé a abrir la boca para darle explicaciones, porque me administró en el brazo el primer reglazo.

—¡Esto es una ofensa! —bramó—. ¡Quién le dijo a usted que uno podía pintar la bandera como se le diera la gana! ¿Cuándo se ha visto que la bandera de Colombia, amarillo, azul y rojo, la pinten de morado y encima en un cartón negro? ¡Si es un chiste, es de pésimo gusto! —vociferaba la maestra ante la mirada atónita de toda la clase. A la par de las risas de los niños restallaron dos reglazos más en las palmas de mis manos.

Ese fue mi primer castigo, con el que me entrené para recibir en lo sucesivo las reprimendas de la aparentemente inofensiva maestra. Después de los reglazos me conminó:

—¡Váyase y no se aparezca mañana sin la tarea!

—No, señorita —le contesté—. Mañana tampoco puedo traer esa tarea.

—¿Cómo que tampoco mañana? —me preguntó molesta.

—No puedo, señorita. Es que todavía no me han comprado los colores.

Pero los lápices de colores y la falta de libros dejaron de ser mi principal dolor de cabeza cuando se me empezaron a romper los zapatos y tuve que ingeniármelas para restañar sus heridas con una bolsa plástica para que no se me mojaran los pies en los barrizales que se formaban por las lluvias, y en tiempo seco evitar que las piedrecillas me rompieran las medias. Mis zapatos tenían ese defecto: se comían muy rápido de suela. Fue algo que mi madre nunca entendió, y me achacaba a mí la culpa del rápido deterioro del calzado por no saber caminar y por tener, al igual que mi padre, el vicio de arrastrar los zapatos. Para colmo de males, agregaba, era yo "rodillijunta", con lo cual los zapatos se acababan por un solo lado, muy a pesar de sus intentos por corregir el defecto obligándome a usar botas ortopédicas. Lo cierto es que un par de zapatos tenían que durar como mínimo un año, y si se rompían a los dos meses tocaba hacerles todo tipo de cirugías para que pudieran llegar al fin del año escolar. Con ese imperativo terminaban como una caricatura: los dientes en alto relieve por la cantidad de pegamento que les ponía. En casos extremos los remendaba usando como aguja un alambre caliente para penetrar el caucho, y los cosía con la misma piola que usaba para elevar las cometas.

Fuera de ese círculo de permanentes carencias, mis años de escuela transcurrieron sin muchos tropiezos y sin mayor supervisión de mis progenitoras. No fui la alumna favorita ni la más descarriada. Nunca di regalos a mis maestras el día del profesor o en navidades. Tampoco recibí reconocimiento alguno por mi dedicación, a excepción del diploma de asistencia que me ganaba todos los años, porque así llovieran truenos y centellas, así estuviera con gripa, fiebre, dolor de muela, daño de estómago o agonizante, mi abuela me mandaba a la escuela. En mi caso nunca me funcionó fingir alguna dolencia, porque para la abuela no existían las excusas. Tenía ella una forma singular y cruda de resolver mis vicisitudes, como aquel día que llegué a casa con el cabello trasquilado, pues la niña que se sentaba detrás de mí cortó una de mis largas trenzas sin que yo me percatara. La abuela pensó que era una de mis travesuras, y agarrando sus tijeras me tajó de raíz la trenza que quedaba con vida. Al día siguiente, luciendo como un muchachito y aguantando la burla de mis compañeras, le reclamé a quien me había hecho semejante daño, diciéndole que me había cansado de sus abusos y que esta vez sí iba a decírselo a la maestra. La niña, una amazona de piel morena, cabello rubio y ojos amarillentos, me miró con cinismo, sacó de su maletín una navaja y me advirtió en un feo tono: "¡Abre la boca y te corto la cara!". Tuve que callar por miedo, y debí aguantármela en clase hasta que terminamos el cuarto año escolar. Gracias a Dios no la matricularon en el siguiente curso, porque según comentó una de las compañeras que vivía en su cuadra, Martha, que así se llamaba, estaba embarazada de uno de los hombres con que salía su mamá.

Martha se ensañó con varias niñas de la escuela, y el destino se ensañó con ella. Nunca la volví a ver, pero el viento traía malos rumores.

Invaluables son los recuerdos de nuestros amigos de la escuela. Para mí, Rosaura, María y Gloria fueron mis mejores amigas de la niñez. Al terminar la escuela no volví a tener noticias de Rosaura, y fue una pena porque era una niña muy noble. Siempre compartía su merienda. Su mamá le empacaba chocolate en un frasco de mayonesa y en la lonchera le ponía una deliciosa arepa con queso y mantequilla para que comiera en el recreo. Algunas veces, distraídas en nuestros juegos, no teníamos cuidado y tropezábamos con el maletín de Rosaura, echándole a perder su comida y sus cuadernos. A María la conocí desde antes de entrar a la escuela, pues vivía en la casa de mi tío Guillermo cuando les dio por montar allí la frustrada tienda-bar. Tras la fallida empresa, nosotros nos regresamos a la casa de mi abuela y ella y su familia también se dedicaron a la tarea de encontrar un techo, hasta que les ocurrió un milagro.

La vivienda de mi abuela quedaba dos casas antes de llegar a la esquina de la calle. Al frente del barrio había una zona verde a la que todos llamábamos La Playa. Era un terreno baldío de tupidos matorrales y plagado de parches en donde la maleza dejaba algún claro, que con la lluvia se trocaban en lagunas. Pues bien, los muchachos limpiaron una buena extensión de ese campo salvaje y lo convirtieron en una gran cancha de fútbol, con los arcos hechos de palos de guadua. Antes de jugar siempre lo limpiaban con esmero y parchaban los huecos. Cada domingo, a las diez de la mañana, jóvenes y viejos vestían su uniforme para jugar contra otros equipos del barrio o de los barrios vecinos en presencia de sus familias y decenas de niños, recién bañados y vestidos con ropa dominical, que veían los partidos mientras recibían el sol de la mañana. En La Playa se celebraban también todo tipo de eventos, desde misas hasta desfiles, y virtualmente se convirtió en el club social y de esparcimiento que tanta falta hacía a esos nuevos barrios que se desarrollaron a la velocidad de la luz en el suroriente de la ciudad.

Uno de esos domingos, cuando todos nos disponíamos a ver un partido de fútbol, nos encontramos con una desagradable sorpresa: ya no existía La Playa. Como despertando de una alucinación colectiva, los vecinos nos mirábamos estupefactos. ¿Qué había sucedido? Pues que mientras dormíamos, gente desconocida había invadido el terreno y levantado en él precarias ramadas de palo, cartón y cuanto material de desecho pudieron transportar al lugar. Pronto cundió la noticia, y los vecinos de los barrios aledaños acudieron a ver con sus propios ojos lo que estaba ocurriendo, al saber que se había cancelado el partido de fútbol hasta nueva orden. Esa misma noche llegaron decenas de policías con cascos, bolillos y escudos, dispuestos a sacar a golpes a los invasores. Nos ordenaron no salir de nuestras casas, pero dado que la nuestra quedaba diagonal a La Playa era inevitable escuchar a la multitud vociferándole a la policía cuanta palabrota se le ocurría, mientras la *autoridad* los conminaba por un megáfono: "Estos terrenos son propiedad privada. Tienen que desalojar", a lo que los nuevos moradores respondían: "¡Sáquennos si pueden!". Cada vez era más virulenta la contienda verbal entre los dos bandos, hasta que sucedió lo que era de esperarse: de las palabras los invasores pasaron a los hechos y comenzaron a lanzar una verdadera lluvia de piedras con tal fuerza que muchas iban a dar contra las paredes y el techo de nuestra casa. La policía perdió la paciencia y arremetió contra todo lo que encontró a su paso. En pocas horas derrumbaron los improvisados *cambuches*, amontonaron esa "basura" para prenderle fuego y se llevaron detenidas a varias personas. Al día siguiente lo único que quedaba de la abortada invasión era el olor a incendio y montones de ceniza en el aire y en las calles.

El episodio de esa noche se repitió el fin de semana siguiente, y cuando nos levantamos ese domingo nos encontramos con el mismo endeble caserío de palos, latas y cartón. Y de nuevo llegó la policía, pero esta vez no se nos ordenó encerrarnos en nuestras casas. Y nuevamente se oyeron las mismas exigencias del domingo anterior: "Por favor, desalojen por las buenas. Háganlo por su propia voluntad. Estos terrenos son privados". Y los invasores procedieron a responder más o menos lo mismo: "¡Sáquennos si pueden, regalados, hijos de mala madre", lo que nuevamente también desató la furia de la policía que, al igual que la semana anterior, destruyó el precario asentamiento y arrestó a todo el que pudo. A todas estas, el barrio empezó a sentir pena por aquellas pobres gentes, al punto que algunos les daban posada a ellos o a sus niños. Bueno…, todo hay que decirlo: algunos vecinos no fueron tan compasivos, sobre todo los muchachos, que solo esperaban poder reanudar pronto sus partidos de fútbol. Pero la necesidad de tener un techo propio hizo que estas personas no cejaran en su empeño de hacerse a él a como diera lugar, y por más que las autoridades porfiaban en desalojarlos ellos volvían una y otra vez. Un buen día, como ya era una irritante costumbre que sacaba de quicio a las autoridades, los invasores volvieron a hacer de las suyas, pero en esta ocasión algunos de ellos empezaron a construir en ladrillo y cemento, lo que hizo que cada vez fuera más difícil para la policía echar abajo las viviendas, hasta que terminó por plegarse a lo inevitable. De esta manera las mamás de las que serían algunas de mis mejores amigas pudieron hacerse a un techo propio, así fuese en un principio de cartón y esterilla y piso de tierra.

Por los días de los hechos que narro la tía Amalia se casó y a mí me eligieron para llevar las argollas de matrimonio. Ante la persistencia de mi abuela mi tía había tenido que darle el sí a Misael, quien le llevaba veinte años de edad, con lo cual, de contera, murió toda posibilidad de pervivir el romance que la tía mantenía secretamente con el hijo del tendero, quien vivía en la casa vecina al patio de mi abuela. Cuando la tía Amalia y yo nos alistábamos a salir de la casa, escuché que le dijo a su madre: "Me siento como yendo a mi funeral". Palabras inútiles, porque temerario era quien se atrevía a contradecir a la abuela, y mi tía no lo era. Por lo demás, demostrado estaba que aquel que contravenía su parecer en estas lides casamenteras estaba condenado al fracaso.

Como dice mi abuela, "uno se casa con la familia". Y en el caso de Misael este aserto se cumplió a cabalidad. Era un gran hombre, y desde antes de casarse con mi tía ya se había convertido en un miembro más de nuestra familia. Fue para mí, sin duda, más tío que cualquiera de mis tíos. Su gran corazón, su decencia y su buen humor desvanecieron las diferencias de edad, y en contra de lo que muchos vaticinaban, Amalia logró mantener un hogar que duró veintiocho años hasta el día en que Misael falleció de cáncer de pulmón.

Cuando mi tía se casó, la situación económica empeoró en casa. Como dije, mi madre trabajaba jornadas inhumanas para incrementar sus ingresos; pero aun así la plata no alcanzaba. Mi abuela, por otro lado, tenía la mala costumbre de comprar porcelanas a plazos, y más de una vez se gastó la plata de la comida en cubrir la cuota semanal, lo que nos dejaba a expensas de la suerte o del palo de mango, que en su santidad no fallaba en las cosechas y daba los mejores mangos de la cuadra. Yo reunía un buen número de mangos y los metía en el balde de lavar la ropa, y cuchillo en mano, tarrito de sal y al pregón de "¡mangos, mangos!… ¡Hay mangos!", me daba a la tarea de venderlos en el andén de mi casa. Tras horas que me parecían una eternidad lograba vender unos cuantos y reunir para el cuarto de libra de carne, lo que nos permitía acostarnos ese día con al menos un plato de sopa caliente entre pecho y espalda. En otras ocasiones la vecina, doña Diosa, nos pasaba un gajo de plátanos, un paquete de arepas o un plato con frijoles para que nos lo repartiéramos. Esto en el mejor de los casos, pues hubo muchos días en los que no ocurrieron milagros, por lo cual la abuela, antes de acostarnos, nos decía a mi primo Francisco y a mí que nos tomáramos al menos dos vasos de agua para engañar el hambre y poder dormir. Eso sí, había que orar para que ocurriera un milagro al día siguiente.

Si había una regla en casa era que nunca se podía desperdiciar la comida, "pues hoy hay y mañana no se sabe". Era uno de los aforismos preferidos de la abuela, que recitaba con frecuencia, en especial cuando nos hacía los famosos espaguetis con cebolla larga que eran mi castigo por portarme bien. Un día, después de tanto pelear con ellos para tratar inútilmente de separar la capa babosa de la cebolla del largo y pálido fideo, esperé a que la familia terminara de cenar y con sigilo, creyéndome a salvo de la Inquisición, los tiré debajo del tarro de la basura. Pensé que nadie los iba a encontrar, dado que como nuestra cocina tenía piso de tierra sería muy improbable que alguien moviera el tarro y los viera en la oscuridad. Pero, como siempre, mis cálculos fallaron y mi madre, no menos severa que la abuela, los encontró y de inmediato me llamó a la cocina.

—Corintia, ¿usted terminó con sus espaguetis? —me preguntó, como si tal cosa.

—Sí —mentí—, y lavé el plato.

—¿Y qué es esto que está en el piso? ¡Y no me mienta, que usted ya sabe que le va a ir peor!

Me quedé sin palabras: dos lagrimones me delataron. Entonces mi madre recogió los embarrados espaguetis y me los sirvió de nuevo, al tiempo que me decía en un tono que no admitía réplica:

—¡Se los come! ¡No me muevo de aquí hasta que termine!

Haciendo de tripas corazón y llorando tuve que tragarme los benditos espaguetis sucios de tierra, y encima soportar el discurso de mi madre que se dolía de lo duro que trabajaba para darnos algo que comer y recordándome que había días en que nos acostábamos con hambre y ya quisiera entonces tener ese plato de espaguetis para engañar el estómago. Yo me respondía que no precisamente, pues era mejor acostarse con hambre que tragarse esos espaguetis envenenados con la detestable cebolla verde que le encantaba a mi abuela. Así se me enseñó a no desperdiciar lo poco que teníamos y en especial a no tirar la comida, porque la comida es sagrada ¡Aunque tenga piedras!

Pocas veces vi a mi padre después de que llegamos a Cali, por lo que crecí con el sentimiento de un padre ausente del que nadie hablaba ni sabía nada. Recuerdo que una vez papá se apareció en casa de la abuela mientras mi madre estaba trabajando, y su disgusto fue mayúsculo al verlo frente a la pequeña ventana gritando mi nombre.

—¡Ay, Dios! —exclamó—. ¿Y qué ha venido a hacer usted aquí?

—Vine a ver a la niña. ¿La puede llamar?

—¡Pero usted está borracho! ¿Cómo quiere que Corintia lo vea así? El tufo me llega hasta aquí.

—Ábrame la puerta, por favor —rogó mi padre—. Ha sido un viaje muy largo y hace un calor terrible. —Y en un intento de ablandarla agregó con voz melosa—: Mire, suegrita, le traje estos muñecos a la niña.

—Violeta no está, y yo no lo puedo dejar entrar. ¡No insista!

Pasaron los minutos y mi padre no se movía de la puerta. El sol del mediodía hizo que empezara a gritar como loco pidiéndole a mi abuela que se compadeciera. Ante tanto ruego la abuela no tuvo más remedio que dejarlo entrar, y le pidió que se sentara y esperara en la sala, advirtiéndole que no se moviera de ahí y que ni se le ocurriera sacarme a la calle. Esta escena la viví más de una vez. Recuerdo que me sentaba a hablar con papá, quien me montaba uno de esos cuentos paisas increíbles, y luego me decía: "¿Se acuerda de Olguita?". Al ver que yo callaba, porque en verdad no me acordaba, proseguía: "...Pues ella siempre se acuerda de usted y le manda saludos". ¿Quién iba a mandarme saludos si era yo una chiquilla? Me dije que este era otro de sus cuentos.

A pesar de que mi abuela tenía razón y el tufo a alcohol y a cigarrillo Pielroja que despedía mi padre era insoportable, yo me sentía en la gloria a su lado; sobreponiéndome al fastidioso olor y al miedo, me sentaba en sus piernas y lo abrazaba entrañablemente. Lo que más me gustaba era que me hablara de su trabajo con los animales, en particular de los partos difíciles de sus pacientes — las vacas, las yeguas y las perras—, y me emocionaba cuando me contaba sobre los químicos que había inventado para combatir las plagas del café y de los cítricos. Pero, fuese cual fuese el tema de esas conversaciones, todas terminaban en el mismo punto: mi madre, que era su adoración. Me pedía que le rogara que lo aceptara de nuevo, pues nos extrañaba mucho, y que cuando volviera, ella lo iba a ver convertido en otro hombre.

—Dame tu mano, papá. ¿Sabes que yo también te extraño mucho? De noche, acostada en la cama, cierro los ojos con fuerza y me comunico contigo, y te mando muchos besos y te digo que te quiero mucho. Cuando pienses en mí, haz lo mismo y verás que no vamos a estar tan solitos.

—¡Cómo quisiera, Corintia, poder estar contigo y con tu mamá! —me decía a su vez, y sus palabras me producían un sentimiento mezcla de dolor y alegría—. Algún día te voy a llevar conmigo a mi trabajo. Ya verás cómo te va a gustar verme cuidar los animales, y hasta podrás montar a caballo. ¿Qué te parece?

—¿Cuándo, papá, cuándo? —lo acuciaba, entusiasmada por tan grata perspectiva.

—Muy pronto. Quiero que conozcas a tus primos y al resto de tu familia.

—Papá, cuéntame cómo era nuestra casa. Mi mamá dice que yo nací en la casa donde vivíamos y no en el hospital. Y aunque no me acuerdo de esa casa, siempre la pinto en mis cuadernos. ¿Quieres verla? Por favor, dime… ¿cómo era nuestra casa?

—Tú siempre andabas correteando por entre las plantas y agarrando cuanta cosa podías. Diste tus primeros pasos en el parque que quedaba al frente de la casa; luego aflojaste las piernas y en cuanto abríamos la puerta salías corriendo, tropezabas, te caías y te levantabas hasta llegar al parque. Yo te observaba divertido. —Suspiró—. ¡Cómo pasa el tiempo! Ya tienes ocho años…, y me he perdido tu vida. A propósito, ¿sabes qué día es hoy? —me preguntó con un dejo de malicia.

—Sí, papá —respondí con seguridad—. En la escuela me enseñaron que es el Día del Descubrimiento de América y el Día de la Raza.

—Eso está muy bien —me felicitó—. Pero hay algo más importante que también se celebra hoy. Piensa un poquito a ver si recuerdas.

—Espera, papá; voy a buscarlo en mis cuadernos. —Dicho esto me levanté y a los pocos minutos volví con mis apuntes—. ¿Quieres ver qué bonita tengo la letra? —le dije, con un tono de orgullo, mientras esparcía los cuadernos sobre el sofá y buscaba entre ellos lo que la profesora nos había dicho sobre el Doce de Octubre. Recorrí todas las páginas y no encontré la respuesta. —Me di por vencida y le confesé—: La verdad, papá, no sé qué más se celebra hoy. Dímelo tú.

—¡Hoy es mi cumpleaños! —me dijo con viveza, y precisó—: estoy cumpliendo cuarenta y tres años y quise pasarlo con la persona que más quiero en este mundo. Cuando te pregunten en la escuela, ya sabes: di que el doce de octubre se celebra el nacimiento de tu papá.

Me arrojé sobre él y lo cubrí de besos. Estaba tan feliz a su lado, que me obligué a guardar en mi memoria esos instantes en que sentí que tenía un padre. Atesoré su voz, su abrazo y sus palabras. Era el padre que yo esperaba y que soñaba. Pero sabía, en lo más profundo de mí, que ya nunca lo tendría de vuelta, que él nunca cambiaría, y que esas efímeras horas de amor me tendrían que durar para toda la vida. Aunque en mi casa se predicaba que una mujer podía ser padre y madre a la vez, nada pudo reemplazar al padre que no tuve.

—¿Y el color, papá? No me has dicho de qué color era la casa.

—Blanca.

—¿Y con jardines? —exclamé, y no pude reprimir mi alborozo—. Algún día volveremos a nuestra casa y de nuevo estaremos juntos. —Lo miré a los ojos, y con una expresión de seriedad le pedí—: Tienes que rezar mucho. Mira, que yo no paro de rezar para que mi mamá y yo nos vayamos de aquí. ¿Te digo un secreto? ¡Pero no se lo digas a nadie! —le rogué. Bajé la voz, y mirando de reojo para que mi abuela no fuese a escuchar mi terrible confesión, le dije al oído—: Papá, a mí no me gusta esta casa. ¡Tienes que sacarnos de aquí!

—Te lo prometo —me aseguró—. Yo soy el único culpable de que tu mamá me haya abandonado. Bueno... ¿y tu mamá cómo está?

—Ella está bien. Yo casi no la veo porque siempre está trabajando en la fábrica. ¿La vas a esperar?

—Hija, pase lo que pase, tienes que saber que yo las quiero mucho a las dos —dijo, eludiendo responderme—. La próxima vez que venga, nos iremos los tres de nuevo a nuestra casa.

—¿De verdad? ¿Me prometes que no vas a volver a emborracharte y que vendrás por nosotros?

—Te lo prometo —dijo con voz firme, y en tono confidencial me confió—: No se lo digas a nadie, porque este es nuestro secreto.

Dicho esto me besó en la frente y me regaló una tierna sonrisa que sembró en mí la ilusión de que debía seguir esperándolo el tiempo que fuera necesario. Era un pacto entre nosotros, una promesa que yo no compartiría con nadie como prueba de mi amor por él. A continuación me pidió:

—Vaya y llame a su abuelita, dígale que venga.

—¿Qué quiere, Alejandro? —le gritó mi abuela desde la cocina. En todo este rato no le había quitado el ojo de encima.

—Doña Rosario, voy a llevar la niña a la tienda para hacerle una comprita. No nos demoramos. Dígame si se le ofrece algo.

—A usted en ese estado yo no le confiaría ni un Jesús mío —replicó tajante la abuela, y aprovechó para aclararle un par de cosas—. Yo no sé para qué engaña a Corintia. Oí todo lo que le dijo. Si usted y yo sabemos que usted no cumple ni años. ¡Mírese no más cómo está! Tiene ese pantalón todo mojado, y apuesto a que ni siquiera se ha dado cuenta.

Efectivamente. Cuando mi papá se levantó del asiento se percató de que se había sentado encima de la caneca de aguardiente, y como la había dejado mal tapada, todo el contenido se había regado. Me imagino que sintió pena…, pero por la caneca, que debió de haber estado casi llena por el tamaño del charco que dejó.

—¡Mire cómo mojó el asiento, y hasta Corintia huele a trago! —rezongó la abuela—. ¿No se da cuenta del mal que se hace, Alejandro? Mírese no más cómo está. Un hombre como usted, que podría tener lo que quisiera; una persona preparada, de buena familia y con todo para salir adelante… y ¡véalo! Yo la verdad no lo entiendo. Debería odiarlo por irresponsable y por la forma como trató a mi hija. Pero no. A mí me da pesar de usted, de verlo perdido en el vicio. Usted no solo destruyó su hogar sino a mi hija y a mi nieta. La pobre Violeta no hace sino trabajar día y noche para darle de comer a Corintia, y usted lo único que hace es venir acá borracho. ¿Y así quiere usted que mi hija le crea que ha cambiado?

—Doña Rosario, le prometo que voy a cambiar…

—¡Yo le prometo nada! —lo cortó mi abuela, exasperada—. Lo único que usted hace es prometer y prometer, y mírelo: cada vez está peor.

—Usted no entiende, doña Rosario —replicó mi padre, y tomándome con fuerza por el brazo se le enfrentó a la abuela—: Con su permiso o sin su permiso me voy a llevar la niña. Al fin y al cabo yo soy el papá.

—¡Usted que se lleva a Corintia y yo que lo mato! —aulló la abuela, y de un jalón me separó de sus brazos. En seguida, en tono menor, añadió—: Si quiere traerle algo, pues vaya usted solo a la tienda y se lo trae.

Así fue. Mi papá terminó yéndose a la tienda del vecino. Supo luego mi abuela que se había quedado dormido sobre una mesa después de haberse embriagado hasta la conciencia. Cuando se despertó pagó la cuenta, que incluía siete vasos de leche y siete galletas negras para que el tendero me diera un vaso y una galleta diaria por una semana.

No se despidió de mí, y solo volvería a verlo tres años después.

Si me dijeran hoy que mi padre está en la puerta de la casa esperándome, sucio y borracho, ¡qué me importaría! Iría corriendo hacia a él, lo abrazaría y le diría cuánto lo he extrañado. Porque con el tiempo aprendí que ese hombre que no era propiamente un dechado de virtudes era mi padre, aunque nunca se ocupó de mí, al punto de poder afirmar que yo no tuve padre. Fue para mí una ilusión, un ser humano al que poco conocí, pero en quien creí y a quien esperé por siempre.

Los años pasaban y seguía atada a la casa de mi abuela y por consiguiente, al vecindario. En ocasiones me sentía como un monigote que alguien hubiese clavado con un alfiler al globo terráqueo como un castigo perpetuo. En el barrio casi todos los habitantes nos conocíamos y se sabía de quiénes éramos hijos, nietos, primos…, o recogidos. Íbamos a la misma escuela y muchos de los mayores trabajaban en las mismas construcciones o en las mismas fábricas de confecciones. Los que no hacían nada se dedicaban al ocio, que se resumía en jugar al fútbol, casar una que otra pelea callejera y buscar dinero fácil para comprarse los tenis de moda y, más comúnmente, droga. A poca distancia de la casa de la abuela estaba El Callejón y todos conocíamos lo tenebroso que allí sucedía o al menos lo que se especulaba. El riesgo por la inseguridad del barrio y sus colindantes era permanente.

Por más que nos propusiéramos era inútil esquivar a los ladrones y a los depravados, quienes se apostaban en las esquinas o en los paraderos de buses en espera de sus víctimas. Así sucedió una tarde en que una compañera y yo estábamos buscando unos palos para colocarle a una cartelera del colegio, cuando pasaron unos hombres en bicicleta a toda velocidad. Al verlos trepé al andén para evitar que me atropellaran, pero no lo suficientemente a tiempo, pues uno de los sujetos me dio un fuerte golpe en el brazo. Corrí y le grité a mi amiga que volara. Sentía un terrible dolor en el brazo, un ardor insoportable que crecía por segundos. No sé cuantas cuadras corrimos. Cuando llegamos a la casa de mi tía Amalia, ésta casi se desmaya al ver mi camisa azul celeste bañada en sangre. El hombre en realidad no me había pegado un puño: me había enterrado una navaja.

¿Dónde estaba mi padre para protegerme?

ESTACIÓN
· · · · ·
ENTRE MUJERES

as vicisitudes que enfrenté no me impidieron terminar la primaria. Culminada esa etapa venía ahora la secundaria, mucho más exigente en materia económica. Veía a mi madre sacar cuentas sobre los gastos de matrícula, uniformes, libros y transporte, y la escuchaba mascullar que no tenía ni idea de qué iba a hacer para sufragarlos; pero, eso sí, —se decía— ni de riesgos me dejaría sin estudio. Nuestra familia había crecido con la llegada de mi primo Daniel, de dos años de edad, hermano de Francisco pero de diferente mamá, que arribó a nuestro *refugio* cierta madrugada en que su madre lo dejó abandonado afuera de la cantina donde se encontraba bebiendo el tío Rodolfo.

Mi madre trabajó como esclava durante cinco años. Sus extenuantes jornadas hasta de doce horas y en turnos rotatorios no le dejaban libres ni los fines de semana, ni los días de fiesta, ni en las fechas especiales. Teníamos pan en la mesa, pero a mamá la veía poco: solo cuando se levantaba para ir al trabajo. Había semanas enteras en que no departía un minuto con ella. Sabía que estaba en casa cuando al llegar de la escuela me prevenían: "No haga ruido, que su mamá está durmiendo y tiene el turno de las diez de la noche". A mí me acostaban a las ocho para que pudiera levantarme al otro día a las seis de la mañana. Antes de irme a la escuela preparaba el chocolate para ella y para mí, y rogaba poder verla para que me regalara el pan de acema que le daban en la fábrica y que ella no comía por reservarlo para mi merienda. A veces era ese el único momento del día en que nos veíamos.

Pero la relación con mi madre era lejana no solo por las limitaciones que le imponía su trabajo, sino por la gran distancia que había entre las dos. No sé si fue así desde que nací o si se acentuó con el tiempo. Quizás el haber tenido que ejercer el rol de padre y madre la había convertido en un ser duro, poco dado a expresiones de afecto; o tal vez el tener que responder por mí, cuando ella no había tenido nunca la oportunidad de ser alguien, hizo que se llenara de resentimiento; o a lo mejor fue la influencia de vivir al lado de la abuela. Lo más factible es que la suma de todos esos factores terminara por robarme el amor de mi madre, como lo comprobé en la última celebración del día de las madres en la escuela, que por costumbre mi maestra solía festejar con gran alboroto, cosa que me mortificaba. Semanas antes de la fiesta se organizaba la programación, que incluía canto, poesía y teatro. Para ese año yo había concursado con un poema a las madres que salió elegido para que lo recitara como parte especial de la celebración. Con devoción me preparé. Ahorré el dinero que me daban para comprar "el algo" en los recreos, con el fin de entregarle a la maestra la cuota de dinero para el almuerzo de las madres, a lo que se agregaba el regalo que cada alumno le daba a la suya, consistente en un trabajo manual que comenzaba a prepararse con tres meses de anticipación.

El día de la efemérides llegué temprano a la escuela para arreglar el salón y para ensayar la declamación de mi poema ante la profesora. Al rato empezaron a aparecer las madres, pero la mía no, y ya casi era el momento de mi acto. Nerviosa, atisbaba por las ventanas del salón con la esperanza de verla por algún corredor, pero en vano. Declamé, pues, ante el viento el poema que había escrito para ella, y aunque las mamás de las otras niñas me abrazaban y me felicitaban, yo sentí como nunca su vacío. Cuando llegué a casa me enteré de que mi madre se había ido al cine con el novio que tenía y que regresaría tarde. Cuando volvió no hubo explicaciones ni disculpas. Mi regalo para ella duró varios días sobre la mesa del comedor hasta que la abuela lo destapó: era un jabón de baño de color rosado, con encajes blancos pegados con alfileres de colores. La abuela le quitó los encajes, guardó los alfileres y puso el jabón en el baño.

Por un prejuicio de mi madre —por llamarlo de alguna forma— que nunca pude explicarme, me tenía prohibido llamarla mamá cuando iba con ella por la calle. Antes de que me quedara claro esto, siempre que me la encontraba en el paradero del bus corría a saludarla y le pedía el consabido "nombre de Dios, mamá", lo que la turbaba y se veía obligada a mentirle al hombre que se encontraba con ella, a quien decía que yo era una de sus sobrinas y como ella era tan buena tía, yo la quería como una madre.

Así pasaron cinco años de la vida de mi madre, entre la fábrica, la casa y los intentos fallidos de encontrar una pareja, hasta que se cansó y decidió dar un giro total a su vida, animada con la llegada de la hija mayor de la vecina que se hacía lenguas sobre la buena vida en Venezuela. A los pocos días de su charla con esta mujer, mi mamá alistó viaje al vecino país.

Eran los años ochenta, cuando los venezolanos aún vivían su época dorada y pocos querían desempeñar oficios domésticos, ni de agricultura ni construcción, por lo cual muchos colombianos cruzaban la frontera para trabajar en esos menesteres que en nuestro país eran muy competidos, y si se conseguían la paga era miserable. Mi madre, que por lo demás veía inminente el cierre de la fábrica, decidió renunciar a su trabajo y cobrar sus cesantías por los cinco años laborados. Los trabajadores que se quedaron a esperar el final perdieron sus prestaciones pues la compañía entró en quiebra al poco tiempo de que ella renunciara, tal como lo había pronosticado. A mí me tocó ver los toldos que instalaron los obreros desempleados al frente de la fábrica, y las largas filas de mujeres marchando con carteles, exigiendo una respuesta, pero eran clamores al aire porque la famosa Garantía era una fábrica fantasma y sus rotos ventanales dejaban entrever las osamentas industriales.

Con el dinero de la liquidación mi madre emprendió el viaje, el más largo que hubiese efectuado en su vida. Atrás quedábamos mi abuela, mis dos primos y yo, esperando que mamá lograra cruzar la frontera y que tan pronto pudiera nos avisara que había llegado a salvo. Pero solo varias semanas después se comunicó con nosotros para decirnos que estaba bien, que ya había empezado a trabajar y que pronto nos enviaría dinero, lo que en efecto hizo a los pocos días. Aunque lo que devengaba era menos de lo que había esperado, era sin duda mayor de lo que ganaba en la fábrica. Con ese avance debimos sobreaguar hasta que mi madre hizo el siguiente giro, y otro y otro, que a veces se espaciaban demasiado, pero, afortunadamente, con el tiempo se fueron normalizando. Mi abuela, como siempre, no establecía prioridades, y tan pronto podía compraba todo tipo de cosas a crédito; así fue como pudimos hacernos a un juego de muebles, una nevera nueva y un televisor a color. "Lujos" que tenían un precio muy alto cuando lo que se había sacrificado para comprarlos era el dinero del mercado o las pequeñas reservas para atender una eventual emergencia, y quedábamos a merced de un milagro. Y ese milagro lo hicieron más de una vez los muchachos del movimiento guerrillero, cuando asaltaban los carros lecheros e iban a nuestro barrio a repartir el botín entre los pobres. Tan pronto llegaba el camión la noticia corría como pólvora encendida, y en un abrir y cerrar de ojos se deshacían de los víveres que llevaban y desaparecían hasta nueva orden. Siempre éramos los mismos quienes hacíamos largas filas para recibir, dar las gracias y marcharnos, y como hormigas, recogíamos el granito de azúcar para llevarlo al hormiguero. En aquella época no pensé en lo que implicaba recibir estas ayudas. Era inevitable, en tales condiciones, no sentir que los guerrilleros eran una respuesta al clamor de los necesitados, y que en nuestro caso eran el milagro que no exigía penitencia. Y por más que escucháramos las noticias por la radio sobre la banda de malhechores que estaban asaltando los camiones que transportaban alimentos, y se advertía que si alguien sabía algo tenía el deber de reportarlo a las autoridades, nadie decía nada. Todos sabíamos de dónde procedía lo que nos daban, pero a nadie le importaba, ni mucho menos la ideología de nuestros benefactores: los admirábamos por su compasión y les agradecíamos su coraje. Y cómo no, si al tiempo que esto sucedía oíamos y veíamos en las noticias que los productores de leche preferían tirar los excedentes al río que regalarla, para evitar que se cayera el precio; y lo mismo sucedía con muchos otros alimentos que escaseaban en las tiendas minoristas. Lo que nunca se escuchaba en los noticieros era que alguien levantara una voz airada en contra de la miseria, y que propusiera que la comida que se desechaba o almacenaba hasta podrirse se repartiera entre los millones de personas con hambre. Ni mucho menos se mencionaba que los niños pobres crecíamos a punta de agua de panela, porque la leche escasamente la veíamos cuando *pintaban* el café negro que nos daban en las mañanas y por suerte, con un pedazo de pan.

La violencia fue un legado que se transmitió en nuestra familia de generación en generación, quizá justificada por la terrible realidad que les tocó en desgracia a muchos de sus miembros. Esto lo intuí el día que mi madre, después de propinarme una exagerada golpiza, terminó pidiéndome perdón y confesándome que a veces sentía por mí el mismo odio que le tenía a mi padre; que ella sabía que eso no estaba bien, pero que no podía controlarlo.

¿A quién culpar por este estado de cosas, si era el pesado lastre que cargaba mi familia por lo que debió vivir y padecer por años? La falta de un padre, de una madre amorosa, de educación y de oportunidades, más el tener que convivir con un hombre de tan disímiles comportamientos y en veces abusivo como era mi padre, habían lacerado la mente y el espíritu de mi atormentada madre, que a más de la cruz heredada transmitía las llagas de su propia vida. ¿Qué hacer con todo ese dolor: el de mi abuela, el de mi madre y el mío?

Un día decidí reemplazar los intentos de diálogo por delicadas cartas que elaboraba y dejaba colar por alguna ranura del cajón de ropas; sin embargo, mi madre nunca las mencionó. Muchos años más tarde me enteré de que las leía y que las conservó por mucho tiempo. Mis cartas y su lectura fueron el enlace de amor que no nos atrevíamos a expresar físicamente.

ESTACIÓN
LOS DOLOROSOS

Al igual que la mayoría de las compañeras de la escuela, presenté exámenes para ser aceptada en el colegio La Concepción, ubicado en un barrio contiguo al nuestro. Mi abuela insistió en que allí yo iba a estudiar secretariado, me gustara o no, y hasta le pidió a mi mamá que me comprara la máquina de escribir, aun antes de que se publicara la lista de las aspirantes que habían aprobado. Desde un principio odié la idea y enfáticamente me negué a estudiar con monjas, que en este caso eran las mismas que me enseñaban religión en la escuela y con las que nunca había tenido empatía. En vano se empeñaron en que me aprendiera de memoria los sagrados misterios y que me consagrara al rezo del rosario y a las penitencias para corregir mi aparente rebeldía. Pero ni modo: mi abuela mandaba, y si esa era la única opción que tenía yo de hacer la secundaria, pues me tenía que dar por bien servida, así debiese aprenderme los benditos misterios, que para mí todos eran dolorosos.

El día en que salieron publicadas las listas, mi abuela me hizo madrugar para que fuera a ver si yo aparecía en ellas. Mi alegría fue inmensa al no ver mi nombre. Llegué a casa con la efusiva noticia de que no había pasado, y que mi nombre no estaba siquiera entre las de quienes se habían presentado. La abuela me reprendió diciéndome que eso me pasaba por no estudiar y andar subida en el palo de mango. Pero mi felicidad no duró mucho, al momento llegó a casa una de las compañeras de la escuela que gritó con júbilo: "¡Pasaste, pasaste!... ¡Fuiste de las de mejor puntaje!". Yo no salía de mi asombro; me parecía inaudito ya que mi apellido no estaba por ningún lado. "Pues no miraste la primera lista que era de los cincuenta mejores puntajes", me aclaró, sin borrar su expresión de alegría. Sentí como si hubiese cavado mi propia tumba. Me quedé muda y mi rostro perdió el color, mientras observaba cómo mi abuela se me venía encima chancleta en mano, con la cual me dio una muenda por mentirosa. Ese sí era un pecado que ella no perdonaba, pues equivalía a una doble falta. Terminados sus quehaceres, la abuela se quitó el delantal y me agarró del brazo para ir al colegio y verificar mi mentira. "¡Usted a mí no me engaña, solapada!", me dijo. Y efectivamente, se enteró de que mi nombre era el quinto entre cincuenta alumnas seleccionadas. ¿Cómo pudo darse tal cosa? Tuvo que ser por los rezos de mi abuela y las travesuras del diablo.

Los días pasaron y me sentía angustiada pues no quería estudiar en ese colegio y no porque fuese malo; al contrario, tenía buena reputación, y muchas de mis compañeras estarían clamando por el cupo que yo me había ganado. Era aquello de los rezos, las monjas, la máquina de escribir y los garabatos de taquigrafía lo que me torturaba. ¿Acaso eso no era suficiente? A más de eso, pensaba en la mensualidad que habría que pagar los primeros cinco días de cada mes. Me parecía inaudito que mi abuela quisiera que yo pasara por la misma situación por la que pasó mi primo Francisco, quien trató sin suerte de hacer su primer año de educación primaria en ese colegio, pues en los dos periodos que lo matriculó terminaban devolviéndolo a la casa porque no estábamos al día con la mensualidad. Al final, después de tanta lucha, y como en ambas ocasiones se amontonaron varios meses sin pagar, terminaron por cancelarle la matrícula.

Días antes de terminar las clases nos visitaron unos maestros de la Escuela de Ballet de Cali, que estaban recorriendo las escuelas públicas en busca de nuevos talentos. Pasaron por todas las filas del salón haciendo su selección, escogieron a un grupo de alumnas entre las cuales estaba yo, y le pidieron a la maestra que por favor nos llevara a sus instalaciones para hacernos un examen físico. Añadieron que las niñas que aprobaran podrían competir por las becas de estudios que ellos tenían para niños pobres. Pero a pesar de las extenuantes jornadas de educación física a las que nos sometieron en la escuela, ninguna pudo pasar las pruebas de flexibilidad. Era absurdo hacer en pocas horas el ejercicio que no habíamos hecho en cinco años de escuela, en un minúsculo patio en el que lo único que podíamos hacer era tomar el sol. Con tristeza vimos cómo se nos esfumaba la oportunidad de ser las bailarinas del cuento de hadas.

El ambiente próximo a la graduación era de tremenda ansiedad. Se hablaba solo de los diferentes colegios en los que podíamos cursar el bachillerato, en varios de los cuales la mayoría de las alumnas se habían inscrito a la vez, cosa de que si no pasaban en uno tendrían la oportunidad de ingresar en otro. Yo no me resignaba a mi suerte, y como el tiempo se me estaba acabando y en mi casa no había quién me resolviera el problema, me armé de valor y le dije a la profesora que necesitaba hablar con ella sobre mi situación. Esa fue la primera y única vez que le hablé a mi maestra de algo personal y, más aún, que me atrevía a pedirle que me ayudara. Ella, al ver mi preocupación y que ni mi madre ni mi abuela habían ido a pedir información o consejo sobre dónde inscribirme, no me había tenido en cuenta en sus cartas de recomendación. Me dijo, entonces, que tenía un grupo de alumnas que querían ser maestras como ella y que si a mí me interesaba ser maestra, me incluiría en esa lista. Me previno que era una posibilidad pero que no podía asegurar que me aceptaran, pues los colegios oficiales eran muy reñidos y más ese colegio especializado en pedagogía, pero que según tenía entendido había una preselección en que tenían en cuenta a las alumnas que hubiesen estado en los cinco primeros puestos. Esa fue la razón de que mis notas del último bimestre pasaran de un promedio mediocre, y obtuve aquel quinto puesto.

Sin rezar el rosario se hizo el milagro, y las cinco estudiantes, compañeras de juegos, entramos al colegio. Nos perdíamos entre la multitud de alumnas que venían de todos los rincones de la ciudad. Eran once salones de sexto grado y en cada uno había más de cuarenta niñas. Aquel colegio era la institución académica más grande que yo había visto en mi vida. Tenía capilla, salón de música, canchas de basquetbol y de fútbol, y una increíble piscina que veíamos extasiadas cuando subíamos las gradas del edificio de tres pisos donde quedaban nuestros salones. Al principio tuve la pesadilla de que me perdía buscando el salón de clases, o que llegaba la noche y no encontraba la salida para irme a casa. ¡Me parecía irreal haber llegado tan lejos en mi corta vida!

Mi abuela se había encargado de confeccionar mi nuevo uniforme: una falda de pliegues a cuadros verdes con líneas delgadas de color blanco y amarillo que me llegaba casi a los tobillos, y una camisa blanca de manga corta, que se complementaba con zapatos negros y medias blancas. Todo estaba casi perfecto a excepción de los zapatos. Los benditos zapatos seguían siendo mi preocupación. Sin más remedio tuve que heredar un par de zapatos negros de tacón cuadrado de casi cinco centímetros de alto y sin cordones, que parecían zapatos de monja. Mi abuela los tenía guardados en su armario desde hacía varios años, cuando mi tío Rodolfo se los regaló para una fiesta de las madres. Inútiles habían resultado los intentos que hizo por venderlos, y ni regalados pudo deshacerse de ellos. Como era de esperarse, no se me preguntó si me gustaban o si me quedaban buenos: la abuela se limitó a entregármelos como parte de mi uniforme nuevo. En la escuela mis cinco centímetros de tacón cuadrado me hicieron ver como una de las niñas más altas de la clase, así que de inmediato me sentaron en uno de los últimos pupitres, cuando en realidad era de las más bajitas.

El gran colegio lograba ahuyentar mis tristezas y angustias al momento de cruzar su enorme puerta de metal. Atrás quedaba la odisea de las casi dos horas que me tomaba alistarme para ir a clases y los insufribles y eternos sesenta minutos como pasajera en La Múcura Ruta 1, la peor línea de autobuses de la ciudad. Por más que saliéramos temprano de casa era una lucha tenaz abordar el autobús, y era inútil que corriera hacia los paraderos anteriores al mío dizque para alcanzar a subirme, porque muy a menudo perdía la carrera y el vehículo terminaba pasando frente a mí dejándome una nube de polvo y el olor a gasolina. No era culpa de nadie: ni de la empresa, ni del chofer, ni mía. Si no se detenía era porque ya estaba repleto de gente, y eso que la estación de donde partían los vehículos estaba ubicada próxima a mi casa, debido al súbito crecimiento de la población de ese extremo de la ciudad y la colonización de los terrenos baldíos que formaban el ya extinto Navarro. Obreros, amas de casa, estudiantes, prostitutas y ladrones nos subíamos al mismo autobús que nos sacaría del "hueco". Sin pretenderlo, nuestro vecindario se había convertido en el área metropolitana del círculo de miseria. En ocasiones, como podíamos, nos prendíamos de las agarraderas de la puerta delantera y quedábamos colgando al aire como un racimo de plátanos humanos. Más de una vez se oían los gritos de "¡pare, señor, pare! ¡Mire que se van a caer!". En otras ocasiones el chofer nos abría la puerta trasera para que pudiéramos subirnos, lo que era formidable porque nos evitaba la ardua tarea de abrirnos paso a trompicones para llegar hasta allí a la hora de bajarnos, pero a la vez terrible porque obstruíamos la salida de los pasajeros, quienes en su afán de bajarse nos llevaban por delante, no sin antes insultarnos y regalarnos unos cuantos empellones y pisotones. Cuando descendía del autobús lucía ya sucia, despeinada, sudorosa y con la ropa ajada, pero lista para la segunda parte del trayecto: una caminata de media hora hasta llegar al colegio. A mis diez años me había convertido en una experta en el transporte público, y no tanto porque me supiera las rutas de los autobuses o porque conociera la ciudad, ya que lo más lejos que había ido era al colegio. Mi experiencia era más práctica: podía yo distinguir al ladrón del obrero, así se vistieran iguales. En más de una ocasión impedí que robaran a alguien, en especial cuando el ladrón llevaba en sus manos un paquete para que no lo vieran cuando metía la mano en las carteras de las señoras o en los bolsillos de los señores, pues yo, con mucha amabilidad, desde mi asiento, si estaba sentada, con cara y voz de ingenuidad le decía: "¿Quiere que le lleve el paquete, señor?"; y si veía que era una mujer mayor la que pensaba hacer de las suyas, me acomedía y le decía: "Señora, venga, siéntese en mi puesto que usted se ve muy mal". En otras ocasiones enviaba alertas con toda clase de gestos para que la persona supiera que la iban a robar. No sé si se podrían llamar actos de coraje o de inocencia, pues de milagro me salvé de más de una puñalada, que era lo que le propinaban a los "sapos" que se metían en donde no los llamaban.

La experiencia de estudiar en pleno corazón de la ciudad con niñas de otros estratos sociales y la educación que nos impartía el excelente equipo de profesores, hicieron que viviera yo en un mundo paralelo al que tenía en casa. A consecuencia de eso mi abuela cada vez tenía que esforzarse más por imponer su código de disciplina, y empezó a quejarse de mi rebeldía cuando yo me rehusaba a aceptar de buena gana sus reglas relativas a las horas a las que tenía que apagar la luz, así estuviese en mitad de mis tareas, o estudiando para un examen, o reunida en grupo para hacer trabajos los fines de semana. Y ni qué decir cuánto la fastidiaba mi permanente ruego para obtener su permiso para ir a jugar basquetbol en la cancha del barrio. El querer vivir mi propio mundo cultural y físico era todo un desafío para la mentalidad de mi abuela, quien a mis doce años todavía me decía qué ropa me permitía para salir a la calle y cuál no. Mis escasas escapadas de entonces las propiciaban las misas dominicales y la asistencia a los ensayos para las procesiones de Semana Santa, en las que mi abuela apoyaba el que me vistieran de Virgen o de arcángel San Gabriel. En algunas ocasiones me montaban en una tarima para representar alguna de las escenas de las doce estaciones del *viacrucis*; y si estaba "más de malas", en Navidad me subían en una carretilla halada por caballos, vestida de Virgen María, con el Niño Jesús y San José abordo, y nos llevaban a recorrer los barrios vecinos mientras el cura leía la novena. En más de una ocasión se me cayeron las sábanas con las que me vestían, o terminaba empapada por los tamaños aguaceros que me caían encima. Por fortuna fui creciendo y tuvieron que buscar a niños más pequeños para representar a esos personajes. Con seguridad la abuela pensó que en mí ya no había una gota de inocencia.

Dejé de vestirme como santa para usar el uniforme de los Guías Exploradores, versión de los *Boy Scout* para los niños pobres, patrocinada por el cura de la iglesia y por mi abuela, que dio el permiso para que mi primo Francisco y yo formáramos parte del grupo y con ello nos alejáramos de las malas amistades. La principal función de nuestro grupo era amenizar los actos de la parroquia, lo que representaba para los muchachos y muchachas de los barrios vecinos una oportunidad para compartir con "gente como uno", cosa que se había tornado cada vez más difícil pues muchos de los adolescentes, que abandonaron los estudios, se sumaron a alguna de las numerosas pandillas del sector. Asistíamos los sábados a los ensayos en el patio de la iglesia, salíamos en las procesiones de Semana Santa acompañando a la nueva generación de santos, e íbamos a los velorios de los niños que se hicieron hombres dando cuchilladas en las peleas de pandillas y murieron en su ley, o cayeron víctimas de sus intentos de atraco.

Mi abuela se había convertido en el capataz que debía imponer disciplina a cualquier precio, y se apersonó de la que creyó su única función ante la ausencia de mi madre. Nunca se preocupó mayor cosa por el desarrollo de mis estudios, y menos se le ocurrió ir hasta el colegio para enterarse de cómo me iba, ni de asistir a algún evento artístico en el que yo me presentara. Y esto de su desinterés por todo lo que tocara con mi vida escolar no es una hipérbole. Para la muestra un botón: cierta vez los maestros declararon un paro nacional, el que apoyé de forma voluntaria y me tuvo de vacaciones por casi dos meses a la espera de que anunciaran que ya se había levantado y que se reanudaban las clases. Lo que yo no sabía era que no todos los profesores habían entrado al paro y que las clases habían seguido como si nada. Pues bien, en mi casa ni se enteraron del suceso. Por propia iniciativa, pasado ese tiempo, un lunes me levanté temprano y me aparecí en el colegio ante la mirada extraña de profesores y alumnos. Me salvó que un pequeño grupo de alumnos también había faltado a clases y no tuvieron más remedio que recibirnos a todos…, eso sí, con las notas y el rendimiento por el piso.

El ambiente en los extramuros de la ciudad era opresivo, como vivir en medio de una jauría de lobos. Los niños con los que había crecido ya se estaban haciendo hombres y cada uno había tomado su propio rumbo, y lo mismo pasaba con las muchachas, que en su mayoría no habían seguido sus estudios. Cada vez que iba camino de tomar el autobús debía enfrentarme a las pequeñas "galladas" de muchachos y muchachas que apiñados en las esquinas me hacían blanco de sus atropellos, desde gritarme mi apodo de bípedo emplumado hasta encenderme a piedra. En muchas ocasiones, cuando el bus no paraba donde debía yo bajarme, me tocaba dar un rodeo para evitar pasar por el célebre y oscuro Callejón y por supuesto, eludir a las pandillas que se aposentaban en las esquinas. Para mí era angustiante tener que encontrarme casi a diario con 'Cuchilla' y sus amigos; las piernas me temblaban cada que me topaba con ellos y me lanzaban esas miradas que te violan hasta la conciencia. Por obra y gracia de estos personajes del vecindario nunca se me permitió usar pantalones cortos, y el par de veces que la abuela me dio permiso para ir a jugar basquetbol me obligó a usar pantalones hasta el tobillo o falda larga.

Cada vez que podía le escribía a mamá, y la carta la enviaba en el mismo sobre que la de mi abuela. Por descontado, en ella me limitaba a hablarle de cosas que no fuesen objeto de la estricta censura de la abuela si acaso las leía…, lo cual era lo más probable. En una de tales cartas le conté a mi mamá lo de mis diarias tribulaciones para ir a la escuela, por lo que ella decidió girar un dinero extra para que pudiera yo gozar del servicio de bus del colegio; pero la dicha me duró solo dos meses: hasta que le rompieron los vidrios al bus un día que pasaba por mi barrio, y cancelaron la ruta.

Mi vida continuaba como de costumbre. De mi papá no tenía noticias, y mi mamá seguía trabajando en Venezuela sin que supiera la fecha de su regreso; eso sí, nos mandaba lo que podía para que sobreviviéramos. Acuciada por la falta de recursos y las necesidades que me imponía la edad, pues era yo ya una señorita, empecé a trabajar en una tienda de juguetes recién inaugurada en un lugar exclusivo de la ciudad. El trabajo era sencillo: tenía que disfrazarme de alguno de los personajes de Disney y tomarme fotos con los niños en sus fiestas. Nos subían a una camioneta y nos llevaban a casa de los niños, y al final del día nos pagaban por las horas de trabajo. Al principio todo iba bien, hasta que los jefes dejaron de pagarnos dos meses y nos despidieron sin un peso en el bolsillo.

A estas alturas mi abuela sentía que su rígida disciplina ya no iba conmigo. Así se lo dejó saber a mi madre en una carta que le envió sin mi conocimiento:

Cali, enero de 1983

Querida hija:

Espero que al recibo de esta carta se encuentre bien, gozando de buena salud. Por acá todos estamos bien gracias a Dios.

Me veo en la penosa necesidad de escribirle porque no sé qué más hacer con Corintia. Ya ella está muy grandecita y toda una señorita pero más rebelde que nunca. No hace caso y no respeta mi autoridad. Se la quiere pasar en la calle y lo que hace que entró a ese colegio, con el que nunca estuve de acuerdo, ella va de mal en peor. Yo ya no me quiero hacer cargo de ella. Usted que es la mamá, mire a ver qué quiere hacer pues yo ya no me hago responsable.

Muchas gracias por la platica que me envió; usted ya sabe que aquí tenemos mucha necesidad y que cada vez que usted envía dinero, ya se debe la mitad. Cuídese mucho y estaré al pendiente de su respuesta sobre el asunto de Corintia.

Su madre,

Rosario

La misiva era contundente, un virtual ultimátum. Era una presión indebida porque mi madre no podía encargarse de mí por encontrarse trabajando en otro país. Ante esto, y por consejo de no sé quién, la abuela decidió ingresarme en un internado hasta que mamá regresara. Yo no salía de mi asombro. ¿Qué era eso de que iba "de mal en peor", y por qué mi abuela se ensañaba conmigo? Pero como me era imposible comunicarme sin testigos con mi mamá, nunca tuve la oportunidad de contarle lo que me sucedía. Como mi situación era de permanente zozobra, llegué a pensar que si tal cosa hacía conmigo la abuela era mejor que seguir batallando en la calle y aguantando sus constantes palizas. Con la guillotina de la abuela en el cuello, decidí escribir una carta de despedida a mis compañeras del colegio para informarles de que no volvería, pues según mi abuela yo estaba haciendo algo muy malo, tal vez el haber entrado a trabajar, y por tal motivo me iba a meter a un internado.

Al día siguiente varias de mis compañeras fueron hasta mi casa para hablar con la abuela y pedirle que al menos esperara a que terminara el año escolar; que ya se encargarían de hablar conmigo para que yo fuera más obediente; que la directora del curso quería hablar con ella, y que por favor fuera al colegio antes de tomar esa decisión. Ante semejantes argumentos mi abuela no tuvo más remedio que mandarme a clases al día siguiente, pero me dejó en claro que ella nada tenía que hacer en mi colegio, y que si la directora quería hablar con ella, pues que fuera hasta la casa si tanto le interesaba yo.

Pasaron las semanas. Finalmente llegó la respuesta del internado a la solicitud de la abuela: yo ya había pasado la edad límite para ser aceptada. Leído el mensaje, la abuela decidió esperar a que terminara el curso para escribir de nuevo a mamá diciéndole que se hiciera cargo de mí porque ella no me aguantaba más.

Ante la irresponsabilidad de mi tío Rodolfo, quien suspendió lo poco que daba para el sostenimiento de Francisco, mi abuela no encontró más remedio que demandar a su propio hijo ante el

Instituto de Bienestar Familiar para que al menos le endosara a ella el subsidio familiar al que tenía derecho por ser la responsable de la crianza de uno de sus hijos. Pero las cosas no salieron como ella esperaba, pues el tío Rodolfo, para evitar que tal cosa sucediera, decidió llevarse a Francisco a vivir en la casa de su nueva familia y los cuatro hijos que tenía con su tercera esposa. Francisco había tenido la suerte de vivir con mi abuela, quien a pesar de su natural hosco y su genio volado, se preocupaba por que todos los años pudiese entrar a la escuela, lo que no sucedió cuando se fue con mi tío. Lo mismo le había pasado a Daniel, quien después de vivir con nosotros unos años fue *adoptado* por mi tía Amalia y Misael, pero unos años más tarde, debido a su rebeldía, la tía se lo devolvió al tío Rodolfo para que se hiciera cargo de él. Pronto nos empezaron a llegar noticias de las golpizas que el tío les propinaba, que a veces, decían los informantes, los dejaban privados en el piso. Mis pobres primos habían pasado de un yugo soportable a una verdadera coyunda.

Cuando estaba por entrar al octavo grado llegó mi madre de Venezuela y nos dio la noticia de que se venía del todo para Colombia. Atrás había quedado la mujer tímida de limitados horizontes que se había marchado hacía casi cuatros años. Se veía más joven, había cambiado su manera de vestirse, de peinarse, de hablar, de comer y lo más importante: se le notaban las ganas de vivir. Irradiaba seguridad y ansias de lograr su independencia. De la que se fue no quedaba ni la sombra. Eso fue lo que sentí el primer día que la vi. Traía en su maleta curiosos objetos: una grabadora y casetes de música llanera, salsa, vallenato, música americana de Donna Summer y Gloria Gaynor, cremas olorosas para el cuerpo, maquillaje, pantalones ajustados, un libro mutilado de poemas de Julio Flórez, recortes de recetas y un par de gafas Ray-Ban de lentes verdes y borde dorado. Y para completar, en cada conversación soltaba un "¡cónchale, vale!".

Supuse que estando al lado de mi madre terminaría el calvario que vivía con mi abuela, y en parte fue así. Ella llegó con un aire renovador, cocinando ricos platos, entre ellos los espaguetis a la boloñesa que abolieron la esclavitud de la rama de cebolla larga que usaba mi abuela para aderezar los platillos más insospechados. De igual forma se impuso la tarea de enseñarme a comer con tenedor y cuchillo, dado que yo usaba la cuchara para comer todos los platos. Por primera vez me llevaron al odontólogo para que me hiciera un tratamiento completo y me calzara las muelas que ya estaban echadas a perder, y reaparecieron en mi dieta las vitaminas, el sulfato de hierro, la cola granulada y la abominable cucharada diaria de Emulsión de Scott.

Pero, a pesar de las nuevas experiencias y del aprendizaje de nuevas costumbres, hubo cosas que empeoraron y sumaron otros ingredientes al caldo de cultivo de mis sinsabores. Al "¡cónchale, vale!", típica expresión venezolana que se convirtió en la muletilla predilecta de mi madre, siguieron expresiones como "¡no seas gafa, estúpida!". Estas expresiones me exasperaban y fueron creando una nueva barrera entre las dos. Y si en casa se me había enseñado que palabras como *boba, tonta y pendeja* eran insultos, aquellas con las que mi madre se dirigía a mí eran impronunciables. A estas expresiones y palabras desagradables se sumó una nueva forma de maltrato: cada vez que la rabia la dominaba me agredía a cachetadas.

El paso del tiempo, la distancia y las experiencias habían dejado sus marcas en cada una de nosotras. En mi caso, fueron ineficaces las privaciones, las palizas y el encierro al que me condenó la abuela: me había convertido en una niña rebelde a la que ya no era fácil dominar y a la que poco amedrentaban los malos tratos. Esto desató de una vez por todas la guerra entre las dos. Vivíamos en una permanente lucha de poderes, y eso fue lo que encontró mi madre a su regreso: una hija a la que ya no podía dejar bajo la tutela de la abuela, y si planeaba irse de nuevo tendría que llevarme con ella.

Se pueden aprender nuevos idiomas, adoptar nuevas costumbres y hasta cambiar de apariencia; pero es muy difícil erradicar una conducta de violencia enquistada. ¿Cómo corregir un patrón de acciones que consideramos correcto y que nadie nos advierte que está mal? Aprendimos a defendernos de la violencia con más violencia. Tal parece que el paso del tiempo es inútil para extirpar nuestros condicionamientos. Son años y años aumentando los eslabones de la misma cadena y traspasándola de generación en generación.

En muchas ocasiones escuché a la abuela Rosario decirle a la gente: "A mí ningún hijo se me torció a pesar de que se criaron sin padre. Ninguno de mis hijos se dedicó a cosas indecentes, no consumen drogas, son trabajadores y nunca han pisado una cárcel". Pero bien valdría analizar qué es lo que ella llamaba *indecencia* y explorar el daño interior que se incubó en cada uno de ellos. Es que la sociedad parece haber olvidado que una gran parte de sus integrantes son hijos de la violencia que se sembró en la patria y de cuya nefasta simiente brotaron niños que parecían no entender nada, y que rieron, y lloraron y jugaron, aunque, sin saberlo, estaban ya marcados por el estigma de la violencia. Yo fui una de esos chiquillos.

A veces me pregunto si cuando uno llega a ese estado de iluminación en el que comprende que la vida es una sucesión de subidas y bajadas, que no hay momentos eternos por muy buenos o muy malos que sean, ha arribado a la madurez o, mejor, a la vejez. No recuerdo haber reflexionado tanto sobre el pasado como ahora. No solo repaso mi vida, sino la de otras personas. Siento que la desvisto de sus capas para contemplar su desnudez bajo mi lámpara. Algún significado ha de tener el que un individuo comience a leerse en retroceso, a buscar su sombra en las aguas idas, a tratar de hallar esos granos de oro que navegan perdidos entre las corrientes turbulentas de sus ríos y sus mares. Cada quien pesca lo suyo, y yo ahora atrapo en mi batea una pepita de oro que brilló un día en la sonrisa de mi madre. Su reflejo fue un espejismo que iluminó el odiado zaguán de la casa de la abuela.

Mi madre había decidido no emplearse más, algo inusual en quien tuvo que trabajar duro desde niña para ganarse el pan. Y así se lo informó a la abuela, quien con su natural sarcasmo comentó: "¿Y ahora con qué gracia va a salir? ¿Fue que se ganó la lotería, o enviudó de un rico en Venezuela?" Con eso lo había dicho todo. Si mi madre no trabajaba, ¿qué sería de nosotras? Por un momento pensé que volvería a Venezuela y me llevaría con ella al no saber qué más hacer conmigo. Pero no. Mi madre quería ser empresaria, en lo cual pensaba invertir lo que había logrado reunir en todos sus años de trabajo. "¿Y usted qué va a saber de negocios, si no ha estudiado?" Mi madre no contestó a la abuela, pero desde ese día comenzó a buscar en la prensa algo que le interesara para sus propósitos.

A los pocos días nos dio la noticia de que había comprado la franquicia de un negocio llamado Los Jugos. Recuerdo que las tres celebramos, y de momento quedaron atrás las prevenciones de la abuela sobre la capacidad de mi madre para manejar algo propio. Pero la alegría no duró mucho, pues a las pocas semanas de haber concretado el negocio decidió ponerlo en venta debido a que un tío de mi madre, hermano de la abuela, se dedicó a crear un mal ambiente al comentar que cómo se le ocurría a mi mamá colocar un negocio en una zona de prostitutas, y que sin un hombre que la respaldara esa locura iba a terminar en una tragedia. "¡¿Y es que las prostitutas no toman jugo o no comen?!", le grité furiosa cuando su lengua venenosa forzó a mi madre a sepultar sus sueños de ser empresaria. Agobiada por la permanente cantaleta de la abuela y los comentarios malintencionados de los entrometidos, en menos de una semana mi madre encontró un comprador que a gotas le pagó el valor de la inversión.

Después de este fracaso y habiendo disminuido de forma considerable su capital para realizar sus sueños empresariales, mi madre decidió montar una tienda en la habitación en la que dormíamos; para ello hizo derribar la pared que daba a la calle y en su lugar colocó una puerta garaje, con lo cual volvimos a dormir hacinados en el cuarto de la abuela. Creo que todos los que la vieron de nuevo enroscarse como oruga se sintieron satisfechos. A Dios gracias la tienda fue un éxito; yo trabajaba en ella todas las tardes cuando regresaba del colegio. Con lo producido sufragábamos los gastos básicos de alimentación y quedaba un excedente para invertir en nuevo surtido. Adquiríamos víveres al por mayor y los vendíamos al menudeo, lo que generaba un mayor margen de ganancia en un negocio de centavos. La relativa estabilidad económica que esto nos produjo ayudó de cierta forma a que se fortalecieran las relaciones entre mi madre, mi abuela y yo, pues el trabajo diario hizo que las tres olvidáramos nuestras diferencias para sacar adelante la tienda y entendiéramos que solo nos teníamos a nosotras para sobrevivir. Al menos así lo creí yo..., y quisiera pensar que eso mismo pensó la abuela.

Un año más tarde, por esas cosas de la vida, mi madre se reencontró con un exnovio con quien había roto porque después de varios meses —o años, no lo sé— de relación, mi madre le confesó que tenía una hija, y a los pocos días decidió ella salir del país. El reencuentro fue cósmico: ninguno de los dos se había casado, y el sentimiento que se tenían parecía estar intacto desde entonces. Esta vez, con todas las cartas sobre la mesa, existía la posibilidad de formalizar una relación. Empezaron las visitas del novio, las salidas a cine, los detalles y las consabidas galanterías. Transcurrieron los meses, y un día mi mamá me dijo que Manolo le había propuesto matrimonio y que ella había aceptado. Yo me sentí feliz por ella, pues siempre quise que tuviera un buen hombre a su lado. Por esos días la felicidad rondaba en mi casa; sin duda se trataba de un gran cambio. Con la noticia del matrimonio y entre los preparativos de la boda, llegó el día en que el par de novios me llevarían a visitar su nueva casa. Por supuesto, mi madre me dio todas las recomendaciones del caso sobre lo que debía y lo que no debía decir o hacer:

—Corintia, te vamos a presentar a la mamá de Manolo. Ella vive con él y es una señora muy estricta, pero hay algo que no te he dicho: la señora no sabe que tengo una hija, y si se entera de que soy madre soltera no va a aprobar el matrimonio.

La miré incrédula. Tanto tiempo, tantas idas y venidas, para regresar al principio. ¿Por qué me hacía pasar por lo mismo? De momento mi felicidad se empañó y volvió a surgir la distancia que siempre había existido entre nosotras.

—¿Y para qué quieres una suegra así? —le dije, exasperada—. Mejor ni vamos.

Sin conocer a la señora sentía ya que la odiaba.

—No te preocupes —me tranquilizó—. Le diremos que eres mi sobrina. ¡Y cuidado con hacerme quedar mal porque no te lo voy a perdonar!

—¿Tu sobrina? —le repliqué—. ¿Y se puede saber de quién soy hija?

La ira me carcomía. Ahora no solo ella debía mentir, sino también su prometido. ¿Era acaso yo una vergüenza para ambos? Sentí deseos de regresar a casa: al fin y al cabo, a mí qué me importaba lo que esa señora pensara. Tanto el pelele del novio como su madre me parecieron un par de retrógrados con los que ya no quería emparentarme, y menos vivir con ellos. Pero recapacité. Eran las ilusiones de mi madre, la posibilidad de dejar atrás tantos años de amargura reprimida, por lo que me era difícil no apoyarla, así fuera en contra de mí misma. Mi madre continuó aleccionándome, sin pensar que sus palabras abrían entre nosotras una zanja sin orillas. Con la pizca de orgullo que me quedaba contuve las inmensas ganas que tenía de llorar.

—Hija de su tía Amalia —me recordó una vez más—. ¡No lo olvide!

Sentí cierto alivio de que al menos hubiese escogido a mi tía Amalia para endosármela como madre. Ella siempre me había tratado con cariño y era mi consuelo en momentos de desasosiego. Muy otra habría sido mi reacción si a mi madre se le hubiese ocurrido presentarme como hija de uno de mis tíos, quienes jamás mostraron una onza de interés en mí fuera de un saludo amable o un "Dios la bendiga", que no se le niega a nadie.

—Mamá, si esto la hace feliz, pues se hará como usted diga —acepté, resignada.

Ya mi madre tenía todo planeado. Nuestra separación sería por poco tiempo, me aseguró. Luego del matrimonio seguiría yo bajo la tutela de la abuela por unos cuantos meses, y después, cuando ya todo estuviera consumado, me llevaría a vivir con ellos. El primer pensamiento que vino a mi mente fue qué artimaña se ingeniarían para enmendar las cosas. ¿Será que van a *matar* a la tía Amalia o a *enfermar* de gravedad a la abuela?, me dije.

Así pues, llegamos puntuales a casa del novio, en una segunda planta. Subimos las gradas, timbramos y salió a recibirnos el sobrino de Manolo que estaba de visita, quien nos dijo que su abuela nos esperaba en la sala. Como estaba planeado, al hacer las presentaciones del caso le dijeron a la señora que yo era sobrina de mi madre. La dama, tan elegante y fina como la poltrona de color vino tinto y arabescos en la que estaba sentada, me miró intrigada y no hizo preguntas, pero cada vez que me clavaba los ojos yo sentía un ardor en mi rostro. No sé por qué, pero estaba segura de que esa señora que aparentaba ser la personificación de la moral podía leer mi pensamiento. Por fortuna el *show* duró solo un par de horas, y yo me entretuve viendo la televisión para evitar suspicacias. Sentí un alivio inmenso cuando mi nueva tía anunció que ya nos íbamos.

El regreso a casa de la abuela fue la prolongación del martirio que sufrí aquella tarde y preámbulo de lo que viví después, amargada por la situación. Durante todo el trayecto me abstuve de hablar, aduciendo que me sentía cansada. Sí, estaba cansada de darle mil vueltas al asunto: ¿Qué iba a hacer? ¿Cuál sería mi estrategia? ¿Adónde podría irme? A mí nadie me preguntó si quería quedarme nuevamente bajo la férula de la abuela, cosa inconcebible ya para mí. Sí, era cierto que nos estábamos llevando mejor, pero yo sabía que tan pronto mi madre se fuera de la casa la guerra se reanudaría. No podía contar con mi tía Amalia, pues aunque ella estaba al tanto de mis tribulaciones, nunca se hubiese atrevido a contradecir a mi madre y menos se haría cargo de mí. Así mismo quedaba fuera del mapa contar con mi padre fantasma o con su familia, a la que escasamente conocía. De la noche a la mañana mi vida se había vuelto a convertir en un caos y de nuevo la incertidumbre y la tristeza me oprimieron.

Los días pasaron rápido, y la fecha de la boda de mi madre estaba encima. Una vecina del barrio fue la encargada de confeccionar el traje y de difundir el chisme. A todas estas, mientras mi madre se alejaba de nuestro mundo real para acercarse al de sus ilusiones, mi abuela y yo nos encargábamos de la tienda. Ninguna de las dos decía nada, pero ambas sentíamos la zozobra de los cambios que se avecinaban. Faltando pocos días para el casorio comencé a trabajar en las tardes como tutora de unos niños; ocupación que me consiguió una profesora del colegio. Con ello pude devengar algún dinero que me ayudaba a cubrir los gastos escolares. Además, yo había estado reuniendo, sin que lo notaran, todas las monedas nuevas de veinte pesos que recibíamos en la tienda y las guardaba en una bolsa escondida en el armario. En mis cálculos cada moneda contaba, y yo me preparaba para la austeridad que se nos venía encima.

De la boda de mi madre lo único que yo sabía era lo de su vestido beige y la temida fecha: un veinticinco de octubre. No estaba al tanto de los detalles, y mucho menos adónde irían los esposos en luna de miel. Y como en casa reinaba un mutismo total sobre el acontecimiento, mis responsabilidades con el estudio, la atención de la tienda y el trabajo de tutora me distrajeron de mi interés en el asunto. Me había resignado a mi desventura. Cómo hubiese querido crecer de la noche a la mañana para escapar de esa pesadilla.

Faltando cinco días para la boda mi madre dejó de dormir en casa, lo que me causó extrañeza pues nunca lo había hecho antes, y siempre que salía regresaba a más tardar a las once de la noche. Cuando pregunté por ella me dijeron que estaba donde la tía Amalia, y supuse que se debía a asuntos relacionados con el gran evento, pues lo más seguro era que allí se estaban ultimando los pormenores de la boda. Pero, para asombro de todos, llegó el día del matrimonio y ni mi madre ni el novio daban señales de vida. Ese día veinticinco mi abuela estaba con el peor de sus humores, y me dio la orden de no abrir la tienda porque no quería ni ver ni oír a nadie. Cuando le pregunté a qué hora íbamos a ir a la boda me gritó desde la cocina:

—¡Qué boda ni qué ocho cuartos! ¡Es que su mamá nació con una suerte desgraciada!

Me quedé de una pieza.

—¿Qué pasó, abuela? —le pregunté, estupefacta.

Nada me respondió, pero su silencio fue harto elocuente. Supe así que no habría boda, y la experiencia me aconsejó dejar tranquila a la abuela con sus demonios. Le pedí, entonces, permiso para ir a casa de la tía Amalia, pero con un alarido me dejó en claro que no debía yo molestar a mi madre, y me ordenó que la esperara en casa.

El hecho es que la abuela estaba ya enterada de que no habría boda, pues supo que mi madre había caído en una terrible depresión que la tenía postrada en cama. Lo que no sabía es que su hija nunca volvería a casa. ¿Qué había sucedido? Diferencias irreconciliables entre mi madre y su prometido sobre quién sería la señora de la casa, si la suegra o la esposa, dieron como resultado que el novio desistiera de casarse. Mientras mi madre se moría de tristeza en una cama, el escaso surtido de la tienda se agotaba y las estanterías empezaban a vaciarse. Por supuesto, el hecho fue la comidilla del barrio, y las lenguas viperinas tejieron toda clase de comentarios mordaces sobre la frustrada boda. Más de uno cuando iba a la tienda me preguntaba con ironía: "¿Y qué pasó con su mamá?, ¿está de luna de miel…, o fue que no se casó?"

Los meses pasaron, y ante la renuencia de mi madre de regresar al barrio y retomar las riendas de la tienda para levantarla de nuevo, mi abuela decidió vender el entable y el enfriador para reunir un dinero y podernos mudar a otro vecindario.

Entre la tía Amalia y su esposo, mi abuela y otro primo de nueve años que había llegado de Venezuela, empacamos la mudanza. Esta vez no fueron mis oraciones las que desencadenaron semejante terremoto, sino el imperativo de reunificar lo que nos quedaba de familia y poder seguir luchando por la subsistencia. Yo no lo podía creer, lo impensable estaba sucediendo: nos íbamos del barrio, dejábamos aquel sitio que por cosas del destino dejaba tan malos recuerdos en cada una de nosotras. Nos marchábamos llevando consigo lo mismo que habíamos traído: los sinsabores del pasado. La farsa había terminado.

El destino había incubado en mi madre y en mí un mismo sentimiento: ninguna de las dos quería vivir más en esa casa. Mi madre por no tener que volver y enfrentar a la gente, y yo, que llevaba a cuestas la difícil tarea de vivir con miedo, sintiendo que no podía confiar en nadie. Estaba que saltaba de júbilo aquel día. Dejar ese mundo para abrirnos paso en otro diferente era algo que había esperado desde siempre. Empero, la situación de mi madre ensombrecía mi alegría de mudarnos a una casa en otra barriada. Poco me importaba que arrastrásemos una situación económica difícil, pues el dinero de la tienda se había evaporado, mis monedas de veinte pesos habían desaparecido sin saber cómo y contábamos solo con el dinero justo para pagar el primer mes de arriendo de dos cuartos de alquiler en la casa de una pareja, quienes a su vez eran arrendatarios.

Pero el cambio de vecindario no logró sacar a mi madre de la depresión, que ya comenzaba a causar estragos en su salud. Sin embargo, la necesidad de buscar dinero para pagar la renta y la comida hizo que se levantara de la cama y se colocara de nuevo como operaria en una fábrica de confecciones, en la que duró solo un par de meses porque su salud empeoró y empezó a desmayarse con frecuencia. La imagen que tengo de mi madre en esos días es la de un ser desmoronado. Hablaba y comía poco, no dormía bien, y si estaba en casa era como si no estuviera. Mientras tanto yo seguía trabajando y estudiando al mismo tiempo, tratando de sacar mis últimos años de secundaria adelante, viendo cómo mi madre se desvanecía antes mis ojos y queriendo hacer yo lo inalcanzable para no permitirlo.

La vida continuaba con sus avatares, y pese a la enfermedad que la consumía mi madre no pudo darse el lujo de quedarse en casa hasta recuperarse. Los médicos le diagnosticaron una gastritis grave y conceptuaron que mi madre recobraría la salud en cuestión de meses si hacía un cambio en su dieta, suprimía los ácidos, colocaba unas almohadas debajo del colchón para que durmiera inclinada y evitar así el reflujo de los ácidos, y tomaba dosis industriales de un antiácido. De ese diagnóstico hace ya casi veinticinco años, y todavía padece mi madre la misma enfermedad u otra no detectada que comenzó un veinticinco de octubre…, pero yo sé que tiene nombre y apellido.

Tan pronto mi madre se sentía con un poco de fuerzas volvía a trabajar en cualquier fábrica de la ciudad, que en los últimos años se había visto inundada por un sinnúmero de maquiladoras a las que acudían cientos de mujeres provenientes de los estratos sociales más bajos. Cuando a alguna se le acababa el trabajo en la fábrica en que laboraba, no faltaba la vecina que le avisara sobre otra fábrica en la que estaban recibiendo personal. Así fue como mi madre se recorrió casi todas fábricas de confecciones de Cali, que fueron una tabla de salvación para muchas mujeres jefes de hogar con padres e hijos que mantener. Muy pocas de dichas factorías contaban con aire acondicionado, y mucho menos con una cafetería decente para que los empleados pudieran disfrutar de una comida como Dios manda, o simplemente pasar en ella sus minutos de descanso. Las ocho horas de trabajo que pasaba mi madre laborando en espacios sobrepoblados, abarrotados de obreras y de máquinas que emitían un calor insoportable, más el efecto de los típicos ventiladores de fábrica, que en vez de refrescar el ambiente esparcían por todos lados el viento caliente contaminado de hilaza de algodón, hacían que ella, débil aún, no tardara en recaer. Era mayor el tiempo que nos tomaba lograr que se recuperara, que el que ella se tomaba para volver a enfermarse.

Recuerdo que en uno de sus últimos trabajos no disponían de una cafetería, por lo que las obreras debían llevar el almuerzo o salir a comprarlo en la calle. Como en nuestra situación cada centavo ya estaba comprometido antes de haber sido devengado, el tener que comprar el almuerzo resultaba más costoso que los dos pasajes de autobús, ida y vuelta, que yo tendría que tomar tan pronto regresaba del colegio al mediodía para salir de nuevo y llevarle el almuerzo hasta la fábrica. Era en ella tal la falta de consideración con los empleados, que aparte de carecer de aire acondicionado o suficientes ventanas para ventilar el espacio, ni siquiera contaban con una nevera para preservar los alimentos o una estufa donde calentarlos, por lo que las operarias colocaban sus portaviandas metálicos encima de los motores de las máquinas de coser para entibiarlos. En ese ajetreo las comidas se agriaban o terminaban derramadas sobre el piso. Cada vez que llegaba yo con el vianda el celador gritaba: "¡Trujillo, su almuerzo!", y se agachaba para tirar de la arandela de la puerta metálica plegable y dejar libre un espacio de treinta centímetros, abertura justa para que él pudiera deslizar el portaviandas y que lo agarraran del otro lado de la puerta. Recuerdo que siempre le pedía: "Señor, por favor no lo deje voltear que es comida", pero al hombre lo mismo le daba. Parecía gozar exhibiendo sus dotes malabáricas y demostrando que él tenía el control.

Esto se repetía día tras día: la misma puerta, el mismo carcelero, la misma súplica. Pensaba en las manos suaves de mi madre, en su figura etérea y desvalida detrás de esa puerta metálica. Me la imaginaba recogiendo el vianda del piso ante la mirada apática de quienes vivían la misma desgracia y recibían el mismo trato. Sentía que era yo quien detrás de la gran reja compacta de color gris recogía el portaviandas de mi madre y la llevaba a un lugar cómodo entre las decenas de máquinas de coser para que consumiera sus alimentos; hasta que el grito de siempre: "¡Muévase! ¡El que sigue!" me volvía a la realidad. Ese feo chirrido de la puerta metálica al subir, el grito del hombre y el sonido del metal rastrillando el piso, taladraron mi conciencia, y los años no han podido borrarlos. Eran el diario testimonio de que por más que lucháramos navegábamos en círculos y que nos estábamos quedando sin una gota de dignidad para soportar la vida.

Como decía Goethe, "la juventud quiere mejor ser estimulada que instruida". Quizás eso explica la rebeldía que nos caracteriza en nuestro años tempranos, el antagonismo que mostramos con quienes tratan de controlarnos y sujetarnos las riendas; porque en la juventud somos Pegasos inmaculados bajo la potestad del gran Zeus. Cuestionamos las teorías sociales, rechazamos las normas, divagamos y nos creemos dueños de la razón, capaces de transformar el mundo; rechazamos imitar a nuestros padres y a los mayores, y nuestra alma viaja en espirales y fluye tras el aroma y el resplandor de un intangible. Y allí donde los viejos advierten un peligro, los jóvenes vemos la posibilidad de una aventura y reclamamos el derecho de vivirla plenamente. Cuando llegué a la nueva casa era yo un Pegaso ansioso de alzar vuelo.

Nuestro nuevo hogar estaba en un vecindario cercano al anterior, pero ubicado frente a la autopista central de la ciudad, lo que sin duda fue para mí más conveniente porque me aliviaba de las terribles madrugadas para salir a tomar el autobús, ya que era paso obligado de casi todas las rutas de buses de la ciudad. Me gustaba mi nueva casa por su amplio antejardín con sus dos graderías recubiertas de loseta de color azul aguamarina, por el crecido jazmín que con su dulce fragancia aliviaba las preocupaciones del día, y por esa cascada luminosa que se apoderaba de la sala y de los cuartos a través de los grandes ventanales, los cuales me hicieron olvidar de que a pocas cuadras de allí existía todavía la casa de la abuela, la del sombrío zaguán que me había martirizado durante la infancia. Compartíamos la casa con la pareja que nos subarrendó dos habitaciones: Carlos, cerca de los cuarenta años de edad, y Noelia, que no llegaba a los treinta. Ambos eran cristianos activos y dedicaban la mayoría de su tiempo a visitar los centros penitenciarios de hombres y mujeres para enseñarles el Evangelio y llevarles artículos de aseo, libros y alimentos, en su mayoría donados por familias pudientes que los hacían llegar a nuestra casa. Muchas veces ayudé a organizar esas remesas que eran esperadas con anhelo todos los viernes.

Uno de esos días, mientras me dedicaba yo a esa labor, pregunté a Carlos y a Noelia por qué trabajaban tan duro y con tanta fe en su pretensión de recuperar a delincuentes que en su mayoría reincidirían tan pronto pusieran un pie en la calle. Recuerdo que hasta me atreví a criticarlos por lo que consideraba un esfuerzo perdido, y opiné que mejor sería que lo invirtieran en los niños "para que no se torcieran". Para ilustrar mi aserto les mencioné la larga lista de niños de mi barrio que se habían convertido en drogadictos y criminales por falta de un consejo oportuno y una orientación apropiada. Para mi sorpresa, Carlos me replicó que él había estado preso durante varios años, justo en la cárcel que quedaba en mi barrio, porque en sus tiempos de drogadicto había violado a una joven, y que estando entre rejas, sufriendo el rechazo de su familia por ser la oveja descarriada, alguien le había compartido el Evangelio y con ello salvó su vida y lo más importante: su alma.

Escuché la historia con incredulidad, al punto que les dije que eso eran cuentos suyos para atrapar a ingenuos. Esto enfureció a Noelia tanto que tiró sobre la mesa los cepillos de dientes que estaba organizado y se dirigió a su cuarto, dejándonos a Carlos y a mí cara a cara. A los minutos regresó con un recorte de prensa en el que aparecía la foto de Carlos bajo un gran título que decía: "Agarraron al violador". Tomé el papel entre mis manos y leí y releí la noticia, volviendo de vez en vez los ojos hacia Carlos, quien lucía tan pálido como yo. Me convencí, entonces, de que se trataba de la misma persona, y que el hombre que estaba frente a mí había tenido corazón para abusar de una estudiante de diecinueve años después de golpearla y robarle la cartera. No hice ningún comentario, pero mi silencio y mi cara de desconcierto fueron harto elocuentes. No sentí miedo de aquel hombre, pero eso me hizo reflexionar sobre las jugarretas del destino. Era el colmo que la vida nos pusiera ahora a dormir bajo el mismo techo de un violador, drogadicto y ladrón. ¿Cómo podía Carlos tener esa doble personalidad?, me dije. Si hasta parecía un cura. Pero debo admitir que en todos los años que viví con ellos, lo único que pude reprocharle a Carlos fue su negativa de cerrar la puerta con pasador cuando entraba al baño. Odiaba las puertas cerradas.

La vida me enseñaba otra faceta de la sociedad: la de quienes se comprometen con una causa, convencidos de que están haciendo el bien. Y con la misma devoción que ponían en su trabajo en las cárceles, esta pareja se dio a la tarea de predicarle a mi mamá el Evangelio y a hablarle del amor de Dios para con ella. Felizmente mi madre encontró en Dios la fuerza que necesitaba para irse recuperando de su estado, y una milagrosa puerta de escape para salir de la depresión y entrar en el Evangelio. El ser celestial selló el "agujero negro" por el que se precipitaba. Conmigo también trataron, pero les fue imposible manipular mi conciencia, labrada ya por mis lecturas, dado que devoraba cuanto texto llegaba a mis manos. Por ello me las ingeniaba para escabullirme cuando estaban en su labor de adoctrinar a mi madre. No me bastaba con lo que mis profesores me enseñaban en clase. Me volví asidua lectora de Platón, Descartes, Kant, Hegel, Aristóteles, Hobbes, Locke, Hume, entre tantos otros autores que enriquecieron mi intelecto y satisfacían en algo mis ansias de comprender la realidad. Comencé a entender el porqué de la desigualdad, el abuso de poder y el egoísmo, e incentivada por una monja de las Canarias que nos enseñaba religión empecé a idealizar al Che Guevara y al movimiento revolucionario, sin saber en ese entonces de lo que realmente se trataba, y a encontrar sentido a la Teología de la Liberación que postulaba que la fe debería emancipar a los oprimidos y no alienarlos. Aprendí a recitar una respuesta para cada intento de conversión. En mi maletín siempre llevaba un ejemplar de "Las venas abiertas de América Latina", el cual era popular en la población estudiantil de los colegios y las universades públicas.

Aunque la nueva religión de mi madre fue su salvación, para mí fue un verdadero suplicio. Su obcecación por la palabra evangélica la llevó a reñirme de nuevo, esta vez con mayor virulencia, pues llegó a tildar de pecaminosa mi vida y a sentenciarme que por ese camino estaba destinada a condenarme. Ahora me llamaba impía. Como era regla de su nueva doctrina comenzó a pagar diezmos, muy a pesar de nuestra precaria situación y de mis airadas protestas. Llegué a acusar a Carlos y a Noelia de abusadores, pero su respuesta era que nadie obligaba a mi madre, que Dios hablaba a su corazón y que yo debería callarme para que pudiera oír el mensaje que Él tenía para mí.

En este aciago panorama transcurrió mi adolescencia. No diré que fui una santa, ni pretendo justificar mis errores de juventud, pero algo extraño sucedió conmigo: pese a mi rotunda oposición a declinar mis convicciones, muy dentro de mí algo de aquel discurso místico debió de haberme hecho mella. Tantas y tantas reconvenciones y prevenciones de mi madre, quien juraba que yo andaba en malos pasos, me llevaron a esforzarme en no perder la virginidad por un "mal paso". Me mantuve, pues, alejada del sexo por decisión propia. Supe esperar el momento, con la certidumbre de que debería ser una experiencia digna de recordación, como así sucedió. Pero esperar no fue fácil. Yo parecía una fruta a la que querían pegarse todas las abejas y abejorros. Con mi madre no podía abordar estos temas tabú, y su única respuesta a estas asechanzas de Satanás, como ella los llamaba, era el encierro, el ayuno y la oración. De resultas de esto mis amigas Laura y Julia se volvieron la "guía inexperta" en que me refugié para enfrentar el mundo real y poder defenderme de los enemigos de carne y hueso, mientras mi madre se ocupaba de los suyos.

Laura es el mejor retrato de esos años y de esa juventud amenazada. Ella encarnaba a la vez la primavera y el otoño de esas almas descarriadas que no pueden sustraerse a su destino. Laura, Julia, Melina y yo éramos como melocotones que empiezan a madurar tímidamente. La savia vital iba contorneando nuestras formas y embelleciéndonos con una eclosión de alegres colores. Exuberantes frutas a merced de la intemperie y de los depredadores. Compartíamos el drama y el canto; voces distintas que hablaban su propio lenguaje. Laura era un año mayor que yo y una de las chicas más altas de la clase. Aunque no se lo propusiera, era muy difícil que no destacara. ¿Cómo ocultar el volumen de sus senos, sus anchas caderas y esas piernas que eran, con mucho, más largas que las mías? Era un cuerpo de mujer con un alma de niña. Una amazona de largos cabellos negros. Jamás volví a ver una piel color oliva tan tersa como la suya y unos labios tan carnosos. Sus grandes ojos soñadores transmitían la misma dulzura de su voz y la delicadeza de sus manos. Recuerdo su letra fluida, el orden de sus cuadernos y la limpieza extrema de sus objetos personales.

Las veo, a ella y a mis otras dos amigas, sentadas en las gradas del colegio o bajo la sombra de los árboles, tupidos de flores, reuniéndonos en las tardes para estudiar o para hacer trabajos, en nuestras largas caminatas por el centro de la ciudad, en los conciertos gratuitos a los que solíamos asistir en el conservatorio de música o cuando, simplemente, me dejaban cuidando los maletines mientras ellas jugaban al basquetbol. Prefería extasiarme en mis lecturas o en la de esos escritos que comenzaron a hacerse populares en el plantel. Dominaba el arte de las cartas de amor, amaba la poesía y me encantaba componer desde villancicos hasta canciones de protesta, e incursioné también en la escritura de obras de teatro y cualquier tarea en la que se requiriera de una musa letrada.

Algunas veces se nos sumaban otras compañeras, pero nuestra célula estaba conformada por las cuatro amigas de siempre.

Disfrazábamos nuestra realidad con todo tipo de locuras, desde gastarnos el dinero para pagar el pasaje de autobús y luego pedir dinero en la calle, hasta escaparnos de las misas obligatorias del colegio y escondernos en los armarios de madera en los que cada salón guardaba los trapeadores y las escobas. En más de una ocasión caímos al piso, bañadas por la mugre y el tierrero de los pesados cajones. Luego venía la risa incontenible al salir libradas de nuestras "inocentes pilatunas". Nos graduamos del colegio sin aprender la lección, haciendo travesuras que iban tornándose cada vez de mayor calibre. Laura, quien al principio era la más seria del grupo, desistía de aplacarnos o atajarnos y terminaba por unirse a nuestras pilatunas, y por consiguiente debía asumir su parte cuando nos reportaban a la directora de disciplina. Recuerdo muy especialmente una de aquellas ocasiones en que fuimos citadas a su despacho porque una compañera nos acusó por una de nuestras diabluras.

—Esta es una citación para que se presente uno de sus padres —dijo la directora, y nos entregó a cada una el papel.

—¿Es obligatorio que vengan? —preguntó Laura, en tono contrito.

Gracias a la abuela yo sabía que en situaciones como esa lo mejor era quedarse callado y no mirar a los ojos a quien nos interpelaba.

—¡Ustedes son insoportables! —declaró la autoridad—. Este es un colegio de señoritas y aquí no se tolera ese tipo de comportamientos. Necesito que alguien responsable de ustedes las reprenda. ¿Cómo se les ocurre aventar los maletines de sus compañeras a la azotea? No voy a permitir que en mi colegio se fomente semejante vandalismo.

Después de meses de cacería la directora de disciplina tenía por fin la satisfacción de habernos atrapado. Sabíamos que no era correcto lo que hacíamos, pero… ¿por qué lo hacíamos? Éramos simpáticas, sociables y tan agradables, que lo único que se me ocurre pensar para explicar esas locuras es que, como decía mi madre, teníamos el diablo adentro.

—Así que mañana vienen con sus padres o las suspendo —expresó enfurecida la directora mientras dejaba caer sus puños sobre el escritorio de metal.

—Yo no tengo a nadie que responda por mí —dijo Laura, y con voz firme le dejó en claro—: Si me va a expulsar, dígamelo de una vez.

La directora quedó atónita, como si lo que acababa de escuchar fuese algo inaudito y no un caso más de los tantos que se presentaban en el colegio, pues éramos muchas las alumnas que estábamos en la misma situación.

Laura era huérfana de madre desde los once años. Según lo que ella nos contó, su madre murió de pena moral luego de la ruptura de una relación sentimental que no pudo superar. Recuerdo su rostro desdibujado por aquella expresión brumosa que evidencia la frustración y la impotencia. Su batalla personal era no dejarse vencer por el amargo sentimiento que la hacía sentir inútil, sin valor, al reconocer que su madre se dejó arrastrar por la muerte en vez de buscar consuelo en el amor de su hija. Pero, de otra parte, Laura se sentía culpable de haberse mostrado rebelde con ella, y de cada una de las veces que se portó mal justo cuando su madre estaba enferma, y de todas aquellas ocasiones en las que a propósito, para hacerla enfurecer, la desobedecía. En más de una oportunidad nos comentó que su madre le pedía que hiciera algún quehacer en la cocina, o un mandado, y ella de forma grosera le contestaba: "¡Párese usted, que usted también puede!". Esto último, especialmente, le machacaba en la mente como un ariete y la hacía sentir despreciable.

Hoy que traigo de vuelta el pasado no puedo olvidar las cosas que sobre ella y su madre me confió Laura. Me dijo que su madre se había aferrado a una figurita del Niño Jesús, de esas que se colocan en los Nacimientos, y que no la soltaba ni por un segundo. En ocasiones, cuando la mamá se quedaba dormida, Laura le escondía la figurita para que ella, al despertarse en la noche, como solía hacerlo, y no hallar la sagrada imagen, tuviera que levantarse de la cama. Al final Laura, condolida, terminaba por entregársela. Pero ni las permanentes salidas desapacibles de Laura hacían mella en el profundo sentimiento de desolación que carcomía a su madre, a quien veía irse día tras día frente a sus ojos. Hasta que llegó un día en que la madre se quedó sin fuerzas para sostener en sus manos la figurita y la soltó, y sin ella exhaló el último suspiro de su triste vida. De esta forma Laura terminó viviendo con su tía, la hermana mayor de su madre, quien hacía vida marital con un hombre al que le llevaba por lo menos el doble de edad.

El padre de mi amiga, quien era abogado, no mostró el más mínimo interés en hacerse cargo de ella, porque era un hombre al que únicamente le importaban sus novias y además era drogadicto. Para colmo de males, la pensión a la que Laura tenía derecho por el fallecimiento de su madre era administrada por su padre, quien había quedado como custodio. Cada principio de mes acompañábamos a Laura a buscar a su progenitor para que le entregara el dinero. Pasábamos largas horas sentadas en las escaleras del edificio donde él vivía o en la entrada de su oficina, esperando en vano a que este señor apareciera. Cuando contábamos con suerte lo localizábamos, pero en ocasiones parecía que estuviésemos buscando a un ser imaginario.

Laura tenía un hermano por parte de padre, del que hablaba a menudo y con gran devoción. Pero un día nos dijo que su hermano, quien pertenecía a la Defensa Civil, había desaparecido junto con sus compañeros en una excursión de entrenamiento a los Farallones de Cali, y que la policía no había encontrado ningún indicio de ellos: que no sabían si se habían caído por un barranco o si los había capturado la guerrilla. Lo cierto es que Laura se había quedado completamente sola.

Su imagen de mujer grande, siendo aún niña, hizo que muchos no comprendieran su necesidad de compañía y de afecto. Su tía, por otro lado, esperaba que Laura aportara a la casa el dinero que le correspondía, lo que precipitó su caída a un pantano infestado de cocodrilos que ya habían atrapado en sus fauces a algunas compañeras de mi colegio. Una de estas chicas, Sonia, tenía quince años y era novia de un señor de cincuenta años. Nunca fui su amiga, pues además de que ella cursaba un grado más avanzado que el mío miraba al resto del grupo como si fuéramos microbios. Era muy popular entre las grandulonas del colegio, se vestía a la moda y todos los días la pasaban a recoger en una camioneta. Como el "señor cincuentón" era amigo de uno de los profesores que nos ayudaban a organizar nuestros paseos de campamento los fines de semana que coincidían con un *puente* festivo, siempre lo invitaban; imagino que esto se debía también a que él colaboraba con el transporte y con los gastos del paseo. Un día corrió el rumor en el colegio de que Sonia había terminado con esta relación, pues se había decidido por un muchacho apuesto y de su edad; noticia que celebramos quienes conocíamos sus disparatadas veleidades con ese hombre mayor. Mas cuál no sería nuestra sorpresa cuando a los pocos días nos enteramos de que nuestra querida compañera Laura había seguido los pasos de Sonia.

—Miren, muchachas, allí viene Laura —anunció una de las compañeras.

En verdad era Laura, pero parecía otra.

—¡Wow, sí es ella! —exclamé, y pregunté intrigada—: Pero ¿qué le pasó?

En eso Laura se acercó a nosotros muy sonriente.

—¿Vieron mi nuevo cabello? —nos preguntó en tono festivo, esperando un comentario que ninguna de nosotras se atrevió a expresar, mientras se pasaba la mano por su cabeza en un intento inútil de domar su rebelde melena.

—Pero ¿qué te hiciste? —inquirimos todas con asombro.

—Como a José le encanta el cabello rizado, me llevó a un salón para que me hicieran la permanente —fue su respuesta—. ¿Acaso no les gusta?

Nos mirábamos tratando de contener la risa. Su cabeza era la de un león espantado. Ni con toda la laca que se echara podría domar semejante pelero. Lo primero que pensé fue que el ladino de José lo que había hecho era *reparar* a Laura para que tuviera el mismo cabello rizado de Sonia, pero la gracia no le resultó como esperaba.

—Imagínense —nos contó—. José me esperó las dos horas que me tuvieron en la peluquería y luego me invitó a comer. Es que él es todo un amor. ¡Tan divino!

—Ni vaya a pensar, mijita, que esa permanente es gratis —le dijo Julia, haciendo una expresiva mueca, y agregó con énfasis—: ¡Y deje de ser pendeja!

Resulta que el tal José era un pedófilo que sabía cualquier clase de artimañas. Nuestra amiga cayó en sus redes con facilidad, deslumbrada por los regalos, las ayudas de dinero y su fementido afecto paternal. Ni qué decir que se acabaron los problemas que Laura tenía con su tía.

Un día caí en la trampa del tal José, quien me aseguró que a última hora habían armado un paseo al río Aguaclara. Cuando le pregunté por Laura y las habituales que no faltaban a los paseos, me dijo que no me preocupara, que ya todo estaba coordinado. Al día siguiente en la mañana pasó por mi casa y de allí salimos al punto de reunión. Al llegar al sitio me dijo que habíamos llegado tarde y que ya había salido el primer grupo; pero que no me inquietara, que Laura y Julia llegarían antes que nosotros.

El cielo desbordado de arreboles; la floresta resplandeciente de un verde recién nacido; el alegre sonido del agua saltarina sobre las piedras del río, el bullicio de las aves, que parecían elevar un canto de alabanza a la madre naturaleza, todo se conjugaba para hacer de ese día un día perfecto; pero mis amigas no aparecían y yo estaba alarmada sintiéndome como un borrego en el matadero.

Caminando por los alrededores me encontré con una compañera del colegio que también había ido a acampar al río con su novio y un grupo de amigos que yo no conocía. Estando en las inmediaciones de la selva me sentí reconfortada de haberla hallado, y como una voz interior me decía que estaba en peligro me aseguré de preguntarle el lugar exacto donde ella acampaba. Para llegar al sitio debía caminar hasta un puente colgante, cruzarlo y seguir caminando hasta dar con la tercera carpa en la margen derecha del río. Mi amiga me dijo que su novio y amigos eran personas decentes y que ella estaría pendiente de mí, pues presumía que José lo que quería era aprovecharse de mi ingenuidad, que el tal paseo era una trampa.

Caía ya la noche, y decidí ir a mi carpa para sacar mi maleta, y sin esperar a que sucediera lo que mi amiga Lorena vaticinaba, trasladarme a su campamento; pero en esas se desató un fuerte aguacero, típico de la región. Los minutos parecían horas y seguía lloviendo sin parar. No tardó en oscurecer, y me sentí atrapada sin saber qué hacer. Busqué al profesor con el que siempre armábamos los paseos y le pregunté dónde íbamos a dormir. Me dijo que no me preocupara, que todos íbamos a dormir en la misma cabaña. Con esa respuesta me tranquilicé, pues me sentí más segura estando cerca de él, una persona en quien mis amigas y yo confiábamos.

Traté de luchar contra el sueño, pero el cansancio, la oscuridad y el ruido de la lluvia que se confundía con el sonido de la corriente del río terminaron por vencerme. No supe a qué horas me quedé dormida sobre el tendido de cobijas que había puesto sobre un tablado. Pero mi sueño era inquieto. De repente sentí que había alguien a mi lado. Sobresaltada, abrí los ojos y vi la pesada mano de un hombre que me acariciaba los senos.

—¡Pero...! ¿¡Qué está usted haciendo, atrevido!? —le grité.

—No haga ruido, que todos están durmiendo —me susurró el hombre, y añadió entre apagados jadeos—: No diga que no le gusta.

Se trataba del mañoso José, que había aprovechado la oscuridad para ejecutar su plan y abusar de mí, una niña de dieciséis años.

Yo, que jamás le había dado indicios de sentir por él la más mínima simpatía, y que siempre lo trataba con distante amabilidad, nunca llegué a imaginar cómo pudo creer que yo accedería a sus deseos. ¡El infame solo se preocupaba de que yo no hiciera ruido para que los demás no se dieran cuenta de sus intenciones! Sentí una opresión fulminante en el pecho y los látidos desesperados de mi corazón; mis músculos se habían paralizado ante una descarga eléctrica que viajaba a la velocidad de la luz desde mi cerebro hasta el último de mis poros. Traté de gritar, pero mi garganta se reventaba sin emitir sonido. Mi cuerpo, como un gusano, estaba atrapado en el tridente del diablo. El hombre aferró su cuerpo de ballena contra el mío. Sentí el sudor repugnante de su piel pegajosa rastrillando mi espalda y su lengua hirviente como una serpiente enroscándose en mi cuello. Su mano sujetándome con fuerza era como un ancla halada desde el Tártaro. De súbito sentí un golpe en mi cara y su otra mano tapándome la boca. Pero la mujer osada que vive en mí y desafía sus miedos, resucitó de milagro. Y fue entonces, cuando aquel miserable conoció el filo de mis dientes, que lo hubiesen destrozado de no haberme soltado. Con rapidez cogí la linterna que había llevado, saqué mi maletín y me fui al balcón, donde me senté en un lugar donde pudiera ver a todo el mundo y salir corriendo al primer movimiento del violador. Hasta allí llegaron sus pretensiones. Los años han pasado y todavía me pregunto lo mismo: ¿Por qué no desistí de ir a ese paseo, si presentía que algo no cuadraba? Y lo peor: ¿por qué rayos no desperté a todos? Siempre me he arrepentido de no haber gritado a todo pulmón y por vergüenza haber encubierto a esa piltrafa humana. ¡Cuán poderosa es la vergüenza!

Era la primera vez en mi vida que alguien se atrevía a tocarme, pues aunque ya había tenido novios, jamás había pasado de un beso y una cogida de mano. Me sentí sucia, humillada y ante todo, arrepentida de haber olvidado los consejos de mamá y haberme expuesto a un riesgo innecesario. Tan pronto vi un rayo de sol salí corriendo hacia el puente colgante y no paré hasta que llegué a la tercera carpa. Aún con mis dudas sobre si esa era o no la carpa correcta, me senté en una piedra y esperé hasta que apareció mi amiga. Ese fue el último e inolvidable paseo que hice con mi querido profesor y sus respetables amigos. Lo increíble del caso es que unos meses después el frustrado violador se apareció en mi casa con el pretexto de que había recibido un mensaje de mi parte.

—Mire, José —le dije, reprimiendo mi asco y mi coraje—, tenga claro que después de lo que usted hizo ese día no quiero volver a verlo jamás en mi vida. No se le ocurra venir de nuevo a mi casa, ni aparecerse donde yo esté porque lo voy a denunciar.

—¿Qué va a hacer? —me preguntó con todo el cinismo del mundo, y rió a carcajadas.

—Les diré a todos que usted trató de violarme —le prometí—. ¿Qué le parece?

—No sea tonta, que nadie le va a creer. Es su palabra contra la mía.

—Eso es lo que usted piensa; pero de seguro que la gente va a pensar diferente cuando les diga los nombres de todas las niñas de mi colegio que usted ha abusado. Lo dejo advertido. ¡Ese día se salvó del escándalo, pero ahora no! —y haciendo un elocuente gesto con mis dedos sobre los labios le advertí—: ¡Se lo juro!

Por fortuna, el violador tomó mis palabras en serio y jamás lo volví a ver. Quisiera decir lo mismo de mis recuerdos: que olvidé su cara, su voz y sus palabras. Pero el solo escribir estas líneas me da un escalofrío al revivir esa escena que me marcó hasta la edad adulta. Tuve suerte esa vez. La suerte de no haber accedido, la suerte de que nunca me impresioné con los regalos que el despreciable sujeto les hacía a mis compañeras y, por qué no decirlo, la suerte de que mi amiga, como un ángel de la guarda, se apareciera en el momento preciso.

Los amores entre el pedófilo y Laura duraron poco tiempo y no por mi causa, porque después de pensarlo mucho decidí no decirle a ella la clase de novio que tenía. Eso sí, mientras mantuvo esa relación me alejé de ella y le prohibí que me contara cualquier cosa que tuviera que ver con ese hombre. Hasta que se llegó el día en que ella misma pudo comprobarlo. Atrás quedaba este capítulo de su vida, pero no los efectos de tan equivoca relación.

Laura enfrentaba la presión constante de su tía a quien le debía entregar una cuota mensual por vivir en su casa. Sin el apoyo económico de José, la situación se le tornó difícil. Estaba casi al borde de cumplir los dieciocho años, y le quedaban pocos meses para disfrutar de la pensión a cuenta gotas que le entregaba su papá.

Al poco tiempo supimos que Laura tenía un nuevo novio llamado Nicolás, quien le doblaba la edad, pero al menos no era tan viejo como José. Nicolás era narcotraficante y adónde iba lo acompañaba siempre un grupo de hombres de su confianza. Cuando Laura cumplió los dieciocho años, aparte de la serenata con mariachis y los costosos regalos que le dio, incluida una valiosa obra de arte original —que sin duda, fue el regalo que más me impresionó—, decidió despedirse como estilaban los de su clase: desenfundó su pistola y descerrajó al aire seis balazos, uno de los cuales fue a dar en la ventana de una las casas del vecindario y resultó herida una persona, que quedó satisfecha porque la silenciaron con plata. A Nicolás todo le estaba permitido. El nuevo novio cumplía las expectativas no solo de Laura sino también de su tía, quien complacida al recibir tan generosas mesadas desistió de aconsejar a Laura que se buscara un muchacho de su edad, sano y trabajador. Por lo demás, siempre me dio la impresión de que lo único que le importaba era recibir el dinero de aquel hombre y que no se inmiscuía en las decisiones su sobrina.

El día que cumplí dieciocho años recibí noticias de mi padre, y no se trataba de un mensaje de felicitación, lo que hubiese sido raro en extremo. Mi celebración terminó cuando un familiar llamó a la tía Amalia para avisarle sobre la enfermedad letal de mi padre, y si yo quería verlo con vida, le advirtió, debía viajar de inmediato. Esa tarde mi corazón fue como una de esas flores que reposan en el agua podrida de un jarrón: apenas se abren a la vida empiezan a morir. No había forma de resarcir el tiempo: yo que tanto deseaba crecer y ayudarlo, sentí que nuestra primavera viajaba al infinito en un vagón ocupado por los sueños que han sido condenados a un miserable destino.

Yo poco conocía de la vida y milagros del hombre que me engendró. Me había acostumbrado a esos encuentros fugaces, que en su mayoría yo misma propiciaba. Era feliz escuchando su voz, intercambiando un abrazo y caminando a su lado. Siempre que lo visitaba me compraba una bolsa de guayabas agrias con sal. Caminábamos sin rumbo y nos sentábamos a conversar en cualquier acera, sin prisa. Su presencia, aunque pasajera e incierta, me alegraba. Imaginaba sí que un día mi padre iba a sufrir de una cirrosis fatal, pero nunca se me pasó por la mente que podría suceder tan pronto. La palabra cáncer reventó en mis oídos. Por fortuna, unos días antes había renunciado a mi trabajo como maestra en el colegio donde trabajaba, por lo que contaba con tiempo y tenía algún dinero para comprar el pasaje hasta la ciudad en la cual vivía. Durante el trayecto lloré sin descanso. Lloré porque no podía hacer otra cosa para desahogar mi frustración y mi desolación. Lloré por él y por mí. De un golpe sentí la realidad cuando me encontré frente a la imagen sombría de mi padre, quien había sido dado de alta del hospital para que, según el médico, muriera tranquilo en su casa. "¿Quién dijo que porque uno está en su casa se puede morir tranquilo?", le comenté a la tía que lo cuidaba.

—Tía, ¿es una cirrosis lo que tiene?—le pregunté.

—No —me susurró—. Es cáncer…, y muy raro. El médico dijo que es cuestión de días. —Me dio un beso y agregó—: No imagina cómo me alegra verla aquí.

—¿Hace cuánto que está así? —inquirí, mientras observaba el rostro macilento de mi padre, su cabello encanecido, largo y descuidado y la barba espesa y desordenada. Era otro hombre, uno que yo jamás había visto. Parecía dormido, pero no lo estaba. Por momentos daba retorcijones y luego se quedaba tenso bajo la cobija azul.

—Desde hace tres meses, cuando le sacaron una muela. Como la encía no sanaba, le mandaron unos exámenes para ver qué pasaba, y en ese momento le descubrieron el cáncer.

—Tía, ¿usted sabe si mi papá alcanzó a hablarle a Fernando?

—No lo sé. Pero yo sí le avisé. Le dije que su papá estaba en las últimas, pero ese muchacho fue muy duro. No le enseñaron lo que es la caridad.

—Tía, me apena preguntarle, pero ¿acaso mi papá la tuvo con mi hermano?

—Así fue…, pero la cercanía de la muerte lo cambia todo. Su papá fue dos veces a visitarlo a la cárcel para pedirle perdón y verlo por última vez, pero su hermano se negó a hablar con él. Me contó su papá que Fernando le mandó a decir con el guardia: "Dígale a ese señor que yo nunca he tenido padre, que no sé lo que hace aquí. ¡Que se vaya y que nunca vuelva!". Esas palabras fueron para él como una puñalada. Yo sé que él nunca se ocupó de ustedes, pero él siempre los ha querido.

—Me duele mucho que mi papá haya pasado por eso —le contesté, desilusionada por la actitud de mi hermano, pero ¿quién era yo para juzgarlo? De otro lado, mientras mi papá se hallaba postrado en su lecho de muerte, mi hermano, que estaba tras las rejas por vender drogas, quizás también tenía los días contados—. Si alguien tiene cosas que reprochar a mi papá es él. Si yo no salí bien de este cuento, él sí que menos. Mi papá ni siquiera lo reconoció como su hijo. ¿Usted sabe lo que es eso? No le niego que yo esperaba que Fernando tuviera algo de compasión; al fin y al cabo es nuestro papá y se está muriendo; pero, bien…, esos son los sentimientos de Fernando.

La tía Sofía me narró los detalles.

—Esa noche —me dijo—, cuando su papá llegó de Tuluá, vino a verme y llorando me contó lo que había pasado. Él lo único que quería era pedirle perdón a su hijo, y la respuesta a esa súplica fue el odio. Ese mismo día salió de casa y se fue en busca de algunos de los pocos amigos fieles que le quedaban para tomarse con ellos los últimos aguardientes.

Al otro día de haber salido de la casa de su hermana, la tía Sofía, lo encontraron tirado en un andén cercano a la plaza de mercado, muy cerca del edificio donde vivía y en el que otros como él, hombres solitarios presos del vicio y las prostitutas, rentaban cuartos por día. Todos se conocían allí y a mi padre, uno de los más viejos inquilinos, por respeto aún le decían "Don Alejandro", pese a su ropa sucia, el permanente tufillo a aguardiente y su indigencia.

La ciudad había sido testigo de su derrumbe, como una de esas añosas edificaciones que poco a poco se desmoronan ante la mirada indiferente de los vecinos, que terminan por acostumbrarse a las descoloridas y desconchadas paredes y a ese olor peculiar de las construcciones que agonizan. Mi papá era uno de esos edificios de época, esplendoroso en sus años dorados, pero del cual solo quedaba la historia. Ese aire de nobleza que aún irradiaba y el cariño de quienes lo conocían de antaño, hizo que alguna alma caritativa le avisara a la familia. Así fue como una de las tías de mi padre permitió que lo acomodaran en una pequeña habitación de su casa a la que le decían "el cuarto del cura", porque muchos años atrás un cura había vivido allí.

Todo en esa casa, desde las plantas hasta el mobiliario, tenían su historia, y esta habitación irradiaba también un aura de misterio. Recuerdo, en particular, el monumental crucifijo de madera con el cuerpo sangrante de Jesús, que ocupaba la mitad de la pared del fondo del cuarto, lo que hacía que éste, de por sí pequeño, luciera como un santuario. Su aire a capilla colonial me amedrentaba. No era sino cruzar la puerta para toparse con el macabro crucifijo de dientes humanos y cabello natural que custodiaba dos camas angostas, una donde yacía mi padre, y la que me asignaron.

La tía, un alma de Dios, puso a disposición de mi padre las dos enfermeras que se encargaban de cuidarla a ella y a su hermana, ambas cargadas de achaques y de años. En la casa se recibía a diario la visita del médico, del abogado, del notario y de parientes, algunos de los cuales revoloteaban por ahí como aves de rapiña.

El paliativo para los dolores de mi padre era la morfina, que le administraba yo cada vez que lo oía quejarse. Las enfermeras me enseñaron cómo cambiarle el pañal, cómo darle de comer y en qué posición colocarlo si le daba una hemorragia o si el tumor se reventaba. Esto último era lo que yo más temía. La cara de mi papá se había deformado en el lado derecho, por el que le habían extraído la muela, y con dificultad podía comer y hablar. Por momentos perdía la conciencia, como sucedió en la última visita del médico, quien opinó que lo mejor era llamar al cura para que la muerte lo cogiera confesado.

Cuando el cura entró en la habitación yo estaba sentada en el borde de la cama de mi padre mirándolo dormir. De repente abrió los ojos, me agarró la mano con una fuerza inesperada y me atrajo hacia él. Sus ojos de hierro se clavaron en los míos hasta cegarme. Este súbito destello de vigor expresaba con elocuencia lo que no podía balbucear. Intenté zafarme, pero él me agarraba las manos con desespero. El cura lo instaba a que me soltara: "Suéltela, Alejandro, suéltela —le pedía—. Estoy aquí para hablarle y para aplicarle los santos óleos". Finalmente, tras unos pavorosos minutos que me parecieron eternos, me dejó ir. Dudo que mi padre haya podido hablar con el cura, pues toda la tarde había estado inconsciente, y creo que aún lo estaba cuando me aprisionó contra su cuerpo.

Al día siguiente ocurrió un milagro: los santos óleos habían resucitado a mi padre. Pasamos la mañana juntos, y como lo vi tan animado lo saqué al pasillo, lo bañé, lo afeité y le di de comer dos granadillas, mientras conversábamos tomando el sol. Hablaba con dificultad.

—¡Papá, hoy se ve mucho mejor! —exclamé, fingiendo alegría en mi voz, al tiempo que le daba un beso en la frente: el mismo beso con que me saludaba cada vez que nos veíamos.

—Usted sabe que no tiene que estar aquí —me dijo con su voz apagada, lo que rompió el encanto de ese postrer encuentro, porque pese a todo yo me sentía feliz de poder estar allí con él.

—Papá, no me diga eso. Yo estoy aquí porque lo quiero. ¿En dónde más podría estar yo en estos momentos?

—Yo no lo merezco —me dijo en un tono que me partió el alma—. No hice nada por usted, y a su mamá…

—Papá —lo interrumpí—, fuiste la ilusión más grande que tuve en la vida. Estuviste siempre junto a mí en mis sueños. La gente que nos conoce dice que soy como tú.

—No, no lo eres… —replicó. Calló unos segundos para ordenar lo que quería expresar, al cabo de los cuales me dijo—: Quiero pedirle un favor muy grande. Dígale a su mamá que me perdone, que ella fue la única mujer que amé en la vida. Yo tuve la culpa de todo. Ella sufrió mucho por mí. Por favor —reiteró—: dígale que me perdone.

Sentí el adiós en su voz, en sus ojos lánguidos, en sus manos frías que me daban un último apretón, ya no tan fuerte como el de la noche anterior. Con la ilusión de aquel perdón, ahora sí podía descansar.

Las pocas palabras que cruzamos resumían su historia y la de quienes lo amamos y sufrimos por su causa. Igual que mi hermano, en muchas ocasiones me dolió su irresponsabilidad, lloré su ausencia y pedí hasta el cansancio que se me diera el milagro de que la realidad cambiara. Pero, ¿qué podía reclamarle en esos momentos, si la compasión era un bálsamo para nuestras heridas? Hubiese sido un acto miserable preguntarle por qué se entregó al vicio, o confesarle lo que callé siempre: ese sentimiento de abandono que me hizo comprender que los padres no aman solo por ser padres; decirle que al final entendí y acepté que él nunca me quiso lo necesario y que sus hijos solo fuimos algo contingente en su vida. Sabía que era la última conversación con mi padre, a quien veía ahora frágil, vencido, y pensaba cómo pudo abandonarme a mi suerte. Pero, ¿cómo destilar mi amargura en esos momentos, cuando me sentía desgarrada? Me arrodillé al lado de su silla, le tomé las manos y las besé con el alma. Le repetí que yo lo amaba tal y como era. Y era cierto.

Sentí el azote del tiempo, el mismo que vigila por el ojo de la cerradura y sangra en las llagas del crucifijo, el que prende en fuego las frases vanas; el que habla con los años…; el que me hizo comprender que ese padre tan anhelado nunca existió. Él era solo un hombre, un encuentro, una necesidad de amor. Esos minutos de agonía en su vida y en la mía se llevaban las cenizas de lo que fue mi ilusión. Era el instante de la despedida. Era lo que era. No habría ya una segunda oportunidad. De forma inconsciente y aprendida culpé una vez más a la suerte por las circunstancias y di gracias a Dios por el privilegio de haber podido cuidar durante los últimos cinco días de su existencia al hombre que amé como a un padre. Desde ese día no habría más besos, ni abrazos, ni lágrimas fundidos entre mi almohada, ni su nombre estaría en mis oraciones. Tendría que romper las cartas y tarjetas del día del padre que nunca le envié porque no sabía adónde escribirle. Terminó el tiempo y terminó la espera. La casa blanca donde nací se convirtió en una fábula y con ella desapareció la familia inventada. Todo se fue, menos ese sentimiento de abandono. Unas palabras de más no iban a cambiar el pasado, ni el presente, ni el futuro. Su vacío fue tan grande que me tragó y preferí ignorarlo para poder vivir.

Fueron inútiles mis intentos para hacer que mi madre viajara a Pereira y alcanzara a llegar antes de que mi padre muriera. Quería que ella le diera el perdón y necesitaba su presencia, pero le rogaba a una piedra. Mi padre falleció esa noche de abril a sus cincuenta y cuatro años. El tumor se reventó por dentro y murió asfixiado mientras creía yo que dormía.

Las tías tenían todo listo para las exequias. Después de que el médico firmó el acta de defunción llegaron los de la funeraria para preparar el cuerpo. Yo no quise estar presente. Una tía me regaló un vestido negro, y cuando me vi estaba de luto frente al cajón rodeada por cuarenta sillas negras que esperaban por unos dolientes que jamás aparecieron. Además de los ocho o diez familiares presentes vi a uno de los amigos de barra de mi padre sentando en una esquina. Me apenó verlo tan compungido como yo.

La compañía de la familia duró un par de horas. Sentí que mi padre se iba quedando inevitablemente solo, y yo con él en su soledad. Inmóvil, frente a la caja mortuoria, paseaba por ella mis ojos en busca de algún detalle en qué concentrarme para apartar la vista de su imagen. La recorrí por completo: ningún lujo, ningún grabado, a excepción de los contornos delineados que disimulaban la aridez del conjunto y cuyos tonos más oscuros se perdían entre el marrón de la madera recién barnizada. Como en trance empecé a hablarle al muerto:

Veo tu rostro tras el cristal y me cuesta creer que esto no es una pesadilla. ¿Y qué sigue ahora? No estamos todos los que deberíamos estar aquí. ¡Qué soledad nos embarga!

¿Qué legado has dejado aparte de rencores y tres hijos, de ninguno de los cuales fuiste padre? Una hermana mayor que no conozco ni sé dónde estará; un hermano al que no reconociste como hijo y que se encuentra en la cárcel; y yo, que he vivido mendigando tu cariño. ¿Estás aquí todavía, mirándome desde algún lugar de la sala? Como ves, no me he ido, pero no estoy aquí para recriminarte. Siento mucho que mi madre no esté con nosotros, porque sé que hubieses querido verla por última vez. Pero no sientas pena por eso; quizás no solo es por ti sino también por mí. Ella dice que yo me parezco mucho a ti y eso siempre me ha gustado. Ya te imaginarás cómo la exaspera lidiar conmigo.

Afuera llueve y siento frío, mucho frío. Hace solo tres horas que te fuiste y ya me parece un siglo. Es irreal lo que estoy viviendo. Quisiera oírte de nuevo. ¡Háblame si estás aquí todavía! Teníamos tanto qué decirnos, ¿no crees?

Es posible que ya estés en el cielo y desde allí me estés mirando. O tal vez no, pues como dicen los evangélicos amigos de mamá, "ni los borrachos, ni las prostitutas, ni los homosexuales pueden entrar al reino de los cielos". Si eso es así, entonces ¿dónde rayos estás?

Yo confío que estés bien y libre de tu cruz… Me vas a hacer mucha falta. Siempre ha sido así. Lo sabes, ¿verdad?

Hoy me despido de ti. Es la última conversación que tendré contigo cara a cara. Siempre te veía sin rumbo, enredado en tus promesas, sin tiempo para calmar tu conciencia. Me sentí como un accidente inconsecuente de la vida cuando comprendí que habías renunciado a mí, igual que habías renunciado a mi hermano. Sé que jamás te interesó nuestra suerte y, aun así, no puedo culparte. Yo quería una vida diferente para ti, pero sabía que eso nunca sería posible, porque contigo la fe no pudo.

Me dolía cada vez que me enteraba de que algunos de tus familiares te rechazaban al verte borracho y sucio, y se avergonzaban de admitir que eras pariente suyo. No sabes cómo me duele todo por lo que has pasado.

Ya no deambularás más por las calles con el riesgo de que te atropelle un carro por andar ebrio. Tampoco tendrás que cambiar por licor la ropa que te mandaba tu hermana desde los Estados Unidos. Ya no volverás a dormir en esos sitios oscuros a los que el amor no llega; ni tendrás que decidir si compras el pan para calmar el hambre o el alcohol para saciar tus ansias. Ya no serás más esclavo… Y no me vengas con uno de esos cuentos tuyos: "Si me hubiese curado del cáncer, no habría vuelto a beber…". Tú y yo siempre esperamos vanamente ese milagro.

Dondequiera que estés, por favor, no te sientas triste, porque ahora eres libre…

Pienso en mañana, cuando te deje arropado por la tierra. ¿Dónde estarás entonces? ¿Dónde estás ahora? Eran las mismas preguntas que me hacía todas las noches al no saber nada de ti.

Mira…, todos se han ido. Estamos solos. Te pido, por favor, que no vayas a abrir los ojos o a mover una silla o a soplarme una vela, porque me matarías del susto.

Miré hacia la esquina, buscando al amigo de mi padre, pero su silla estaba vacía.

Si la muerte de mi padre fue para mí un golpe demoledor, no lo fue menos el ver que ni mi madre ni ninguno de sus familiares con los que me había criado se hizo presente para acompañarme en esos momentos. El enfrentar sola la muerte de mi padre me convenció de que los lazos con mi familia materna eran tan débiles como los que tenía con mi familia paterna, con la cual en muy pocas ocasiones había compartido. Supe entonces que todos los momentos difíciles que se me vendrían encima debería enfrentarlos sola. Tenía dieciocho años y una vida por delante, pero no sabía por dónde empezar. Pensé en la posibilidad de quedarme en esa ciudad, buscarme un empleo y tratar de alguna manera de entrar a la universidad. Pero era una utopía: yo apenas 'calzaba' en la familia paterna y no tenía dónde vivir. La ilusión de contar con su apoyo se esfumó, por lo cual a los dos días del fallecimiento de mi padre regresé a mi ciudad, la que me había adoptado con sus noches cálidas de anís y miel; la que me recibió munífica con los brazos abiertos al igual que a las legiones de desplazados que arriban a ella colmados de necesidad y esperanza. Regresé a mi amada ciudad llevando un espejo roto en el pecho que dolía al respirar, pero agradecida por tener un sitio al cual volver para darle la cara una vez más a mi vida y superar el limbo en que me hallaba sumida. Estaba de nuevo en mi barrio, el que fue herida y cicatriz, en cuyas calles quizás aún trasiegan las sombras de mi hermano Marco Antonio y de mi padre. Regresé deshecha, abandonada, en busca de aquella estación que un día sirvió de amparo para los míos, y a la que aspiro llegar una y otra vez, cuando lo desee y hasta el fin de mis días, sin que la tragedia o la sombra de la guerra o el destierro me lo impidan.

Al llegar me encontré con el panorama de siempre: la lucha diaria por sobrevivir. Cuando pregunté por mi madre, la abuela me dijo que ante la imposibilidad de resistir el trabajo en la fábrica, mamá y una inquilina de la nueva casa adonde nos habíamos mudado se habían ideado un negocio de compra de ropa que revendían en los pueblos cercanos los fines de semana. Los pocos ahorros que teníamos se habían invertido en esta aventura que por fortuna no duró sino un mes. El descalabro no se sintió tanto debido a que encontré empleo como promotora de ventas en una empresa de pegantes. Lo poco que ganaba me daba para pagar la renta, por lo cual mi madre, ¡una vez más!, tuvo que trabajar de nuevo en una fábrica de confecciones.

Subsistíamos con lo que permitía la suma de los dos salarios mínimos. Contabilizábamos con minucia la vida útil de cada artículo, desde el champú hasta cada par de zapatos. Compartíamos la casa con otros "sin casa", como nosotros, y entre todos se reunía el valor de la renta, del agua, la luz y el teléfono. Y aunque las paredes y el cielorraso se nos estaban cayendo encima, no nos atrevíamos a llamar al dueño para que los reparara, porque de seguro si tal cosa hacía nos incrementaría el valor de la renta y nos cobraría los arreglos.

Entre las jornadas de trabajo sacaba tiempo para reunirme con mis tres amigas del colegio. Lo nuestro era una hermandad y necesitábamos seguir en contacto. Ni el mejor sicólogo podría haber entendido nuestros problemas y frustraciones. Era difícil determinar cuál de nosotras la tenía un poco más suave. Melina, por ejemplo, aunque no debía preocuparse por la comida y la vivienda, pues su papá suplía las necesidades del hogar, tenía otras inquietudes. Recuerdo que ella siempre eludía ofrecer su casa para realizar los trabajos en grupo que nos dejaban en el colegio. Un día en que me sentí con confianza le pregunté el motivo y me contestó: "Es que allí está mi papá, y como él fuma marihuana de día y de noche, mi mamá nos tiene prohibido que llevemos gente a la casa". Yo, que pensaba que la única que tenía un hogar era mi amiga, para no hacerla sentir mal le dije: "Bueno, pues cuando vayamos a tu casa le pueden decir a tu papá que salga y fume en la calle". Melina me miró apenada y contestó: "Es que mi mamá prefiere que él no salga, porque le puede pasar algo". Sus respuestas me llevaron a otra pregunta: "Y si no sale y se la pasa fumando marihuana, entonces ¿en qué trabaja tu papá?". Supe que había puesto el dedo en la llaga. Ese día nos confesó, avergonzada, que su padre se dedicaba a robar apartamentos en las noches. Lo de la marihuana no nos aterró tanto como esta revelación, pues los padres de mis otras dos amigas, al igual que el mío, tenían problemas de adicción. Al poco tiempo de graduarnos, Melina quedó embarazada y se fue a vivir con su novio, quien también resultó adicto a la cocaína.

La entrada a esa etapa de cambios que conlleva la mayoría de edad, los dieciocho años, en que los niños se hacen hombres y van al ejército, la edad oficial para trabajar o hacer con la vida lo que a uno le venga en gana, no fue fácil para mí, pese a mi experiencia de haber sobrevivido a mi procelosa niñez. Varios de los niños y niñas con quienes compartí estaciones no lograron llegar a ese momento, y muchos otros se perdieron en etapas que no tenían futuro. A la par con esta compleja realidad estábamos nosotras, las compañeras inseparables del colegio, cada una luchando como mejor podía.

En cierta oportunidad Laura me rogó que la acompañara por tierra a Medellín, ciudad a la que Nicolás, su nuevo novio, la había invitado y ella no quería ir sola. Cuando le pregunté por qué mejor no se iban en avión para evitarse un viaje de por lo menos ocho horas, me contestó que él quería ir en su carro nuevo para probarlo en carretera. Laura insistió tanto que terminó por convencerme. No entiendo por qué decidí ir con ella. Nunca he conocido una amistad tan incondicional como la que tuvimos Julia, Laura, Melina y yo. No me arredraron las noticias que circulaban sobre la guerra entre los carteles de Cali y Medellín, y por tanto lo peligroso que era para un caleño visitar esa ciudad. Más tarde me enteraría de las verdaderas razones de Nicolás para no ir en avión: temía que la policía lo detuviera en el aeropuerto, pues tenía orden de captura. Los retenes en carretera no fueron problema, pues no nos detuvieron. Con la ilusión de conocer la "ciudad de la eterna primavera", e invocando un padrenuestro y un avemaría emprendimos ese viaje del cual no era seguro si alguno de nosotros saldría con vida.

A pesar del temor que sentí durante el trayecto, Laura y yo no paramos de reír todo el tiempo; tanto, que Nicolás no tuvo más remedio que celebrar nuestras tonterías. En ciertos momentos nuestras carcajadas dejaban entrever ese punto medio que existe entre el humor y la tensión; pero ninguno de nosotros hubiese permitido que se notara que nos íbamos muriéndo del miedo, el que poco a poco se fue diluyendo a medida que nos aproximábamos a la ciudad y salíamos airosos de todos los retenes de policía. Al llegar a Medellín, Nicolás, quien viajaba sin escoltas, nos dejó en un centro comercial y nos dijo que regresaba por nosotras en un par de horas, y así fue. Tan pronto nos recogió emprendimos el retorno a Cali sin siquiera haber recorrido la ciudad y sin que hubiese sucedido ninguna tragedia. Lo único extraño que noté fue una caravana de taxis que parecían custodiarnos hacia las afueras de Medellín. Cuando pregunté a Nicolás el motivo de nuestro intempestivo regreso, me contestó con un enigma: "Esto es lo mejor que nos pudo pasar".

Varios meses más tarde me enteré por Laura, quien también lo supo mucho después, que el motivo del tal 'paseo' era una entrevista entre Nicolás y el señor Pablo Escobar, y que los taxistas que nos seguían esa noche tenían órdenes de asegurarse de que saldríamos directo y sin desvíos hacia Cali. Lo cuento y todavía no lo creo.

La relación amorosa entre Laura y Nicolás era intermitente, pero no estoy segura si algún día se apagó del todo. Sé que Laura hizo un esfuerzo por distanciarse de él y ser independiente, consiguió trabajo como secretaria en la oficina de unos políticos y comenzó a estudiar sistemas en un instituto de carreras técnicas. En esos meses nos veíamos poco, pues yo también había logrado hacerme a un empleo, tenía novio y estaba estudiando. Una de mis amigas me dio la noticia de que a Laura le habían diagnosticado un cáncer y que había vivido momentos muy críticos.

Pasaron los meses. Un día, por fin, después de muchos intentos por vernos, Laura me llamó al trabajo para decirme que estaba organizando una reunión en su nueva casa y que había invitado a sus mejores amigas para presentarnos a su novio. Lo de Laura era sorpresa tras sorpresa. Ahora tenía ella otra vida que yo ignoraba. Mi desconcierto fue grande cuando conocí a su pareja, un señor mucho más viejo que José y candidato a gobernador del departamento. Laura y él lucían como un par de tórtolos cogidos de las manos, ella prodigándole frases amorosas y él llenándola de mimos. En la mesa redonda de la sala lucía un monumental ramo de rosas rojas y prendido a ellas una tarjeta con un poema con su nombre. Laura nos confió que cuando supo lo del cáncer fue él la única persona con la que pudo contar en esos momentos, y que sus detalles para con ella hicieron que se enamorara. El amor de este hombre fue una tabla de salvación para Laura en esa situación en que sintió que la vida se le iba de las manos. Cuando le pregunté si el señor era casado me contestó que sí, pero que ese matrimonio no funcionaba desde hacía tiempo y que por eso él había decidido separarse de su esposa. Agregó, con absoluta convicción, que tan pronto se definiera esa situación ellos legalizarían su relación. "…Pero, Laura —objeté—, ese señor debe de haber estado casado toda una vida; hasta nietos y bisnietos ha de tener"; pero ella desestimó mi comentario con este escueto argumento: "Por primera vez soy feliz".

A los pocos días Laura se encontraba trabajando en plena campaña electoral y promoviendo reuniones para apoyar a su compañero. Se veía radiante, estaba convencida de que esa era la vida que quería y de que tenía a un gran hombre a su lado…, hasta el día en que empezaron a acosarla por teléfono con amenazas, y le advertían que si no terminaba esa relación la matarían. Algunas de tales llamadas fueron hechas por una mujer. Para garantizar su seguridad le asignaron un escolta; pero el manto de la muerte es demasiado grande para que un hombre lo contenga, y no pasó mucho tiempo para que Laura sufriera el primer atentado. Supe por Julia que Laura y su tía estaban en Bogotá y que el estado de nervios de Laura era preocupante, y no podía ser para menos. Todavía no me reponía del impacto de la noticia, cuando unas semanas después, al llegar del trabajo, mi tía Amalia me esperaba en la sala con cara de tragedia. "¿Y ahora qué pasó?", le pregunté, con una expresión en el rostro peor que la suya. Me respondió sin preámbulos: "Julia llamó hace un rato para avisarte que mataron a Laura…". Sentí que la quijada se me descolgaba y un espasmo me sacudió. Me sostuve del espaldar de la silla para no caer y no pude articular palabra. Vino a mi mente la sonrisa angelical y sincera de mi bella amiga Laura… ¿Cómo alguien pudo asesinarla? Con paso inseguro caminé hacia el teléfono, pero me detuve al oír a mi tía: "Que no la llames, me dijo. Que te vayas directo a la sala de velación, frente al Estadio. Te está esperando para contarte algo importante".

Ese "algo" eran los pormenores del asesinato, o al menos lo que se sabía. Al día siguiente fuimos a la policía para denunciar el crimen e informarles de que Laura había puesto en conocimiento de las autoridades, poco antes de morir, quiénes eran las personas que la habían amenazado. El oficial que nos atendió nos hizo esperar un par de horas para luego decirnos que no existía ninguna denuncia de tal hecho en los registros de la policía. Le pedimos entonces que buscara la que había instaurado su guardaespaldas cuando le hicieron el atentado, y su respuesta fue la misma: "Aquí no hay nada sobre ese caso —y concluyó con esta clara advertencia—: Es mejor que no se busquen problemas y dejen que su amiga descanse en paz".

ESTACIÓN

✦ ✦ ✦ ✦ ✦

LA PROMESA

No imaginé que me tomaría tanto tiempo armarme de valor para develar recuerdos que ya no sé si son recuerdos, sueños o pesadillas durante mi viaje en los vagones de los días para por fin, y con la única presión de mi conciencia, cumplir la promesa que algún día hice de escribir esta historia que ya no me pertenece. Ignoraba que más de una vez me faltaría fuerza para sujetar el lápiz y vaciar mi interior, como se aligeran las nubes preñadas de agua que sueltan la lluvia, estremecidas por los rayos. Escucho el viento gemir en mi balcón y veo cómo sacude y destaja sin clemencia las palmeras, cuyas ramas arrastra el aire turbulento. Así son los malos recuerdos: latigazos que laceran el alma.

La fotografía del primer encuentro con el amor está prendida a uno de esos parajes de la memoria que desafían los estragos del tiempo, y aunque ya sin color y borrosa, aparece en el recuerdo cuando menos lo esperamos, desdibujando una de las tantas caras de la realidad. Una de esas caras es el amor y otra el dolor.

Éramos dos jóvenes deseosos de experimentar la vida. Recorríamos la misma ciudad por aceras diferentes, pero un caluroso domingo, el destino hizo que nuestros pasos se juntaran en un sitio campestre a orillas del majestuoso río Cauca, enmarcado por la imponencia de las cordilleras Central y Occidental, a pocos kilómetros de Cali. Al embrujo de aquel paraje de ensueño se esfumaban las penas, arrastradas por la suave brisa que en las tardes acaricia una tierra bendecida como lo es el Valle del Cauca.

Ambos acudimos al llamado de la diversión vestidos como debe ser. Él, forrado de pies a cabeza en tela de *jean* y con unos llamativos espejuelos Ray-Ban. Yo, con una chaqueta tan amarilla que parecía echar fuego, unos *jeans* tan apretados que para subir la cremallera tuve que usar unas tenazas, mis infaltables botines negros de tacón que remontaba cada mes, y una colección de pulseras de cuero en las manos. Llevaba en desorden mi larga cabellera, que me había merecido el mote de 'La Leona', y mis ojos delineados de negro, lo que los hacía lucir grandes y achinados. Igual de llamativos, cada uno en su estilo, iban los amigos que nos acompañaban. Pasó que dos de ellos, Lina y Felipe, se conocían por ser del mismo barrio, y nos presentaron. De los tres jóvenes, Leonardo era el más alto; tanto, que sus piernas eran tan largas que semejaba una "maría mulata". Más tarde me enteraría del apodo que le tenían en su colegio, cuando una vecina le comentó a mi tía Amalia: "¡Esta ciudad sí es pequeña! No puedo creer que tu sobrina ande con 'Piernas Locas'. Y el mote no era para menos: con una estatura de un metro noventa y semejante flacura, sus brazos y piernas parecían tener vida propia, sobre todo las piernas, que al caminar se doblaban hacia los lados en vez de ir de frente, lo que le daba ese peculiar aire de vaquero en desarrollo, estereotipo que reforzaba el despoblado bigote que con celo cuidaba.

Las Tardes, sitio muy concurrido los fines de semana, tenía de todo para satisfacer al más exigente: piscina grande, restaurante al aire libre y amplia zona de baile. Abría desde las dos de la tarde hasta la media noche. Mi tía Amalia y su esposo fueron habituales del sitio, hasta que cogió fama y se convirtió en lugar de recreo predilecto de los 'traquetos' y sus amigas, las 'fufurufas', como las llamaba la gente y que yo prefiero nominar las 'Afroditas Pandemos', en su mayoría muchachitas menores de edad y algunas mujeronas que por sus exuberantes 'dotes' eran las acompañantes favoritas de tales personajes y sus escoltas.

Estas venus nacidas para el placer de la carne, al igual que la diosa, no tuvieron infancia o renunciaron a ella, seducidas por un efímero espejismo. Sus visibles encantos despertaban el deseo de todos; sus estrechas cinturas y las ondulantes y pronunciadas caderas estaban hechas para las caricias. La piel abrasadora y las piernas bronceadas y firmes eran la promesa de las más ansiadas mieles, Afroditas surgidas del crisol en que se fundieron el negro, el indígena y el criollo.

La mayoría de ellas no trabajaba ni estudiaba; su diaria rutina se dividía entre ir al gimnasio y al spa, que se multiplicaron en un abrir y cerrar de ojos, y acompañar en las noches a estos hombres, que les brindaban todo lo que deseaban: lujosos apartamentos en los mejores vecindarios, ropas costosas, preciosas y valiosas joyas y, por supuesto, autos de marca, que en pocos meses inundaron la ciudad. Así, pues, en aquel lugar de recreo que hicieron suyo aquellos hombres y sus beldades lo conocí.

El sitio estaba atestado. En una de las mesas del área de la piscina, muy próxima a nosotros, mi amiga Lina divisó a su exnovio y nos dijo molesta: "¡Miren al imbécil de Iván! Anoche fue a mi casa a decirme que volviéramos… ¡Este 'man' no pierde el tiempo!". Yo, que desde hacía tiempo sentía curiosidad por saber de ese hombre, le pregunté cuál de tantos era. Lina me señaló a un hombre de piel muy blanca, vestido de negro, que llevaba al cuello una gruesa cadena de oro de la que colgaba una enorme águila de alas abiertas, de cuyo pico brotaban fugaces destellos. Me intrigó particularmente ese detalle, y así lo comenté a Lina, quien me dijo que se trataba de un diamante, rezado para protegerlo de la muerte. Iván pasaba de los treinta años y no estaba solo: una rubia despampanante le tenía los brazos encima. Con ellos estaba un grupo de hombres que supuse eran guardaespaldas por el aspecto que tenían y la forma como actuaban. Iván vio a Lina y le hizo señas para que nos acercáramos y nos sentáramos con ellos. Lina no podía disimular los celos y estalló en improperios de grueso calibre. De forma unánime le advertimos que ni pensara en ir con ese hombre, y que lo mejor era que nos quedáramos un rato conversando con los muchachos, pues al fin y al cabo la idea de haber ido a ese lugar era vernos y compartir juntas una agradable tarde.

Tomamos asiento en una de las mesas alrededor de la piscina. Leonardo, el flaco alto, me invitó a bailar en varias ocasiones, pero desde la primera pieza de salsa supe que no sabía bailar ese ritmo, pues golpeaba mis piernas con sus rodillas y no tenía el movimiento de caderas de un buen salsero. Su postura era más bien encorvada, y lo único que movía y de forma exagerada, eran las piernas; sin embargo me agradó su personalidad, el tono de su voz y la inocencia de su sonrisa. A simple vista percibí que era un muchacho decente, caballeroso y lo más importante para mí: libre de vicios. Cuando le anuncié que ya era hora de marcharme no me insistió para que me quedara, y por el contrario, le pareció bien que me fuera temprano, antes de que comenzara a salir la gente de ese y otros balnearios y se me complicara el transporte. Y era cierto: después de las seis de la tarde sería casi imposible tratar de tomar el autobús, pues todos iban repletos de los cientos de personas que abandonaban los estaderos o finalizaban los paseos a los ríos que abundan en la zona. Leonardo sacó del bolsillo de su chaqueta de jean azul desteñido un elegante bolígrafo de madera color caoba y escribió mi número de teléfono en una servilleta que dobló con cuidado y guardó en su billetera, al tiempo que me repetía que me llamaría para invitarme a salir. Yo no lo creí y tampoco mostré mucho entusiasmo. Sonreí y le di un beso en la mejilla cuando le agradecí su gesto de acompañarme hasta la parada del autobús. Al día siguiente, al llegar del trabajo, mi madre me dijo que un chico que no conocía me había llamado, pero que no recordaba el nombre. Me sorprendí cuando a los pocos minutos sonó el teléfono y era él. Me preguntó si tenía planes para el fin de semana siguiente y me contó con detalles algo que me dejó de una pieza: media hora después de que mis amigas y yo salimos de Las Tardes se perpetró allí una terrible masacre. "Quizás tú no viste a 'Don Iván', el 'Águila'—me dijo—.

Le pegaron una 'quebrada' que hasta le arrancaron la cadena. ¡Y qué pesar!… también a la rubia que estaba con él".

Lo que Leonardo ignoraba era que gracias al encuentro con él y sus compañeros, mis dos amigas y yo estábamos con vida. Se me erizó la piel al pensar que si no hubiese sido por esa contingencia, hubiésemos terminado sentadas en la mesa de la muerte.

El peligro nos rondaba por doquier. ¡Qué fácil era caer abatidas a disparos cualquier día a manos de un ladrón por resistirnos a entregarle la cadena, la pulsera o cualquier cosa que creyera de valor; o por obra y gracia de un sicario contratado por una mujer celosa o un amante despechado, o por qué sé yo… O en un retén de la policía, o en un ataque de los subversivos a un pueblo, o al sacar dinero de un cajero automático, o al bailar en una discoteca. Las noticias no cesaban de informar sobre la ola de criminalidad que azotaba la ciudad, y en menor escala a las poblaciones vecinas, que poco a poco se fueron contagiando de esa pandemia de violencia.

Era *vox populi* que no se podía ir a varias discotecas de moda en la ciudad porque los traquetos, desde sus lugares VIP, solían pretender a cualquier mujer que les apeteciera, sin importar con quién estuviera. Tal fue el caso de una de mis compañeras de colegio, que apareció muerta en una carretera desolada. Después de violarla la tiraron en una bolsa negra al lado de unos cañaduzales. La noche de los hechos se encontraba en compañía de su novio celebrando sus diecinueve años de edad en la discoteca más lujosa de la ciudad. Ella, una beldad de piel morena descendiente de los Lucumíes, llevados como esclavos al Chocó en tiempos de la Colonia, nunca pasaba inadvertida, y menos ese trágico día, cuando estaba más llamativa que de costumbre. El hecho es que algún guardaespalda abordó a mi amiga y a su novio con el propósito de que la chica, que había gustado a su patrón, lo acompañara. Como opusieron resistencia, la amenazaron con matar a su novio frente a ella si no se plegaba a sus deseos. Acto seguido los sacaron del lugar a punta de pistola y golpearon salvajemente al joven ante la mirada impotente de la chica, y luego le propinaron un disparo. Creyéndolo muerto, subieron a la mujer a una camioneta. Lo que ocurrió después ya se dijo; pero el joven sobrevivió para contarle a la familia *la verdad* de lo ocurrido y luego desapareció sin instaurar denuncia alguna. Como era de esperarse, tampoco fue al velorio de su novia. Y digo *la verdad* porque, según comentaron los familiares, en la prensa tergiversaron la noticia y no mencionaron nombres a fin de proteger la reputación del local; hablaron sí de lo peligroso que era conducir por la zona donde había aparecido el cuerpo, refiriéndose a ella como la 'morgue ecológica' de los asesinatos que se cometían en el área metropolitana. Pero con el tiempo fue imposible para los dueños del establecimiento nocturno ocultar las barbaries que cometían sus benefactores, por lo que decidieron cerrarlo para evitar el escándalo. Como este, muchos otros sitios de diversión hacían de nuestra ciudad "verde, deportiva, limpia y cívica", como alguna vez fue conocida, un colosal caldero del que brotábamos los jóvenes como agua de manantial, para caer entre la hiedra venenosa. Quienes nos salvamos de la muerte y de ser violadas debió ser porque un ángel al que no dejábamos descansar nos cuidaba la espalda todo el tiempo.

En fin…, de ese encuentro marcado por la tragedia surgió mi relación con Leonardo, en un principio solo telefónica, pues él tenía en ese entonces tres trabajos: el fin de semana era vendedor en un almacén de ropa, del cual con seguridad provenía su fantástica *pinta*; los otros días era empleado en una compraventa de oro y plata, de donde supongo había obtenido las gafas y el bolígrafo; y en las noches permanecía en ese mismo lugar como vigilante. Él y yo vivíamos en la misma ciudad, pero en su mundo había realidades que yo desconocía y que poco a poco fui descubriendo.

Era un joven extrovertido, cuya alegría emergía espontánea como un par de alas que emprenden raudo vuelo; pero, de repente, esas alas se plegaban y perdían su vigor al estar ancladas a tierra. Se trataba del peso de una gran responsabilidad que debió asumir cuando a sus catorce años tuvo que retirarse del colegio para proveer el sustento a su familia. Por eso en su casa lo apodaban 'El Jefe'. Eso supe el día que, después de llevar un año de novios, me llevó a su casa con motivo de la graduación de su hermana.

Recuerdo la impresión que me llevé esa noche, pues no podía creer que el joven vestido a la moda que me recogía en taxi, me regalaba flores y olía siempre a fina colonia, viviera en un lugar más humilde que mi casa, que comparada con la suya era un fastuoso palacio. Esa noche el taxista se detuvo en la autopista y le dijo que no iba más, pues si entraba a ese barrio, de allí no salía vivo. Leonardo se sulfuró y le enrostró su cobardía, pero ni sus ofensas le obligarían a entrar a ese vecindario. Le dio el vuelto y le dijo estas palabras: "Joven: es mejor ser un vivo cobarde y no un valiente muerto. Acuérdese de eso".

Nos bajamos del taxi y caminamos varias cuadras. Poco a poco desaparecieron las luces del alumbrado público y nos internamos en las oscuras callejuelas del barrio. Leonardo no habló durante el trayecto; en cierto momento me tomó de la mano y se aseguró de que no me fuera a resbalar o a salpicar al pisar un charco, aunque eso era imposible. Había llovido y las calles eran una laguna. Cruzamos un puente sobre un caño de aguas negras y poco después llegamos a su casa, situada en una callejuela a media luz. Tenía yo las piernas sucias y los zapatos pesaban por lo menos dos libras cada uno por la plataforma de barro que habían acumulado. Al verme así, me dijo que esa era la razón por la cual no me había llevado antes, para evitarme el disgusto, y que si yo decidía terminar nuestra relación él lo entendería sin enfadarse. No le contesté. Me dolió su vergüenza.

Sentada sobre una piedra enorme frente a su casa lo esperaba su madre. La señora se asombró al verme, me abrazó y me invitó a seguir. Cruzamos un pequeño patio en el que había un árbol de mango y bajo sus ramas jóvenes, un cuartucho en el que se hallaba el sanitario. A continuación seguía la vivienda, construida con tablas y esterilla y techo cubierto con plásticos. La casa-habitación tenía piso de tierra y en ella se apiñaban tres camas, un guardarropa, una mesa con los utensilios de cocina, la máquina de coser de la mamá y unas sillas. No recuerdo haber visto más muebles, pero me asombró la blancura de los tendidos de cama y la limpieza extrema del lugar.

Leonardo se agachó y sacó de debajo de una cama un par de chanclas para que las calzara mientras limpiaba mis zapatos en el lavadero frente al baño. Entretanto su madre me comentaba que yo era la primera novia formal que 'El Jefe' llevaba a la casa y que mi visita la había tomado por sorpresa. Sentía su mirada que me recorría desde el dedo gordo del pie hasta el último cabello de mi ensortijada melena, y lo mismo hacía yo, que observaba con atención la blancura de su piel, sus delicadas facciones, el color verde aceituna de sus ojos que brillaban bajo la luz del bombillo, y su cabellera ligeramente ondulada que caía hasta la mitad de su talle. De las dos hermanas, una era bien morena, de cabello grifo, facciones gruesas y un cuerpo macizo. La otra, en cambio, la que se graduaba ese día, tenía rasgos similares a Leonardo, la piel mulata, las facciones pronunciadas y el cabello suelto ligeramente ensortijado. Los tres hermanos eran diametralmente opuestos en temperamento y personalidad, pero compartían la singularidad de unos hermosos ojos negros cobijados por unas largas y abundantes pestañas, cuya limpia mirada era capaz de desarmar al más bárbaro. Al observar la fisonomía familiar deduje que el padre debería de ser de raza negra, lo que llamó mi atención pues había notado que en repetidas ocasiones Leonardo trataba con displicencia a la gente de color y evitaba entablar cualquier tipo de relación con ella. Entre sus amigos había mulatos, pero no negros.

Una vez superada la prueba de fuego de conocer su casa, lo que en realidad era un reto para él y no para mí, nuestra relación se fortaleció y devino en un espacio íntimo y transparente en el que Leonardo pudo ir desatando ese nudo interior que lo asfixiaba. Entreverado en el universo de sus sentimientos pude detectar un marcado resentimiento hacia su padre, a quien un par de años después tuve la desventura de encontrarme cuando Leonardo y yo tomamos un autobús intermunicipal en Jamundí para regresar a Cali. Ya habíamos pagado y estábamos por pasar la registradora, cuando Leonardo se detuvo al ver la cara del chofer. De inmediato mi novio se sulfuró, me haló del brazo y le gritó al hombre que la próxima vez que lo viera lo mataba, pues un hombre como él no merecía vivir. Casi empujándome me bajó del autobús y empezó a patear el tubo metálico que sostenía el cartel de la parada de buses, mientras el vehículo partía y aceleraba a toda marcha.

Sin saber de qué se trataba y por qué había ofendido y amenazado al conductor, lo confronté y lo tildé de racista, agregando que yo no quería estar con una persona que discriminaba a otra y la trataba de esa manera. Era la primera vez que percibía en él ese brote de violencia y me asusté. Leonardo soportó estoicamente mi invectiva. Cuando terminé, me reveló que ese hombre era su padre, a quien no veía desde el día que los abandonó, y me dijo que el odio que sentía hacia él no era por el color de su piel sino por la humillación que les había causado, lo que subrayó con estas palabras: "Va a necesitar muchas vidas para reparar el sufrimiento que ha causado ese infeliz". Luego, ya con voz calma, me dijo que no se explicaba cómo ese asesino estaba manejando un carro de servicio público después de haberles causado la muerte a varios vecinos de la cuadra del barrio en que vivían. Aconteció que en una de sus solemnes borracheras de fin de semana, su padre organizó un paseo al río en su autobús e invitó, como de costumbre, a todo el que quisiera ir. Pero ese día ni la cocaína lo ayudó a estar alerta, porque el paseo terminó con una decena de muertos y varios heridos al perder el control del carro y rodar por un barranco. Unido a ese mal recuerdo, que desembocó en la salida forzada de Leonardo del lugar en el que había crecido, pues no pudo soportar la vergüenza de saber que su padre era el responsable del luto y la desgracia de varios hogares, otro trauma lo abatía aún más, y con franqueza me aseguró que nunca había podido superarlo. Las cosas pasaron cuando tenía él catorce años y comenzó a trabajar cavando huecos para el alcantarillado público, con tan mala suerte que algunos de sus compañeros de clase lo vieron en ese trabajo. No soportó sus burlas y se llenó de motivos, por lo que decidió no volver al colegio, donde cursaba noveno grado de secundaria.

Desde ese día se hizo la promesa de que nadie lo señalaría ni lo humillaría de nuevo. La imagen distorsionada de su padre se sumaba a una sed insaciable de cobrar la deuda del pasado en sí mismo.

Las condiciones en las que vivía su familia y ese mar de pesares en que navegaba me unieron más a él. Dentro de ese ser extrovertido y alegre se acunaba un hombre vulnerable y afligido. Pasé por alto estos deplorables episodios y me aferré a su dulzura y a su bondad. Al menos conmigo no tenía necesidad de aparentar ser y tener lo que no era y de lo que carecía. Acepté su realidad como acepté la mía. En el amor que tejimos podíamos soñar con el futuro confiando en que nadie nos lastimaría. Cada triunfo que lográbamos, por pequeño que fuese, era un motivo de festejo. Sabíamos que si deseábamos superarnos deberíamos estar dispuestos a pagar la cuota de sacrificio.

El amor de Leonardo llenó mi enorme vacío de toda una vida. Me sentí correspondida y afortunada por tenerlo a mi lado, y decidí que él era la persona con quien yo quería dar el paso para dejar de ser niña y convertirme en mujer. Él nunca me presionó, aunque me confesaba que lo estaba volviendo loco.

Un viernes de febrero viajamos a las afueras de la ciudad y nos quedamos en una cabaña a la orilla del río. Esa noche, arrullada por el sonido del agua corriendo entre las piedras y el cricricri incesante de los grillos, encendimos dos velas para alumbrar la cabaña. A la tenue luz pude ver sus ojos, un insondable océano de ternura que me invitaba a navegar en sus aguas, fuera del alcance del mundo. Mientras me besaba, desabotonó mi blusa con lentitud, la que se deslizó lentamente y cayó al piso. Sus suaves manos recorrieron mi pecho en una caricia ininterrumpida. Con la dulzura y la calma que solo el amor suscita, nos abrazamos desnudos por primera vez. Su calor fue mi piel. Me miraba extasiado y no cesaba de repetirme lo hermosa y lo importante que era yo para él. Me dejé llevar por la delicia de su cuerpo y el desfogue de la pasión contenida durante tanto tiempo. Me hizo el amor como quien acaricia los pétalos de una rosa sin mancillarlos.

Al despertar percibí un dulce aroma en la habitación: eran flores silvestres de los alrededores que poblaban mis cabellos y tapizaban las sábanas. Al lado de la almohada encontré una nota que decía: "Te amo. Eres lo más hermoso que me ha pasado en la vida. Siempre estaré contigo". Cuando salí de la cabaña, aún con la nota en la mano, él me estaba esperando. Tenía en su mano dos anillos de plata, uno de los cuales me colocó en mi anular y me dio el otro para que yo se lo pusiera, en tanto me decía: "Un día, muy pronto, serán de oro y ante el altar". Ese fin de semana no conocimos el sueño; salíamos a comer y de nuevo regresábamos a nuestro nido, a fundirnos de nuevo con la ardorosa pasión que nos acompañó a lo largo de nuestra estación.

Sintiéndome respaldada emocionalmente y contando con un empleo seguro, me presenté de nuevo a la universidad decidida a enfrentar una lucha campal contra mis probabilidades. Esperé el almuerzo familiar del domingo para contarles que me habían aceptado en la universidad para estudiar de noche. Al oír la noticia, mi mamá saltó de la mesa y me abrazó gritando: "¡Dele gracias a Dios! ¡Dele gracias a Dios! ¡Yo le he estado pidiendo ese milagro!". La tía Amalia me miró incrédula y en medio del alborozo general lanzó la pregunta crucial: "¿Y cómo piensa pagar?" Les expliqué que tenía previsto financiar por lo menos la mitad del costo con un préstamo estudiantil y que necesitaba que uno de ellos, mi abuela o el esposo de la tía Amalia, me sirvieran de codeudores, pues me exigían como garantía una propiedad raíz.

—¡Ni piense que yo voy a arriesgar mi casa! —exclamó Misael, el esposo de la tía, y dirigiéndose a la abuela le advirtió—: Y a usted, suegrita, ni se le ocurra. ¡Qué universidad ni qué cuento! ¡Esta lo que va es a graduarse de madre soltera!

Mi mamá se levantó y dejando los cubiertos de un golpe sobre la mesa de vidrio sentenció: "¡Dios proveerá!", palabras que fueron suficientes para que me tragara las lágrimas y el desencanto por la falta de solidaridad y visión de mi familia. No insistí, porque poco he sido de rogar, y con bochorno esa misma semana le pedí a un ejecutivo de la empresa en que trabajaba que me hiciera el favor de prestarme el dinero para cancelar el primer semestre, y le prometí que con mi sueldo y el bono que me dieran de Navidad le pagaría el ciento por ciento, y así lo hice. Fui la primera mujer en mi familia que adelantó estudios universitarios; mi iniciativa fue un desafío para todos y hasta creo que algunos miembros de la familia se quedaron esperando mi caída para demostrar que tenían la razón.

En esos momentos de penuria, en que mi fortuna era mi orgullo personal, Leonardo tampoco podía ayudarme, y de común acuerdo le entregué las alhajas que me había regalado para que junto con el dinero fruto de la venta de su moto pudiera él reunir la cuota que necesitaba para iniciar una compraventa en compañía de dos amigos.

Yo no estaba dispuesta a renunciar a la ilusión de ir a la universidad, mi única esperanza de salir adelante. Manejaba centavo a centavo mi salario, hacia rifas de prendas que vendía de forma ambulante en las calles de la ciudad. Solo gastaba en lo esencial; el resto eran lujos que no podía darme. Cuidaba mis dientes para que ni la menor carie me hiciera incurrir en un gasto extra. Retuve mis empleos, y aunque me desplomaba de agotamiento no me di por vencida. Para cuando la situación económica de Leonardo mejoró, fui yo quien decidió no recibir su ayuda.

El devoto amor que nos teníamos se convirtió en una daga que me hirió profundo. En la medida en que Leonardo prosperaba en sus negocios su personalidad sufría una metamorfosis. Se tornó agresivo. Sus socios decidieron venderle la parte que les correspondía porque consideraron que ese mercado era demasiado arriesgado para sus vidas, empezando por los clientes: mafiosos, sicarios y ladrones, quienes se convirtieron en el nuevo círculo en el que se movía mi novio. Junto con estas figuras de leyenda urbana, famosas por sus alias y diabluras, llegó también el desenfreno, las mujeres y la pérdida de sus valores. Leonardo se quedó solo, pues en ese mundo no hay amigos.

Su negocio crecía al ritmo en que la podredumbre inficionaba a la sociedad. A veces, mientras yo estaba trabajando en la contabilidad del negocio, llegaban los ladrones con el botín recién hurtado, lo tiraban por entre las rejas y huían para luego volver por él o pedirle que lo llevara a otros lugares. En repetidas ocasiones me tocó estrechar mi mano a sicarios y ladrones y fingir complacencia para preservar mi vida y no ocasionar problemas. Muchas de las joyas que él compraba terminaban en manos de otros maleantes, bien fuera para su uso personal o para repartirlas entre sus conquistas. Luego venía lo del cobro. ¿Cómo cobrarle a alguien que te puede dar un balazo para saldar la cuenta? Y he aquí otro meollo del asunto. El mejor momento para cobrar era la noche, en cualquier sitio nocturno de la ciudad, y suavizar la cobranza a punta de tragos.

Leonardo me confiaba el día a día de lo que le acontecía. Confesiones que me dolían y me hacían suplicarle que no continuara con ese negocio porque sus días estaban contados. Llegó el momento en que le dije que no podía ayudarle más con sus cuentas y solo me aparecía los sábados a la hora del cierre del local.

Ese amor que me salvó de hundirme me había desilusionado. La promesa que me hizo de casarnos, de los hijos que ya tenían nombre, la engulló el agujero negro en el que se hallaba sumido y que también a mí me halaba. Sin poder cambiar el destino, traté de dejarlo pero no tenía fuerzas para renunciar a lo que más amaba. Algunos de mis amigos de la universidad que lo conocían, le temían y solo unos cuantos valientes se atrevían a estar conmigo. Me embargó una soledad desesperante. Mi madre, al sentirse incapaz de hacerme cambiar de opinión y al verme sufriendo, decidió regresar a Venezuela. Cuando la despedí esa tarde en el aeropuerto comprendí cuánto daño le hacía a causa de mi obsesión por un mal hombre.

La imagen de ese amor imbatible se sumergió en aguas profundas y de su existencia solo me quedaban ardores y punzadas. Yo seguía en mi mundo austero y en mis libros, vistiendo los mismos trapos, tomando el autobús, llevando merienda en el bolso para no gastar ni un peso extra, ganándome el sustento honradamente; en tanto, él llevaba una vida de lujos, desmanes y placeres. Ya no era un secreto que mantenía relaciones con otras mujeres que acolitaban sus extravagancias sin hacer reproches ni tratar de cambiarlo. De un momento a otro me había convertido en la voz de su conciencia, como él aseguraba: "De repente escucho tu voz y me abstengo de hacer muchas cosas". Fui la mujer de la cual se sentía orgulloso, la que no compró y con la que deseaba casarse, pero a la que más zahería con sus actos. Mientras él vivía feliz con la soga al cuello, incapaz de renunciar al mundo que había elegido, yo nadaba entre dos aguas. Una eran mis estudios, mis valores y la ilusión de los planes que una vez tejimos. "Eres demasiado buena para mí —me dijo—. Yo tengo que andar con personas como yo, que si se mueren no se pierde mucho". Otra era el amor que nos teníamos, lo único limpio y verdadero que según él había en su vida, por el cual yo luchaba y me perdía en el intento de librarlo de ese proceso en que el hombre termina convertido en lobo. Pero lo cierto es que la mutación había comenzado desde mucho antes de que yo lo conociera.

Llegó el día en que ya no soporté más y el ángel que me habitaba se quitó los alones de plata. Sucedió una noche de Navidad estando yo en su casa, pues no tenía con quién pasar esa fiesta. A eso de las ocho de la noche llegó una niña de escasos quince años en compañía de su madre. Noté que las hermanas de Leonardo murmuraban en secreto y sus amigos se reían con malicia; la niña, que me superaba en tamaño y en cuerpo, era la nueva aventura de Leonardo, de la que todos estaban al corriente. La reconocí al momento, pues ya la había visto en días pasados en compañía de otro de sus amigos de farra. Pude haberlo matado esa noche, pero mi ángel no es un asesino. En cambio, explotó como un taco de dinamita, olvidó quién era y dónde estaba y gritó con fuego sus verdades. No quedó un pensamiento sin ser expuesto al aire. Después de ese día ya no volví a pedirle a Dios que lo cambiara sino que me cambiara a mí y me restituyera la dignidad. Por primera vez en siete años de noviazgo me di cuenta de lo bajo que había caído. Lejos estaba de poder ser su salvadora si el amor que sentía por él era más grande que mi amor propio.

La transfiguración de mi ángel asombró a todos, e incluso a mí, e hizo que me ganara para siempre la mala voluntad de la madre de Leonardo, a quien en esos momentos de desahogo le reproché por alcahuetear la sinvergüencería de su hijo y por no corregirlo a tiempo. Le advertí que en vez de secundarle sus bajezas, lo aconsejara antes de que fuera tarde. Que si lo amaba, le subrayé, se portara como una verdadera madre.

Recuerdo que ella y Leonardo me llevaron a mi casa antes de la media noche y no salí hasta varios días después. Me desleí en llanto. Me sentía incapaz de dejar la cama y darle la cara al sol. Conocía de sobra la tristeza y el desengaño, pero nada me dolía tanto como el sentir lástima de mí misma. Esa Navidad rodé por un acantilado. No volví a frecuentar los lugares en los que suponía podría encontrarme con él o con sus amigos. Me abstuve de llamarlo y por primera vez acepté la compañía de otro muchacho y no para enamorarme. Y así se lo dije al joven: que solo quería darme la oportunidad de saber lo que era estar al lado de un hombre diferente, sostener otras pláticas, vivir como mujer otra realidad que me era imposible siquiera imaginar, pues me sentía infeliz. Así, desaparecí del mapa y dejé que la vida me dibujara la ruta.

Los fines de semana *inventaba* paseos al campo, al río, a los pueblos vecinos. Seguí en mi trabajo y en la universidad; me quedaba a dormir en casa de mis amigos con cualquier pretexto y me esforcé hasta más no poder para desintoxicar mi alma. Esos nuevos aires, aunque efímeros, me dieron un poco de alivio.

Él volvió a buscarme. Se aparecía por la universidad y hasta encontró el lugar al que me mudé, en esa lucha por escapar de mis debilidades. Yo, que fingía una fuerza que no tenía, volví a caer en su juego, mas del ángel sumiso que él esperaba recuperar ya no quedaba ni la sombra. Nos aferramos a una ilusión del pasado para alimentar la esperanza de un futuro. ¿Y el presente? El peso del presente era una carga fulminante disparada al pecho. Aun así, decidí intentarlo. Nuestros planes volvieron a florecer esta vez con las condiciones que le impuse, las que aceptó sin objeción. Concluimos que la mejor posibilidad que teníamos para poder estar juntos era irnos del país para que su vida no corriera peligro, y que esperaríamos a que yo terminara el último semestre que me faltaba para terminar la universidad. Me confesó que por primera vez sentía miedo y que no podía dormir tranquilo.

Uno de sus amigos que nos conocía desde siempre le aconsejó que la mejor forma de protegerme mientras podíamos salir del país era que Leonardo saliera con diferentes mujeres, para que nadie pensara que seguía su relación conmigo, porque para todos sus enemigos estaba claro que yo era su talón de Aquiles. El mismo amigo llegó incluso a ofrecernos una casa en las afueras de la ciudad como regalo anticipado de bodas, pues él estaba construyendo allí un palacio para su familia y ya daba nuestro matrimonio por hecho.

Los primeros dos meses de nuestro reencuentro renació el encanto. La idea de irnos a Argentina o a España lo tenía a la vez ilusionado y temeroso pues nunca había salido del país. Ese era nuestro secreto, que ni nuestras familias sabían. Empero la realidad se impuso a la utopía a la que nos habíamos aferrado para eludir las consecuencias de su vida desenfrenada. Llevaba dos meses en los que nos veíamos tres o cuatro veces por semana, no bebía porque esa era una de mis condiciones, y dejó de frecuentar los sitios a los que concurrían sus amigos. Sin embargo, fue imposible para él cumplir sus nuevas promesas. Al enredo que era ya su vida, un nuevo e inesperado suceso lo aguardaba: en su casa, de quince años y con tres meses de embarazo, se encontraba Tatiana, a quien sus hermanos, reconocidos matones profesionales, la llevaron con maletas dejándole con su mamá el mensaje de que más le valía que respondiera por ella porque si no lo hacía lo mataban a él y a su familia.

Esa noche, cuando me recogió después de clase, me contó la tragedia. Él insistía en que ese bebé podía ser de cualquiera, pero que hasta que naciera no podía saberlo. Que no me preocupara, agregó; que él encontraría la solución a ese problema. Y de nuevo comenzó mi martirio. ¿Cómo pude enamorarme del hombre equivocado?, ¿por qué no podía arrancarlo de mi vida, si tanto daño me hacía? Lloré esa noche y los días que siguieron. Su intención de cambiar, que nunca creí, no tenía relevancia. Una vida inocente se gestaba en medio de ese entorno malsano y yo estaba allí, sobrando y siendo parte de un canibalismo en el que yo era la presa.

La noticia de la criatura que llegó fue un dolor que se me clavó como un cristal de mil filos en la conciencia. Con las migajas de orgullo que me quedaban decidí no verlo más. No sé cómo me las ingenié, pero creo que fue gracias a uno de mis amigos de la universidad que se dedicó a estudiar conmigo y de su mano pude superar los exámenes del último semestre. En el ínterin se incrementaron mis viajes de trabajo, lo que me obligaba a ausentarme con frecuencia. Sin embargo, él me buscaba sin tregua e insistía en que siguiéramos adelante con nuestros planes, ignorante de que mi ilusión estaba ya sepultada bajo infinitas capas de tierra. Por fin había comprendido que él no era lo que yo deseaba que fuera; que seguir a su lado era revivir mi días en el purgatorio y saltar inevitablemente al vacío, firmar de nuevo mi sentencia de muerte, la que de seguro alguien ya había decretado.

Ay, Cartagena! Te recorrí por vez primera paseando mi alma por tus vetustas murallas. Tenía veinticinco años, se me estaba pasando la juventud ahogada en mi propia mar, resignada a verte en los anuncios de televisión y en las postales como un paisaje inalcanzable. En mi mundo, tú y otros paraísos me estaban vedados. Había ahorrado lo suficiente para ese viaje que pensé hacer en compañía de Leonardo. Pero mi viaje no fue con él sino conmigo misma. Era yo quien necesitaba una puerta de escape y una larga escalera para huir de mi propia prisión de hiel. Qué diferente fue respirar tu piel de ciudad de sal un par de meses atrás, cuando viajé en compañía de mi madre, la tía Amalia y de la abuela, en sus últimos días. Juntas recorrimos tu historia de patria amurallada. Mientras el guía relataba los pormenores de tu pueblo y su heroica gesta independentista, yo me solazaba escuchando detrás de las palabras el golpeteo pausado de los cascos de los caballos arrastrando las carrozas por tus calles empedradas.

Leonardo no lo supo, porque casi nunca volvió a tener noticias mías. Fui muy celosa con mi vida privada, incluso con mi familia más allegada. Nadie sabía si mis viajes eran de placer o de trabajo. Lo preferí de esa manera. Él y yo hablamos pocas veces por teléfono y en otras compartimos un café como excusa para vernos. Fui a verle el día que me llamaron por teléfono para avisarme que, por conducir ebrio, se había salido de la carretera y chocó con un árbol. Aún recuerdo el recibimiento frío de su madre cuando me vio llegar esa tarde. Al entrar a la habitación vi su cuerpo amoratado y a su lado la mujer de cabello oscuro que tantas veces él y yo divisamos en las barras de los clubes nocturnos. La pregunta no era qué hacía ella allí junto a él, sino qué hacía yo allí con ellos.

En su presencia me dijo que bebía día y noche porque no resistía estar sin mí; que no lo dejara; que yo era lo único para él por lo que valía la pena seguir vivo. Mientras me hablaba me vi en el pasado, en las innumerables ocasiones que caí a sus pies inventando una esperanza. Ignoré su lenguaje mudo, ahogado en su propia sed. Contemplé sus ojos y quise llevarme para siempre el recuerdo de esa profunda mirada. Le di un beso en la frente, el mismo que alguna vez me dio mi padre y que grabé en la memoria; y en el calor de mis labios le entregué todo lo que llevaba por dentro. Me despedí pensando en que jamás lo volvería a ver.

Al poco tiempo recibí una extraña llamada desde la cárcel. Me dijeron que Leonardo estaba preso; era su primera vez tras las rejas y necesitaba que fuera a visitarlo. Escuché el mensaje sin musitar palabra y respiré profundo. Estaba en mi oficina, e intenté concentrarme sin lograrlo; pero ya no era la mujer impulsiva que respondía a sus emociones sin medir las consecuencias. Esa noche llegué a casa, oré y me quedé dormida en algún punto de ese sueño. Al día siguiente, cuando recibí de nuevo otra llamada desde el centro penitenciario, le dije a mi interlocutor que no iría. No quise preguntar por qué lo habían detenido ni cuándo saldría libre. Imaginé que para él sería fácil comprar la justicia, a lo cual estaba acostumbrado, y así fue. A los pocos días nos encontramos en una cafetería cerca de mi trabajo. Se veía nervioso, con el rostro demacrado y unas marcadas ojeras. ¿Estás bien?, le pregunté, y le aclaré que eso era lo único que me importaba. Me contó que la única forma en qué podía dormir era tomando Valium y colocando su revólver debajo de la almohada, y que hasta en esos espacios ausentes de conciencia, mi recuerdo lo perseguía; que solo pensando en mí sentía placer. Tomé sus manos y las guardé entre las mías, mientras le decía que ya nuestro encuentro en esta vida había terminado y que teníamos que dejarnos ir el uno al otro, así nos doliera la separación. Era la primeva vez en que me escuchaba darme por vencida. Me abrazó con fuerza y me cubrió con su pecho. Sentí su calor reclamando el mío. Le vi llorar pero no sequé sus lágrimas. De nuevo me hice muralla al escucharle decir que sin mí buscaría la muerte. Nunca pudo comprender que lo que quedaba de mí era un rimero de cristales rotos y que me sostenía en pie por milagro. Estaba a mi lado, y me seguía doliendo mi alma ya rota.

No me perdonó que lo hubiese dejado, y aun ahora me cuesta creer que no haya entendido que siempre me tuvo allí, a su alcance; pero llega un momento en que las palabras, por más que sean las que deseamos oír, se gastan y no dicen nada.

Llegué a Cartagena en compañía de otro hombre al que apenas comenzaba a conocer. Lástima pensarlo. Hiere reconocer tantos errores juntos, pero no voy a excusarme. De no haber tomado las decisiones que tomé no le hubiera sobrevivido. La primera noche aquel hombre me regaló una hermosa rosa roja, que deslicé por los añosos muros de una ciudad llena de encantos, de noches cálidas y olas que arrullan el amor de tantas parejas que la eligen para su primera noche de amor. Y yo, amando tanto y sin amor, esa noche de balcones sombríos me jugué la suerte. Huí lejos de él. Dolió tanto como morir infinitas veces.

Lo dejé todo y a la vez nada, para empezar de nuevo en los Estados Unidos. Fue lo más lejos que pude llegar. Aunque cualquier sitio hubiese estado bien, porque lo que deseaba era enterrar mi pasado, al igual que mi madre y mi abuela, y no recordar cada espina que me había hecho daño. Viví mi catarsis durante un tiempo eterno; traté de aprender a amar, de volver a confiar para poder entregar algo de mí, y de nuevo sufrí la decepción, pero ya no como antes. No me dejé caer.

Mi universo se tornó en un lienzo blanco que capturó el tiempo. Una soledad necesaria, para que me buscara y me encontrara. Fue allí cuando escuché mi propia promesa: "Sé feliz, porque para eso has nacido". Y desde ese momento íntimo vencí el destino que traía dibujado en mi mano. Esos recuerdos, los que heredé y los que cimenté en mi memoria, viajarán conmigo y desaparecerán sin dolor, porque he dejado que respiren y se esparzan como el polvo cósmico de ese espacio sin fin. He vivido construyendo mi camino, luchando por descargar la cruz de cada estación que heredé y que cargaba en mis espaldas, que tatuaba mi memoria y mi conciencia, para liberar mi alma en su propia estación.

En uno de mis regresos a Colombia me reencontré con Leonardo. El tiempo no había sido indulgente con él. Supe que sería la última vez que lo vería, y así se lo dije mi esposo, el hombre que con su amor tejió mis alas, mi fiel y amado compañero, con quien me atreví a elevar sin miedo la cometa de los sueños hasta el fin que nos espera.

Confieso que sentí un poco de culpa por no haberme despedido de él en aquel encuentro, pero me había quedado sin palabras: todas habían caído a un pozo profundo. Me dio pena verlo tan desvalido. Se notaba que no era feliz, que estaba vacío de amor, y comprendí que en algún momento fui yo quien llenó esos abismos. Estaba aún aferrado a esas ilusiones que no había sido capaz de construir. Quería saber todo sobre mi, pero no quise entrar en detalles sobre lo que había sido de mi vida sin él; me limité a responder, como siempre, con sinceridad a todas sus preguntas. Quería darme algo como recuerdo y le dije que no lo hiciera, que ese momento ya era un regalo para mí, y sonrió. Me llevé su sonrisa grabada en la memoria. Quedé en llamarle antes de irme, pero no lo hice.

A los pocos días se llegó la fecha de su cumpleaños y no le llamé como era la costumbre y él me contestaba: "Todavía estoy vivo"; pero comencé a soñar con él con frecuencia. Así llegó diciembre. Lo veía flotar en aguas trasparentes, vestido de blanco, rodeado de hojas de papel, y entre ellas la fotografía de un mar quieto, sin fondo y sin viento. Otras veces me hablaba, tomaba mi mano y sentía una sensación extraña en mi cuerpo. Iba y venía, susurraba, pero no entendía su mensaje. Miraba a sus pies, pero no lograba verlos. Siempre flotaba y desaparecía. Y luego fueron las pesadillas martirizándome noche tras noche. Hasta que finalmente la escena tomó forma. Allí, en ese espacio ensombrecido, estaba de espaldas una niña de cabello tan oscuro como la noche. En su mano un cordel sujetaba un negro caballo. Al sentir mi presencia la figura volvió el rostro. No era el de una niña, como había imaginado, sino el de una mujer a quien reconocí. Entonces el caballo se fue despellejando, y los trozos de carne caían al piso en una escena dantesca. La imagen descompuesta del caballo era Leonardo. Desperté de un brinco y tuve un mal presentimiento. Se lo comenté a mi esposo, quien había llegado a conocer a Leonardo a través de mi historia. Me aconsejó que lo llamara y aprovechara el pretexto de la Navidad para limar asperezas, si acaso las había.

Pero llegó el veinticuatro de diciembre; miraba el teléfono, y no tuve ánimos para hacer esa llamada. El día veintiocho, en un impulso, marqué su número. Recuerdo que el hombre que me contestó se sorprendió al oír mi nombre. No podía creer que fuera yo. Le pedí el favor de que le avisara a Leonardo que yo deseaba hablar con él. "¿Es que tú no sabes lo que pasó?", me dijo. Su pregunta quedó resonando en mis oídos durante unos segundos, mientras las palabras se conectaban unas a otras, y temí lo peor. Oí sin oír, porque estaba sorda a la respuesta que gritaba mi corazón: "Leonardo había muerto".

Supe por aquel amigo que justo unos días después de que nos vimos lo asesinaron. Un jovencito menor de edad le descerrajó dos disparos, uno de los cuales, el que recibió en el cuello, le causó la muerte. Al asesino lo acorralaron en la calle, lo golpearon y se lo entregaron a las autoridades, pero alguien lo sacó de la cárcel a los pocos días y no se volvió a saber nada del niño sicario.

Colgué el teléfono. Estaba sola en casa y no sabía qué hacer. Me dirigí hacia el cuarto recorriendo con los dedos la pared, y su chocante sonido era tan hiriente como el que sentía en mi interior. Era la voz de la realidad manifestándose, revelándose en la conciencia como una dimensión irreal.

Entré y salí del cuarto varias veces, abrí y reabrí los cajones de la mesa de noche sin saber qué buscaba. Fui a la sala. El olor del árbol de pino y de los tallos de canela de los que colgaban los arreglos navideños impregnaba el lugar con una paz ensoñada que me fastidiaba. Era desgarrador lo que experimentaba. Nada, ni siquiera el aroma de lo que habitaba en mi mundo, tenía sentido. El dolor que me embargaba en esos momentos era tan ajeno como el fósil rescatado de la tierra para ser exhibido en la sala de un museo. Solo en alguna celda de mi memoria guardaba su nombre y el recuerdo del arduo camino que tuve que recorrer para aprender a ser feliz.

Sintiendo en mi alma un tornado, no pude resistir más y me desplomé en este mismo sofá color violeta en el que estoy sentada ahora y exhibo su vida, la mía y la de otros en estas páginas que quedarán para la memoria del tiempo.

Hallé refugio en la pintura *La noche de verano*, que había colgado en la pared un par de semanas atrás, cuando rescaté la copia de una venta de garaje. Me sumergí en la obra, inventé la música que hacía bailar a las dos mujeres, una sosteniendo la cintura de la otra, y la otra apoyando su brazo sobre el hombro derecho de su compañera. ¿O es solo ella que baila consigo misma frente a ese mar de dos caras y junto a esas sombras que la acompañan? Caminé desnuda sobre la arena, me abracé a esa mujer y me sumergí en las aguas de ese mar incógnito, calmo en la distancia pero aterrador en la playa. Hablé durante horas incontables con la mujer del cuadro y dejé que el ardor de la vida y la muerte me quemara las entrañas sin saber que desde mi abismal dolor brotaba la nueva piel. ¿Cómo podía bailar en noche tan oscura? ¿Era la luz de la luna suficiente para encontrar el camino? ¿Habría un mañana para esas almas que se van?

Esa tarde apagada busqué el sonido de la voz de Leonardo en mis neuronas, repetí su nombre, las palabras con que me saludaba para que no se me olvidara el timbre manso y certero de su voz. En mi mente desfilaron todos los recuerdos, las mismas imágenes de papel que lo acompañaban en ese viaje en las aguas que entreví en mis visiones y que ahora tenían un significado. Cuando me sentí con fuerza para hablar, llamé a mi madre y le conté la noticia. Esta vez me dijo que, si lo deseaba, podía quedarme con ella en su apartamento. Le dije que no era necesario y que prefería no conducir. Para mí era como si Leonardo hubiese fallecido hacía solo unos pocos minutos. Me resulta extraño escribirlo, pero ese día sentí que se acababa de apagar el último rescoldo de mi pasado. Quizás por eso me interné en la penumbra de esa imagen, danzando con mi pena bajo la tímida luz de la luna.

Esperé la noche y me quedé dormida pensando en él, en que no estuve allí para coger su mano y decirle que no tuviera miedo. Buscaba en mi interior algún sentimiento fugitivo que se hubiese quedado rezagado, una espina de aquellos años, pero no la encontré. No había rencor, solo el recuerdo y la paz que trae el perdón. Y fue entonces cuando le vi por última vez. Iba vestido de blanco, su color favorito, mirando por la ventana desde uno de los vagones de ese tren que conoció a través de mis historias. Lo vi alejarse sonriente en una marejada de luz. El mismo aire fresco y la luz tiñendo de oro el polvo iluminado. Era el mismo cielo de ese medio día, cuando de la mano de mi madre me dejé ir en ese viaje de hojas secas que acudían al arribo del tren, inventando para mí un remolino.

No podía creerlo cuando la tía Amalia me lo contó, dando por hecho que yo lo sabía.

—¿Estás segura? –le pregunté—. No puedo creer lo que me dices.

—Pues pregúntaselo a tu mamá, porque ella se despidió de todo el mundo y dijo que aquí no volvía.

Me quedé de una pieza. ¿Qué rayos había planeado mi madre? Con ella nunca sabía a qué atenerme, pero si mi tía lo decía, era cierto. Mi madre no era dada a jugar con las palabras; cuando algo salía de su boca era porque llevaba mil años macerándose en su cabeza, y en un asunto tan serio la tía no bromearía.

—Tía —le dije—. Tú sabes cuánto quiero yo a mi madre, pero pienso que en este momento es una locura lo que hace.

—Sí, pero eso ya no tiene vuelta atrás.

—Tía, usted me puede ayudar.

—Parece que usted no conociera a su madre, Corintia. Yo no voy a meterme en ese asunto.

—No le pido que usted hable con ella —la tranquilicé—, sino que la reciba en su casa cuando yo la mande de vuelta en un par de meses.

—¿Vivir conmigo? —se alarmó—. No, Corintia, eso no va a poder ser. Yo ya tengo suficiente con mi hija y con la abuela. Y su mamá con ese genio, ¡ni Dios lo quiera!

—Sería temporal, tía. En lo que se vence el contrato de alquiler de mi casa, mi mamá se regresa.

Mi tía calló unos segundos, antes de decirme algo que en vedad me preocupó:

—Corintia: su mamá salió de todo.

—¿Cómo así? ¿Qué es todo?

—¡Todo, mija! Aquí no hay nada. Si su mamá vuelve, le va a tocar amueblar la casa de nuevo.

El mundo de mi madre siempre fue y será de ella. Perdí la esperanza de que algún día en un descuido, dejara la puerta abierta para que sus pensamientos se ventilaran. Cuando le preguntaba sobre cosas de las que ella no quería hablar, cortaba la conversación con tal actitud que me hacía sentir culpable o entrometida, sin importarle si era algo que me afectaba directa o indirectamente, como esta decisión suya de convertir en permanente su estadía de seis meses en los Estados Unidos.

La noticia heló mi sangre. Me sentía como un pez forzado por la creciente a salir de su riachuelo para sumergirse en el correntoso río. Yo tenía una misión: sobrevivir. Pensaba en cómo iba a poder cuidar de mi madre, si mi vida apenas iba enderezando el rumbo y de milagro con lo que ganaba pagaba la renta de un estudio que había alquilado en la casa de una familia cubana; el seguro del carro, la gasolina, la comida, mis clases de inglés en la universidad, y lo poco que me quedaba se lo enviaba con puntualidad para su manutención y la cuota de la casa que compré antes de salir del país para que ella quedara bien acomodada y dejara de una vez por todas de vivir como gitana. Yo quería lo mejor para ella, pero con un presupuesto tan limitado mi madre no podría vivir conmigo aunque yo lo quisiera, pues no era lo mismo sostenerla en pesos que en dólares. Muy en el fondo temía que mi madre no tuviese las agallas para nadar y que su peso terminara por hundirnos a las dos.

Por entonces había comenzado mi relación sentimental con quien hoy es mi esposo, y ello me demandaba tiempo, precisamente lo que yo no tenía. En esos dos meses que llevaba ya viviendo con mi madre me las ingenié para repartirme en pedacitos entre él y ella. La visita de mi madre, que me satisfacía, me exigía un esfuerzo emocional y material; por eso, cuando la tía Amalia me dijo que mi mamá había dejado el país con propósito de no volver, por poco me da un infarto. No podía creer que fuera tan egoísta conmigo. Sentí pesar de mí misma: de nuevo estaba a punto de caer en ese agujero del que me creía ya libre.

Ese viernes llamé a mi madre desde la casa de mi novio para decirle que no me esperara, que yo iría temprano al día siguiente. No tenía ánimos para hablar con ella; quería evitarnos el mal rato y no terminar peleándonos, pero como siempre, mi madre empezó con sus acostumbrados reproches.

—¿Hoy tampoco va a venir? —me preguntó, en el tono que tanto me molestaba.

—Así es, mamá. Hoy no voy.

—¿A usted se le olvida que tiene una madre? —me increpó—. ¡Yo aquí, esperándola todo el día!

—Mamá, si hay algo de lo que puede usted estar segura es de que eso nunca se me olvida —le aseguré, pues eso era lo que quería oír de mí, y añadí en un intento de hacerla entrar en razón—: pero es que ya no puedo hacer más de lo que hago. ¿Usted no se da cuenta de que estoy tratando de rehacer mi vida? —Traté de conservar la calma, pero no pude—. ¡Pero eso a usted qué le va a importar si siempre ha sido tan egoísta! ¡Solo piensa en usted!

—Yo solo quiero que pase más tiempo conmigo —me replicó, en el tono lastimero que tanto me exasperaba. La oí llorar—. Yo me aburro aquí sola. El poco tiempo que tiene libre lo pasa con ese hombre y con esos hijos que no son suyos. ¡Usted como siempre va de error en error!

—¿Está segura de que son mis errores, o serán los suyos, mamá?

Su voz quebrantada y sus recriminaciones me hicieron liberar aquellas mortificantes palabras que tantos años había acallado. Porque ante los ojos de mi madre, yo no tenía la fuerza de voluntad para salir de la encrucijada que era mi vida. Pero solo yo sabía lo que era comenzar, reinventarme, aprender, sanarme, respirar y creer de nuevo. Sentí que el corazón se me había desprendido y me atoraba la garganta. Me escuché a mí misma gritando al teléfono, incapaz de contener los penosos reclamos que hacía a mi madre. Decidí entonces salir de la casa y conducir hasta mi estudio para enfrentarla. Recorrí el trayecto atropellando mis pensamientos, viéndolos rodar por las calles y teñirse del rojo y amarillo de los semáforos, que crucé sin importarme. Me embargaba el desconcierto, la aflicción de una vida inútil que ni siquiera quien me trajo al mundo comprendía. En vez de sangre, por mis venas corría fuego… Si no hablaba explotaría.

Al llegar al cuarto, mi madre estaba llorando tendida en la cama. Encendí la lámpara de la mesa de noche y tomé una silla y me senté frente a ella, como quien conduce un interrogatorio y decide no cejar hasta obtener la confesión del criminal.

—Mamá —comencé—, ¿cómo es eso de que usted no se piensa regresar?

—¿Quién le dijo?

—La tía Amalia. ¿Cómo pudo haber tomado esa decisión sin siquiera preguntarme?

—No es cierto —intentó negarlo, pero el tono de su voz la contradecía.

—Por favor, no mientas. Ya lo sé todo. ¿Cómo pudo callarse algo así?

—Yo se lo iba a decir —hubo de aceptar—; pero es que no encontraba el momento…

—¿El momento? —le dije, decidida ya a dejarle en claro las cosas—. Mamá, el momento era antes de tomar la decisión. No ahora. ¿Usted no se da cuenta de las maromas que tengo que hacer para sostenerla a usted y sostenerme yo en este país?

—¡Sí, yo sé, Corintia! No me lo tiene que decir.

—Pues parece que no lo supiera —la fustigué—. ¿Usted cree que va a poder vivir aquí con lo mismo que yo le paso mensualmente? Se necesita por lo menos un salario más para cubrir todos los gastos. ¿Qué sucedería si se enfermase? ¿Y si me quedo sin trabajo? Mamá, yo vivo al día y no me queda ni un céntimo para ahorrar..., ni siquiera tengo ropa de invierno porque no puedo hacer un gasto extra. Cada imprevisto que me cuesta dinero me pone en aprietos.

—Yo no se lo dije antes para no preocuparla —repuntó mi madre—; pero lo que usted me manda tampoco me da para los gastos. Yo estaba haciendo unas costuras para un vecino, pero como a él no le pagaron me quedó debiendo el trabajo de los tres últimos meses... Yo también hago maromas, Corintia —se defendió, y agregó para justificarse—: Pensé que como usted estaba sola y yo también, las dos podíamos estar juntas y trabajar.

—¿Juntas? Mamá, yo a usted la adoro, pero no puedo vivir con usted. ¿Es que no se da cuenta de todas las cosas horribles que me ha hecho? ¿Cree usted que yo pienso volver a lo mismo?

—¡Usted también ha sido muy rebelde! —me increpó—. ¡Yo solo traté de corregirla!

—¿Corregirme? —repliqué, con una sonrisa burlona—. ¿Llama usted corregir a lo que hizo conmigo y a lo que sigue haciendo? —Y sin compasión le enrostré—: ¡Ahora sí, madre, dígame en mi cara que mi vida es un desastre! Quiero oírla decírmelo, y cuando lo haga, mírese al espejo y piense a quién se lo dice.

No titubeé al expresar tan duras palabras, y con fuerza tomé la mano con la que pretendió cubrir su rostro. La tenía contra la pared, por lo que optó tomar por otro camino.

—Es que yo no entiendo por qué usted tiene que escoger a un hombre que no le conviene —me dijo.

—¿No me conviene porque tiene hijos? —Era el momento de la verdad, y decidí no callar nada—. ¿Igual que yo no les convenía a los hombres que se acercaban a usted? ¿O sería que para usted era yo un inconveniente?

—Hija, usted es lo único que yo tengo… —se dolió, incapaz de responderme—. Yo sé que me equivoqué.

—Y si lo sabe, ¿por qué nunca me ha pedido perdón? —Estaba decidida a no dejarla irse por las ramas—. ¿Por qué sigue lastimándome? Yo entiendo que no he sido fácil y le pido perdón por mi rebeldía y por lo grosera que fui; pero cómo no serlo, si usted se encargó de romper cualquier lazo de afecto conmigo. Yo crecí sin saber qué era el abrazo de una madre —y quise poner el dedo en la llaga—: si hasta llegó a decirme que no la llamara mamá, sino por su nombre. ¿A cuántas personas les hizo creer que yo era su sobrina? No, mamá, un hijo no es un error, no es una vergüenza. Vergüenza es no ser un buen padre o una buena madre.

—Perdóneme… —balbució.

—Mamá, usted ha confundido el silencio con el olvido.

—Corintia, perdóneme, por favor —insistió, como si con ello pudiera poner fin a mi desfogue—. Yo no quise hacerle mal. Eran otros tiempos, yo estaba muy dañada y no sabía qué hacer. Usted no sabe todo lo que yo he vivido.

—Pero lo hizo —le rastrillé—. Usted era lo único que yo tenía y me negó su amor. No puede usted siquiera imaginar lo que tanto desamor hizo en mí. Y para colmo viene de nuevo a recriminarme, a decirme que lo que hago está mal, cuando nunca he sentido que tengo en usted a una madre. Y lo único que tiene para decir del hombre que he escogido es que es un error porque tiene hijos…

—Hija, yo también he sufrido —se defendió—. Mi vida no fue fácil. Yo quería casarme, y ningún hombre se iba a fijar en mí con una hija. Apenas se enteraban de que tenía una hija, lo único que querían era ir a la cama; por eso me inventé que usted era una sobrina, y todo lo demás...

—¿Y no se le cruzó alguna vez por la cabeza que era cruel lo que hacía conmigo? ¿Que un hijo no se debe ni se puede esconder?

—Perdóneme, se lo ruego una vez más —e intentó justificarse—: Las cosas no son como ahora. Hoy una mujer soltera tiene un hijo y es una heroína; antes era una prostituta.

—¿Qué pensaba, mamá? Que negándome, escondiéndome y no dándome amor, ¿yo me olvidaría de que usted es mi madre?

—No diga eso, Corintia.

Pero yo aún no había destilado toda mi hiel.

—¡Así me sentía cada vez que usted me rechazaba! ¡Uno solo rechaza lo que no quiere!

—Perdóneme, hija —dijo una vez más—. Yo sé que hice mal y que las palabras no redimen el pasado.

—Mamá, yo no la culpo, pues como dijo la abuela, esa fue la suerte que me tocó —Dije esto para no cebarme en ella. Sin embargo, no pude resistir restregarle—: Pero ya era bastante el no tener un padre como para no tener tampoco una madre.

—Yo me crié igual, Corintia, ¿no comprende? Yo solo agregué mis propias faltas... Cuando me vi sola, pensé que ya nada tenía que hacer en ese lugar y que lo mejor era venirme con usted, pero no imaginé que le iba a causar otro trauma.

—Mamá, no confunda las cosas. Yo la invité a que viniera de visita. Esto no es un trauma: se suponía que era un reencuentro. Su decisión de quedarse, eso sí es un problema —le aclaré—. Usted va a necesitar mucho apoyo para poder adaptarse, y yo en este momento apenas me mantengo en pie. Lo primero que sucederá es que la dueña de la casa nos subirá la renta o nos pedirá que desalojemos. ¿Y a quién podré pedirle ayuda? En este país uno le estorba a la familia; prefieren que uno se regrese que darle la mano para que salga adelante.

—Yo buscaré empleo en alguna casa y usted no va tener que preocuparse por mí —dijo, sin saber lo que decía—. Esas eran mis intenciones y por eso no quise decirle nada: porque la conozco.

Supe entonces, de sus propios labios, que lo que había planeado mi madre era dejar vencer su tiempo permitido en los Estados Unidos y quedarse trabajando como interna en la casa de alguna familia adinerada. Pero, sin saberlo ella, el que pensara quedarse conmigo trabajando de esa forma reavivó en mí tristes recuerdos. Sentí que la vida me abofeteaba sin compasión una y otra vez, y que por más que yo me esforzara por dejar atrás mi pasado de pobreza era inútil luchar contra la realidad. En mis sueños veía a mi madre gozar de una vejez tranquila y sin desasosiego. El que ella tuviera que quedarse en el país ilegalmente y trabajar de empleada doméstica era una afrenta a mi honor. Pero inútiles fueron todos mis argumentos, porque ella tenía muy en claro que no regresaría a Colombia, y me aseguró que aun sin mi ayuda perseveraría en su propósito.

Las horas pasaban. Me pareció que nos perdíamos en un camino doblegado por la noche, en el que cada palabra resucitaba en imágenes que se diluían en sombras. Imagino que mi madre sintió que si se empecinaba en ese enfrentamiento íbamos a sepultar cualquier esperanza de mejorar nuestra relación, pues de no ser así se hubiera refugiado en las espirales de su concha para evitarme.

Esa noche de verano mi madre y yo fuimos como dos masas de aire de diferentes temperaturas: la verdad de su viaje hizo que chocáramos y se desatase una terrible tormenta; y luego vino el diluvio que permitió que por primera vez nos comunicáramos con la verdad por delante. Solo diciendo la verdad mi madre podía responder a mis desnudos sentimientos hacia ella.

Entre las ráfagas de viento, la lluvia y los relámpagos, me habló sobre la influencia de su madre —la abuela, que también fue mi madre—, de lo que habían sido su niñez y su adolescencia, y del afecto que ella tampoco recibió. La escuché sin interrumpirla para que dejara escapar el ciclón que bullía en su interior. No fue lo mismo oír la confesión de sus labios, verla llorar, secar sus lágrimas y abrazarla, que imaginar lo que la consumía. Y aunque sé que la mitad de sus vivencias seguirán ocultas para mí, yo no desistiré de mi tarea de atrapar lo que logre escapar de su interior y se asome en su mirada, la única ventana que no puede cubrir.

Juntas vimos cómo los relámpagos iluminaban la pared del cuarto. La lluvia fue amainando y los reproches se fueron extinguiendo hasta convertirse en una larga y sentida conversación que duró hasta la madrugada. Era necesario que esas verdades se vaciaran como la lluvia aunque nos causaran dolor, porque solo así saldrían de los intersticios del alma para fundirse con la tierra y con el mar. Ninguna de las dos podía abrirse a la felicidad con ese lastre en la conciencia. Sentí que el corazón de mi madre era un cofre del que ella había perdido la llave, y creí mejor no hacer más intentos por abrirlo; simplemente, dejé que lo arrastrara el diluvio y esperé con la esperanza de que emergería de nuevo y más liviano.

Al final se hizo la santa voluntad de mi madre. Encontramos la forma de que no se quedara en el país de forma ilegal, pero en todo lo demás no pude ayudarla a excepción de acogerla con amor y brindarle ayuda en ese nuevo comienzo a sus cincuenta y dos años. Pese a mi negativa, consiguió un par de trabajos como empleada doméstica, mientras yo seguía adelante y ahorraba para la cuota inicial de un apartamento.

Volví a esa agria tarea de ir y volver al trabajo de mi madre, esta vez no con las viandas de comida, sino para recogerla los sábados en la noche y llevarla de vuelta los domingos al final de la tarde. Agradecí al cielo cuando, pasado un año, ella reconoció que se sentía encerrada y que no podía seguir más con ese empleo porque sentía que su salud estaba resintiéndose. La mudanza a nuestro apartamento trajo esos aires de renovación que me ayudaron a que ella comprendiera que yo estaba construyendo un camino para que ella pudiera tener una vida menos sufrida y más cómoda y pudiera gozar de su libertad. Era necesario que aprendiéramos a confiar la una en la otra para reestrablecer cada fibra de esa relación que se había roto en algún momento de nuestra historia. Por otra parte, mi madre tuvo el tiempo y el espacio para sumergirse en ese diálogo interior del que somos nuestros propios interlocutores y que es un ejercicio de purificación para renovar nuestros votos por la vida. Le tomó tiempo desprenderse del pasado y superar el miedo que tenia de *ser alguien* y reconocer las oportunidades del presente. Desde la distancia aprendió que en su poder estaba el derribar los muros que le han impedido dar y recibir amor, que vivir en paz y armonía era posible.

Con el transcurso de los años he podido ver la lenta y certera evolución de mi madre, quien por fin se decidió a liberarse de la coraza que la atrapaba. La he visto feliz valiéndose por ella misma, traspasándome el legado de sus valores con amor y sabiduría, sintiéndose útil y viéndose hermosa, porque al fin pudo florecer y descubrir que es una mujer plena y valiosa. La mujer de ahora, no usa esas largas batolas con las que ocultó su juventud y se preocupa por verse y sentirse bien. Conduce un automóvil, maneja la computadora, estudia incansable y hasta conformó un grupo de amistades, en su mayoría personas de la iglesia y compañeras de trabajo, lo que también era inusual en ella pues siempre se caracterizó por ser arisca y ermitaña. Cambió el tono de su voz, conversa con fluidez, confianza y seguridad. Y entre todos sus cambios, el que más disfruto es cuando la veo sonreir, pues su rostro se ilumina como el sol. Mi madre cambió, pues, porque decidió cambiar y optar por la felicidad. Después de la prolongada tormenta que fue nuestra vida recuperé a la madre que tanto anhelaba y que hoy me llena de orgullo y felicidad. Las espinas se hicieron invisibles para que pudiésemos disfrutar de la primavera a la que teníamos derecho.

En la esquina de nuestro cuarto reposó por muchos años el viejo baúl de madera que el abuelo construyó para la abuela y que ella trajo consigo después de abandonar el campo. El vetusto mueble tenía, como lo mencioné al principio de estas reminiscencias, un aspecto lúgubre: demasiado plano, sin dibujos o adornos, se me asemejaba a un pequeño ataúd. Recuerdo que un día atisbé a la abuela buscando algo en la horrenda caja funeraria, en la que guardaba el lúgubre velón de los difuntos. Yo, que sufría de esa curiosidad malsana que tienen los niños por los cajones con llave o las cosas prohibidas, no quise perderme una de las pocas oportunidades que me daba para inmiscuirme en ese mundo secreto que allí escondía la abuela. Hasta llegué a suponer que en ese baúl reposaban los restos del abuelo, y más de una vez al pasar frente a la caja me echaba la bendición o salía corriendo del miedo a mis muertos. Y esta aprensión no era gratuita. Las reiteradas advertencias de mi madre, quien desde el primer día me dejó bien claro que ni se me ocurriera ponerle un dedo encima al baúl, y que lo mejor era que evitara pasar por su lado para evitar problemas con la abuela, me hicieron pensar en lo peor.

Ese día ignoré las reglas y decidí espiarla escondida, como si fuera una lagartija fosilizada, entre la pared y la puerta. Pude ver cuando sacó del baúl unas sábanas bordadas de color carmelita, unos álbumes de fotos, algunos legajos de papeles que puso sobre la cama y luego un extraño cuadro que sacudió con cuidado y embadurnó con un generoso hilo de pasta de dientes y procedió a frotarlo con un trapo rojo hasta dejarlo reluciente. Yo nunca había visto un objeto así en casa, tan bonito y luminoso, fuera de las porcelanas en forma de bota o de perro que la abuela compraba a plazos. Lo levantó y se quedó observándolo durante unos segundos, le estampó un beso y lo puso encima del baúl. Maravillada por la escena, pues era la primera vez que veía a la abuela darle un beso o una caricia a algo o alguien, sentí que no había qué temer. Me acerqué con cuidado, y con voz suave le pedí que lo dejara allí encima, que pareciera un espejo. Mi presencia la turbó y la enfadó, y con voz agria me ordenó que saliera en el acto del cuarto.

Presentí que yo no corría peligro ese día, pues de lo contrario la chancleta o el rejo hubiesen tomado el lugar de las palabras. Desafiando su ira, no solo no me fui sino que me senté en el borde de la cama, y para mi sorpresa la abuela no repitió la orden. Fijé mis ojos en el cuadro. Ornado por el reluciente marco estaba la imagen de dos niños gorditos. En el colmo de la temeridad le pregunté quiénes eran esos niños. Me miró indiferente, y para mi asombro me contestó: "Son sus tíos mayores". Desde el lugar en el que me encontraba sentada, pues no me atreví a tentar más al destino, me enfoqué en el rostro de los dos gorditos con cara de bobos y traté de adivinar quiénes eran. Al no encontrar parecido con ninguno de sus hijos le pregunté dónde estaban y por qué yo nunca los había visto. Esa cadena de preguntas le colmó la paciencia e irritada me increpó: "¡No los ha visto y no los verá nunca!". No me dio tiempo de correr. En un segundo agarró el cuadro y lo guardó dentro del baúl, introdujo su mano en el sostén, del que sacó una llave enmohecida; cerró de un golpe su horrendo baúl, metió la llave en la cerradura y le dio vuelta. Se plantó frente a mí y ensartándome la espada de sus ojos me agarró de una oreja y por poco me la arranca para darme mi lección. A renglón seguido la emprendió a sopapos conmigo.

Fue esa la única vez que vi ese portarretrato. Luego de ese día me moría de ganas por abrir el cajón y rebuscar entre sus cosas, pero el lugar donde reposaba la llave era inaccesible, y el recuerdo de la tunda que me propinó esa mañana logró que olvidara mi curiosidad, pero no lo que había descubierto. Esa llave y lo que ella protegía estaba destinado a permanecer en las sombras hasta hoy, cuando la abuela decide que es el momento de compartir conmigo este pasaje de su historia:

"Fue una tarde de verano ardiente. La tierra había perdido su color al igual que nosotros. Un vaho insoportable de aire reverberado a fuego lento nos agobiaba desde el amanecer. Los majestuosos flamboyanes que habían florecido en todo su esplendor empezaron a perder las flores anticipadamente a pesar de sus lisonjas. Camadas de pétalos rojos, naranjas y amarillos, caían como granos de sol de sus frondosas ramas. Al igual que todo lo que cae al suelo cuando no es su tiempo, las flores se ensortijaban tratando inútilmente de resistir el polvo que ardía a brasa viva. Solo un chamizal de lágrimas secas subsistía, vestigio de su corta primavera. La naturaleza nos decía que esta vez la sequía nos estaba ganando la batalla. Nosotros, acostumbrados a disimular el calor con la suave brisa de las montañas o zambulléndonos en el río, no hallábamos cómo eludir el bochorno y estábamos al borde de la locura. Tal como lo habían pronosticado las cabañuelas, marzo, abril y mayo serían meses de intenso verano, pero tendríamos lluvias en junio y julio que nos permitirían levantar las cosechas sin sufrir mayor pérdida. Pero llegó el mes de junio y ni una sola gota se asomó entre las nubes; al contrario, el calor seguía su escalada. La tierra seca empezó a agrietarse; las semillas no germinaban; los árboles se quedaron sin hojas y sin pájaros; no había pastizales ni siquiera para alimentar las vacas. Las cosechas se extinguían ante nuestros ojos. Daba lástima mirar el río, cuyas orillas se habían transformado en agonizantes pantanos.

Por eso, cuando cayeron las primeras gotas de lluvia al final de julio el pueblo entró en regocijo ¡Era una bendición de Dios! Tan pronto empezó a chispear, salimos a celebrar corriendo descalzos por las plataneras y las matas de café y gritando eufóricos: ¡Llegó el agua! ¡Viva el agua! ¡Llegó el agua!' Porque el agua era la vida misma. Dos días de lluvia liviana no fueron razón para alarmar a nadie, y la gente aprovechaba las pequeñas acequias que temporalmente se formaban para darse un chapuzón. Pero el tercer día de lluvia desencadenó la creciente del río Cauca, y como la finca estaba cerca del río, pequeñas lagunas pero un poco más profundas se formaron en las zanjas por donde corría el agua que irrigaba los cafetales. Yo les había prohibido a los muchachos dirigirse al río por miedo a la creciente.

"Cuando su abuelo llegó ese día a la casa nos urgió para que lo acompañáramos a darse una buena zambullida en los humedales antes de que terminara la lluvia y el agua bajara de nivel. Me insistió, pero no quise acompañarlo. Al ver que no me animé, se quitó la camisa y los zapatos y se dirigió hacia uno de los canales que estaba cerca de la casa, dio un salto y se zambulló en las aguas, mientras mis dos hijos y sus dos hijas lo contemplaban con ansias de seguirle. Las aguas estaban turbias por la tierra enlodada y arrastraban raudas hojas y ramas, pero según su abuelo no representaban ningún peligro. Pese a mis advertencias, su abuelo permitió a los niños disfrutar de la improvisada alberca. Estuvieron chapoteando unos minutos. La algarabía de sus débiles voces llegaba hasta la cocina, donde me hallaba en ese momento. De repente escuché los gritos desesperados de su abuelo y pensé que quizá lo había mordido una culebra o le había dado un calambre. Pero no. La corriente había arrastrado a tres de los niños hacia las profundidades de un aljibe. El trató de rescatarlos, pero el destino nos había jugado una de las suyas".

Han pasado casi treinta años desde el día que supe de la fotografía de esos niños. Ya el baúl no existe; hace muchos años que la abuela se deshizo de él al no poder cargarlo en una de sus tantas mudanzas, cada vez a espacios más reducidos en su permanente trashumancia. Así pues, esa foto marchita, suspendida entre un pedazo de vidrio y un cordón de plata, era la huella de dos seres humanos, sangre de mi sangre, a los que literalmente "se los tragó la tierra".

—Abuela, ¿usted todavía tiene la fotografía del baúl? — le pregunté en este último viaje que hice para visitarla, en el que hemos ido agotando las remembranzas hasta quedarnos escuchando el silencio. Aún recuerdo la expresión de su rostro al oír mi pregunta.

—¡Por supuesto que la tengo! —Se levantó de su mecedora con la ligereza que le permiten sus años, y al rato regresó con el portarretrato en sus manos—. Aquí está —me dijo. La sonrisa de los niños se había desvanecido a la par con el mausoleo, que ya no despedía el destello plateado que vi aquel lejano día—. Ese es el único recuerdo que me queda de mis cinco primeros hijos —aclaró. Sentí que sus palabras se le escapaban del alma.

—¿Cinco? ¡Son dos, abuela!

—¿Ve lo triste de la vida? —me dijo—. Si no fuera por las fotos no habría prueba de que uno estuvo vivo. Ni yo misma que los traje al mundo recordaría bien sus rostros.

—¿Y los otros?

—De ellos ni siquiera me quedó la foto.

—Es raro que usted siempre haya tenido escondida esta foto.

—¿Quién le dijo que la escondí? —me replica con disgusto—. La guardé, que es diferente.

—¿Y entonces por qué la guardó?

—¿Usted no sabe que las fotos, aparte de guardar imágenes también guardan sentimientos? —filosofó—. Cuando usted tenga hijos, si es que los llega a tener, se dará cuenta de que uno nunca supera la partida de un hijo. Yo perdí a tres maridos, pero el dolor más grande fue perder los cinco hijos de mi primer matrimonio.

—¿Y cómo los perdió, abuela?

—...

La tristeza de la abuela me hizo sentir de golpe la ausencia de esos seres a quienes no conocí. Me dio lástima por ella porque comprendí lo mucho que debió de haber sufrido en silencio; sin embargo, presentía que no todo estaba dicho. El silencio y el aire que salía de su pecho invadieron el espacio. Yo no tenía ánimo para hacerle otra pregunta, al menos ese día. Sin embargo, me quedé mirándola largo rato, hasta que de un momento a otro cobró vida y comenzó a hablar:

—Guardé la foto… ¡Como si uno pudiera encerrar sus penas dentro de una cajita! Al no verlos pensé que me olvidaría del dolor y de su ausencia; pero fue inútil, aunque es cierto que uno termina acostumbrándose a todo… Pero lo mío era dolor y rabia… Y créame que le he pedido a Dios que me libere de estas cadenas y de todas las que me ha puesto encima.

Dicho esto posó su mano temblorosa en mi rodilla. Yo también puse mi mano sobre la de ella y le expresé con el mismo sentimiento:

—Sí, abuela. Es cierto. Si uno pudiera enterrar el sufrimiento y olvidar sería más fácil vivir. Yo también cuando era niña le imploré a Dios que la liberara a usted de cualquier demonio que tuviera encima…, pero no se me dio el milagro.

Desde hace años dejó de ser la mujer fuerte e imbatible. Su mirada aguda ya no logra traspasar la fortaleza emocional que con esfuerzo tuve que ir construyendo para escudarme. Ha perdido su furia y su soberbia. ¿Será que al verme como una mujer hecha y derecha, dueña de mi destino, siente que ya no tiene el poder para callarme y tratarme con su imponencia de antaño? En ocasiones, cuando le hablo sobre cosas de las que jamás me hubiese atrevido a hablarle en otro tiempo, mi subconsciente queda a la espera de que renazca la otra abuela, la que de un grito o bofetón me corregía mi preguntadera y mi supuesta insolencia. Su temible mal carácter y las estrictas reglas con las que me obligó a vivir me intimidaron desde el día en que llegué a su casa. Recuerdo que durante muchos años me prohibió que la mirara a los ojos cuando me hablaba; mi cabeza debía permanecer gacha en señal de respeto. Nuestros escuetos diálogos se limitaban al "Sí, señora", "Como usted diga, señora", y a medida que fui creciendo conversábamos parcamente sobre cosas de las que nada me explicaba y todo me ocultaba, lo que contribuyó a acrecentar aún más la distancia entre nosotras.

Sentía que la abuela no me quería y que mi sola presencia la molestaba. En los años en que se encargó de mi crianza nunca me dio un abrazo, ni un beso, ni me dijo palabras tiernas. Crecí enfrentando su rechazo y su dureza. No sé si la edad, a más de rendir nuestros cuerpos, también ablanda el carácter y lima los resentimientos. La abuela de ahora es una mujer sin armadura, disminuida en tamaño, acritud y arrogancia, con su cabello corto, blanco y escaso y su figura tan etérea como el resplandor de la tarde que desaparece ante nuestros ojos. Veo sus manos y no las distingo, pero sé que son las mismas que me lastimaron y a la vez sujetaron las mías cuando se dio a la tarea de enseñarme a escribir letra cursiva. Son esas manos temblorosas, sin fuerzas, oscuras por las pecas y de dedos torcidos, las que sostienen el portarretrato que tan celosamente ha guardado por casi seis décadas. Levanta su camisón de algodón y con el revés de la tela limpia el vidrio del descolorido portarretrato y me lo entrega.

—Tómelo con cuidado —me pide, y añade en un tono hostil y hasta nostálgico—: Es la primera vez en muchísimos años que alguien me pregunta por mis hijos. Para el mundo ellos jamás existieron.

—Abuela, eso es porque usted a nadie le compartió sus penas —le digo, mirándola a los ojos, sin flaquear—. Aunque usted debe saber que todos los que hemos vivido con usted sufrimos terriblemente por su pérdida, por su dolor, cualquiera que haya sido.

Sentía que mi corazón se estremecía y a la vez se desahogaba, porque unas pocas frases desataban el nudo de nuestros sentimientos. Atrás quedó esa larga conversación que alguna vez pensé que sostendría "cuando fuera grande" y que en realidad fue corta y no tan difícil. Había pasado ya el tiempo de los reclamos y las justificaciones. Mis palabras están de más porque la he perdonado, y aunque de cuando en cuando llegan esos recuerdos que laceran, he de decir que entre todos los sentimientos que albergo por ella, prima el agradecimiento. Esta es su manera de redimirse: soltándose en estas páginas que a destiempo han recorrido los surcos en los que una vez corrió el llanto.

Entendí entonces la pesadumbre que embargaban sus palabras, la pena que había decidido cargar sola como si la muerte de sus hijos fuese un pecado inconfesable y la autoflagelación de su cruel silencio un castigo impuesto...

Quise abrazarla fuerte contra mi pecho y decirle que todo estaba bien y que recordara a sus hijos con amor y sin sentir rencor por el abuelo y por la vida; pero advertí en su mirada el conflicto en que se debatía: aguantar una lágrima o rasgarse fulminante…, y decidí callar en señal de entendimiento. ¿Con qué frase mágica podría aliviarla del dolor profundo que se ha añejado con el tiempo?

Extendió su mano hacia mí para que le devolviera el portarretrato; lo tomó entre las suyas, lo observó durante unos segundos levantándolo hasta su rostro y le estampó un tierno beso. No dijo una palabra más, y poniéndose de pie, con pasos lentos y arrastrados salió de la sala dejándome su aroma de lirios y la llave de un baúl que ya no existe.

En esas vueltas que da la vida, y a la brava, mi madre tuvo que regresar a Colombia para cuidar de la abuela, que lleva cinco años burlándose de la muerte. Y digo burlándose, porque aun en su declive sigue diciendo disparates que de lo serio mueven a risa, como cuando expresa con soberbia: "¡Me muero cuando se me venga en gana!". Y así nos ha tenido a todos corriendo de un lado al otro y llorando cada vez que le da un patatús. En broma le dije en mi último viaje que el diablo no era tan pendejo como para querer llevarse semejante limón. Pero esta vez no es un juego. La abuela no puede ya con la suma de sus días, y los que velan por ella asisten a los estragos de su larga agonía.

—¿Y qué dicen los médicos?

—Que ya hicieron todo lo que podían. Que mi mamá está ya cansada de vivir y que es cuestión de días el que se decida a partir. Se hizo todo lo que se podía, pero su cuerpo y su mente ya no responden.

—¿Pero está consciente? —pregunto—. ¿Me la pueden pasar al teléfono para hablar con ella?

—No, Corintia. La abuela ya está con la mente ida. Hoy no ha dicho una palabra. Abrió los ojos un rato y se quedó mirando fijo, con ojos extraños, vacía. Movió las manos un par de veces y luego se quedó inmóvil, como está ahora. Su respiración es tan débil que a veces pensamos que ha muerto, pero de repente se despabila y sigue allí, respirando. Si la vieras: no es la sombra de lo que viste en mayo. Si no fuera porque estoy aquí, a su lado, te diría que ya partió.

La abuela llegó a sus noventa y un años desafiando todos los pronósticos médicos. Pero su mente, siempre tan lúcida, desde hace seis meses comenzó a enredarse y confunde los nombres, al punto que solo adivinando logra decir quién es su hijo y quién su nieto. Dice mi madre que en los últimos días, cuando la abuela aún estaba medio consciente, le dio por hablar con mis bisabuelos y con sus hermanos que ya han fallecido. Desde su cama los llamaba y les decía que entraran y se sentaran, que ella sabía que venían por ella. La tía Amalia, tan miedosa como yo, entró en pánico al escuchar a la abuela hablando con sus muertos, y por eso necesita que haya alguien en casa para que la acompañe, y esa persona es mi madre. Al final, la abuela volvió a salirse con la suya: quería vernos juntos y lo ha logrado. No sé si ella puede advertir que tiene a toda la familia unida en torno suyo, como una matrona.

Ahora, según los doctores, la abuela no tiene mente. Y sin la mente, ¿de qué sirve el cuerpo?, me pregunto. Y es ese cuerpo sin mente, tan débil y lacerado como un papelillo viejo, lo que cuidan mi madre, mi tía y la familia cercana. ¿Acaso no es por la mente que percibimos la vida? ¡Cuántas veces alabé su prodigiosa memoria diciéndole que era esa la única herencia que quería de ella! Y ahora esa memoria quizás ida está igual que el rumazo de lana enredada en su mecedora que no permite que nadie desate. La última vez que la vi parecía jugar con esas cuerdas que cuelgan del brazo de la silla, y llegué a pensar que hizo ese enredo a propósito para tapar algún roto o llamar la atención. Al ver los hilos cruzados diría que no se trata de un enredo al azar, pero ya es tarde para preguntarle. Hace un par de días escuché su voz ahogada, cuando la tía Amalia le dijo que era yo quien estaba al teléfono, preguntando por ella. "La quiero con un amor que no me cabe en el pecho", exclamó con voz queda. "Dice que te quiere, que el amor no le cabe en el pecho". Sí, tía, la oí. Fue la última vez que escuché la voz de la abuela antes de que se apagara y esté como ahora, como un vegetal.

Abuela, ¿cuánta agua mala hemos visto pasar? Tú la de tus padres, de quienes tal vez aprendiste el sortilegio de la suerte; mi madre que vivió la tuya, y yo, que tuve que aprender en tus aguas y en las de ella; y en últimas, cada uno de los que estamos aquí y sin pensarlo, navegamos en esas corrientes infinitas que nos trajeron a la vida y que irán creciendo y cambiarán de color, de viscosidad y de aroma con el legado que cada uno deje a los suyos. En vano traté de romper eslabones ajenos, pero al final comprendí que esa no era mi tarea y que cada quien debe hacerlo por su cuenta.

Aproveché la fuerza impetuosa del viento y puse andar de vuelta el molino que trituró cada grano almacenado en mi memoria, y fui vaciando su polvo en estas páginas, inundándolas con los recuerdos, las preguntas y las respuestas que encontré, algunos todavía atrapados en la soledad de sus muelas mustias y agrietadas.

La intimidad de aquel diario secreto, escrito en versos, me permitió recuperar esos momentos que se habían escapado de mi mente, pero que al releerlos retomaron su ímpetu y desnudaron de sentimientos a las personas, y los hechos que han signado mi vida, hasta llegar a la mujer que se descubre hoy frente al sol, la que posee la fuerza del vendaval para hacer girar las aspas y para que su energía fluya y mueva las ruedas dentadas que maceran recuerdos, emociones, sentimientos.

En la medida que fui recordando y escribiendo me vi obligada a ahondar más allá de mis vivencias y emprendí la odisea de buscar la verdad —mi verdad—, sumergida en esas aguas compartidas, lo que hizo inevitable despojar de su inmunidad a mis padres y a mi familia para mostrarse como lo que son: seres humanos con virtudes y defectos. Cada estación de este recorrido vital en busca de mí misma me ha dejado ver que, más allá de cada experiencia, hay un trasfondo que explica lo que ayer fuimos y lo que somos hoy.

Me veo de niña, cuando estaba en la escuela, y la abuela se quejaba a menudo porque tenía que comprarme el doble de lápices y borradores por mi manía de pasarme los días escribiendo. "¿Qué es lo que usted tanto escribe?", me inquirió muchas veces. Ninguna de las dos lo sabía. Ahora me doy cuenta de que estaba guardando entre letras los vestigios de nuestra memoria. Siempre tenía que mostrarle el cabo del lápiz gastado para comprobar que no lo había perdido en un descuido, y solo cuando se cercioraba de que me era imposible ya agarrarlo para escribir, sacaba del bolsillo de su delantal unas monedas y me mandaba a la tienda a comprar un lápiz nuevo. Seguí escribiendo, haciendo un bosque de lápices y tejiendo nuestra desesperanza en las montañas de borradores que guardaba en una bolsa, porque pensaba que podía unir sus filamentos y reconstruirlos para hacer algo nuevo, pero nunca pude.

Esta era una tarea para mí necesaria: levantar las piedras y no seguir pasando sobre ellas como el peregrino que recorre día y noche las mismas calles y cuando tiene sed o hambre toca a las mismas puertas. El hambre y las limosnas se vuelven habituales. Encontré entre el fango los rastros del pasado, la daga de la cual solo recordaba su punta, porque la llevaba clavada y me había habituado a sentir su dolor.

Hoy, cuando no han sido ni el tiempo, ni la suerte, ni el destino lo que me ha forzado a la espera, sino mi voluntad, aprecio como si fuera la primera vez esta ventana zambullida en el azul; siento que puedo saltar por ella y dejarme caer entre las nubes para luego deslizarme ligera hasta un lecho de flores amarillas que están allí, esperándome. Observo como un pájaro la mañana que se despierta con timidez y vuelo hacia las verdes ramas de las palmas reales que danzan alegres al ritmo del viento. Escucho cada sonido, dentro y fuera de mí. Son las mismas palmas que me acompañaron hace diez años, cuando sentada en este mismo lugar y viéndolas oponerse a los embates del recio viento, comencé a escribir este libro y me embarqué en este viaje para ir en busca de lo único que me importaba, antes de que el aterrador huracán 'Wilma' se llevara la memoria de mi nombre.

La devastadora temporada de huracanes del dos mil cinco nos castigó muchas veces hasta sacudir la conciencia, porque hasta la naturaleza tiene derecho a esculpir su historia en ese proceso de renovarse, en el que se deshace de lo más débil y renace fortificada. Las palmas reales también desafiaron la furia de los elementos y hoy extienden sus hojas para acariciar el sol.

En la vida de la abuela, de la que ella ya no es consciente, se materializó la fábula que hemos construido entre bemoles y oscurantismos y que me hizo entender que mi mayor búsqueda no era sortear la pobreza ni encontrar a los culpables de nuestras vicisitudes, sino aprender a amar para poder perdonar y a la vez liberarme.

No necesito imaginar lo que sería mi vida sin esta lección: lo veo en quienes quedaron atrapados y siguen ahogándose en sus propias "aguas malas", arrastrando con ellos a la nueva generación que habrá de alimentarse de la misma placenta. Desgraciadamente, el cambio solo se da en quien lo desea y está dispuesto a sufrirlo. En su caso, la abuela tuvo la ventaja de una larga vida, que facilitamos quienes estuvimos a su lado y fue el amor que recibió de nuestra parte, el que desmoronó sus murallas y le permitió abrirse a la ternura y al afecto. ¿Cuántos se niegan ese regalo de la vida al quedarse confinados tras los fríos muros levantados por ellos? ¡Cuánta fuerza se precisa para dar el paso y despegar la piel de esas paredes a las que nos vamos petrificando con el pasar del tiempo!

En esa licencia de entender el dolor sin pieles de por medio, he aprendido a fortalecer mi esperanza, a creer y a sentir que soy mi semilla, que puedo renacer y mejorar; que no hay una cruz que deba cargar por siempre, y que puedo entregarme a lo que anhelo sin sentir temor por la herida, porque el dolor es parte de este viaje, al igual que la alegría y la tristeza, y aparece como un sino de la naturaleza, tal como lo hacen la tempestad, el trueno, el granizo o la sequía. El pasado ya no tendrá la fuerza para volver a ser daga ni cubrirá como un manto gris mi presente y mi futuro. Seré yo quien atestigüe el tiempo con mis propios días, con mis propios pasos, sin la pesada carga de esos vagones en mi espalda ni el quebranto de las falsas promesas porque mi historia ha logrado su catarsis. Iré libre, porque solo en esa libertad podré llegar a la estación que he escogido, en la que está mi verdad, mi sol, el mismo que alumbra desde mi interior como un tren infinito... mi Expreso del Sol.

Post Scríptum

Enero de dos mil quince. Durante los días de ese nuevo año falleció la legendaria Rosario, una víctima más entre los millones de desplazados que ha cobrado la violencia en el país y en el planeta, y que suma con su historia algunas de las secuelas que sufren en silencio quienes son ultrajados y obligados al exilio.

PILAR VÉLEZ

Escritora y poeta colombiana radicada en Miami, es ganadora del International Latino Book Awards por sus poemarios *Soles Manchados (2015)* y *Pas de Deux, Relatos y poemas en escena (2014)*, del cual es coautora. *El Expreso del Sol*, su debut género de la novela, evidencia su sensibilidad hacia las causas sociales y presenta otros matices de la realidad trabajados desde la óptica literaria. En el género de literatura infantil, es autora de *Un regalo para Laura* (2015), *A gift for Laura* (2016). Escribe para varias revistas y dirige la revista literaria *Poetas y Escritores Miami*. Su compromiso con el desarrollo literario y cultural ha sido ampliamente reconocido. Es creadora de la Celebración Internacional del Mes del Libro Hispano, presidenta del XII Encuentro Internacional de Escritoras (EE.UU. 2016) y presidenta de la Hispanic Heritage Literature Organization.

http://pilarvelez.com/

pilar.v@milibrohispano.org

http://www.milibrohispano.org/

De la autora

La historia contenida en estas páginas se basa en hechos que conocí y que narro desde mi propia óptica, entendiendo que la verdad no es absoluta y que cada quien tendrá de ella su particular versión. Me he permitido ciertas licencias literarias, he cambiado nombres reales para evitar conflictos que no aportan al relato y también he recreado algunos ambientes y conversaciones para que los personajes se sientan cómodos en las escenas y cuenten su propia historia.

Mucho de lo que aquí queda escrito se alimentó de testimonios y remembranzas de familiares, amigos y personas que conocí mientras investigaba los hechos. Son pasajes de la vida que se comparten por primera vez, no como un llamado a la venganza, a la vergüenza o al rencor sino porque estas vivencias son parte de una historia real y que por desgracia se repite muchas veces y en distintos lugares, y este es, al fin y al cabo, un libro lleno de voces que se dejan escuchar libres de culpas y pecados.

El Expreso del Sol hace su viaje hacia el pasado entre aquellas estaciones en ruinas que aún lo esperan. Sus pasajeros habitan esa dimensión en la que se fraguan los recuerdos que como fósiles sobrevivieron al tiempo para emerger como fantasmas, tan tergiversados como la propia realidad que a veces nos resulta inverosímil. Un derrotero para no olvidar que el verdadero camino hacia el sol late con fuerza en cada ser humano.

Pilar Vélez

57645493R00184

Made in the USA
Charleston, SC
19 June 2016